现代教育技术应用

王卫军　郭绍青　主编

科学出版社

北京

内 容 简 介

本书系统地介绍了教师信息技术能力基础、信息化教学设计、信息化教学方法、信息化教学技能、信息化教学评价和信息化教学研究等现代教育技术的基本应用问题。在编写过程中，作者创造性地设计开发了由文字教材及网络课程组成的立体化教材资源，将多媒体教学资源与文本教材科学地结合起来，便于学习者学习、观摩、分析、设计与评说，并将理论方法学习与教学活动实践融会贯通，充分体现了教学案例引领、学习活动主导的教学理念与课程特色。

本书可以作为高等院校相关课程的参考用书，也可作为中小学教师继续教育和教育硕士的阅读材料。

图书在版编目（CIP）数据

现代教育技术应用/王卫军，郭绍青主编.—北京：科学出版社，2013

ISBN 978-7-03-037697-8

Ⅰ.①现… Ⅱ.①王… ②郭… Ⅲ.①教育技术学-高等学校-教材 Ⅳ.①G40-057

中国版本图书馆CIP数据核字（2013）第118222号

责任编辑：王京苏 / 责任校对：贾如想
责任印制：张 伟 / 封面设计：蓝正设计

科学出版社 出版
北京东黄城根北街16号
邮政编码：100717
http://www.sciencep.com

固安县铭成印刷有限公司 印刷
科学出版社发行 各地新华书店经销

*

2013年6月第 一 版　开本：787×1092 1/16
2023年7月第五次印刷　印张：13
字数：300 000
定价：39.00元

（如有印装质量问题，我社负责调换）

本书编写人员
（按姓氏笔画排序）

马彦龙　王　盼　王卫军　刘鹏飞　杨冠英
杨继林　肖　刚　张雪莉　郭绍青　常咏梅

前　言

本书初稿完成已有数月，但前言部分却迟迟未动笔，不知从何说起。

早在2008年，我们就积极参与了包括网络课程开发在内的现代教育技术立体化教材建设，当初主要是受学校委托开展面向教师教育的教学综合改革项目，2010年7月，我们在高等教育出版社出版了相应教材。当初的教学改革及教材建设可谓刻骨铭心，改革及实践探索成果引起了国内同行的广泛关注。后来，我的导师南国农先生，让我总结一些关于西北师范大学在现代教育技术公共教学改革与实践领域的做法，先生希望我们的改革及实践探索过程能够在《电化教育研究》杂志刊出，给国内同行分享改革经验。但由于各种原因，最主要可能自己感觉还是有一些压力，也就没有坚持去写，此事自然也就搁浅。不过，略感欣慰的是，当初改革及实践探索的一些想法和做法，在本书的编写过程中得到了一些体现。

关于现代教育技术领域的相关教材著作，国内已经出版很多，每本书都试图从某些方面找寻自己的创新或是独特之处。我也一直在想，这本书到底"新"在哪里？记得在一次教育技术国际研讨会上，我还是一如既往地提了一些不同于他人观点的看法，如正当大家都在谈论所熟知的"信息技术与课程整合"话题时，我就极力主张了"信息技术与学科融合"的相关理念。在专业领域，我力求"少说多做"，哪怕一些观点与他人相左，只要所做的能够产生良好的预期，都要坚持。很高兴的是，在近些年国家教育信息化政策的相关表述中，已经更多地倾向于"融合"的理念了。教育信息化到底能在多大程度上促进教育现代化的变革？我们曾经一度呼吁，要抢占教育信息化的制高点，而如今呢？我依然认为，教育现代化首先需要教育观念的现代化，而并非仅仅是手段或是资源环境的现代化，这或许是我与他人观点所不同的地方吧。

本书编写的缘起，是教育部从2010年起，在部分高等学校开展了专业学位研究生教育综合改革试点，西北师范大学被确定为首批教育硕士综合改革试点单位，我们又承担了其中的"教育硕士专业学位网络课程开发与应用"子项目，《现代教育技术应用》立体化教材建设是其中的成果之一。因此，非常感谢西北师范大学给予了我们参与教育硕士综合改革试点项目的机会，尤其是学校承担教育部教育硕士综合改革试点项目的负责人万明钢教授，高度赞扬了《现代教育技术应用》立体化教材建设的改革及实践探索，使得我们的教材建设有了重要支撑。后来，在与科学出版社的王京苏编辑见面后，也彻底改变了我们的一些初衷——之前的著作基本都是在高等教育出版社出版，这次立体化教材的出版选择了科学出版社，这给予了我们全新的合作尝试。在此真心感谢万明钢教授与王京苏编辑，也非常感谢科学出版社给予我们合作的机会。

几年前，我们已经投入大量精力，开发建设了现代教育技术专业教育硕士 50 门网络课程，也积累了网络课程建设的一些实践经验。2013 年 4 月 19 日，在参加教育部全国教育专业学位"现代教育技术"专业教学研讨会时，我被邀请代表西北师范大学做大会主旨演讲时，从定位与使命的角度做了报告，得到了与会专家学者的普遍认可，引起了广泛关注，全国教育专业学位教学指导委员会秘书处还专门委托我们制订全国现代教育技术专业教育硕士人才培养定位。

就本书而言，我们一直遵循"技术融入学科、方法促进变革"的理念，也一直提倡技术走向学科、技术走向方法的思想，最终关注技术支持的学科教学法。本书在内容选择上，仅仅聚焦了前者，而后者将是今后努力的方向。本书追求的目标，自然在于技术如何促进学生学习的发展方面，正如南国农先生 2013 年 5 月 21 日在出席西北师范大学与广州创显光电科技有限公司携手共建未来教学实验室合作签字仪式上第一次谈到的"电教梦"一样，南先生说："电教梦是什么？我觉得电教梦，就是能够帮助所有的人，都能够做到随时随地进行有效的学习，来促进我们国家很快地进入到学习型社会，我觉得这是电教者（教育技术者）的梦。我想这个梦，能够通过我们现在走的路是可以实现的。"

本书较为系统地介绍了教师信息技术能力基础、信息化教学设计、信息化教学方法、信息化教学技能、信息化教学评价和信息化教学研究等基本应用问题。本书具体的编写分工如下：第 1~2 章由王卫军、杨冠英编写，第 3 章由马彦龙、郭绍青编写，第 4 章由杨继林、郭绍青编写，第 5 章由王卫军、刘鹏飞编写，第 6 章、第 8 章由常咏梅编写，第 7 章由王卫军、王盼编写，第 9 章由肖刚、张雪莉编写，第 10 章由张雪莉编写。在编写过程中，我们设计开发了由文字教材及网络课程组成的立体化教材资源，将多媒体教学资源与文本教材科学地结合为一体，并将理论方法学习与教学活动实践融会贯通，体现了教学案例引领、学习活动主导的教学理念与课程特色。

由于作者水平所限，本书难免存在疏漏及不足，希望专家和同行不吝赐教。

作者于兰州
2013 年 5 月 28 日

目 录

前言
第 1 章 信息技术与教育概述 ·· 1
  1.1 信息技术教育应用概况 ·· 1
  1.2 信息技术对教育领域的影响 ··· 8
第 2 章 信息技术与教师专业发展 ·· 19
  2.1 信息技术支持的教师专业发展概况 ·· 19
  2.2 信息技术对教师专业发展的要求 ··· 22
  2.3 信息技术对教师专业发展的影响 ··· 29
第 3 章 教育信息资源检索与获取 ·· 37
  3.1 教育信息资源的检索 ··· 37
  3.2 教育信息资源的获取 ··· 42
第 4 章 教育信息资源加工与处理 ·· 52
  4.1 文本文件的加工与处理 ·· 52
  4.2 图像文件的加工与处理 ·· 55
  4.3 音频文件的加工与处理 ·· 65
  4.4 视频文件的加工与处理 ·· 70
  4.5 动画文件的加工与处理 ·· 73
第 5 章 教育信息资源整合与发布 ·· 80
  5.1 教育信息资源的整合 ··· 80
  5.2 教育信息资源的发布——以专题学习网站为例 ··· 97
  5.3 专题学习网站的测试发布 ··· 107
第 6 章 信息化教学设计 ·· 110
  6.1 信息化教学设计概述 ··· 110
  6.2 信息化教学设计过程 ··· 111
第 7 章 信息化课堂教学技能 ··· 127
  7.1 信息技术支持的导入技能 ·· 127
  7.2 信息技术支持的讲解技能 ·· 131
  7.3 信息技术支持的活动组织技能 ·· 138

7.4　信息技术支持的交流技能 ·· 141
第 8 章　信息化教学方法 ··· 146
　　8.1　协作学习 ·· 146
　　8.2　自主学习 ·· 152
　　8.3　探究学习 ·· 157
第 9 章　信息技术支持的教学评价 ·· 162
　　9.1　信息技术支持的教学评价概述 ································· 162
　　9.2　信息技术支持的教学评价工具 ································· 168
　　9.3　典型的信息技术支持的教学评价 ····························· 174
第 10 章　信息化教学研究 ··· 182
　　10.1　信息化教学研究概述 ··· 182
　　10.2　信息化教学研究课题申报 ······································ 193
参考文献 ·· 200

第 1 章

信息技术与教育概述

【学习目标】
1. 说明下列概念的含义：信息技术、基于云计算的教与学、基于移动技术的学习、基于游戏的学习、虚拟现场、在线教师专业发展。
2. 说明信息时代的主要特征。
3. 能够阐述国外信息技术教育应用的发展。
4. 能够阐述我国信息技术教育应用的发展。
5. 能够阐述信息技术教学应用前沿。
6. 能够阐述信息技术对教育改革的影响。
7. 能够阐述信息技术对教师教育的影响。
8. 对现代教育技术应用的学习产生兴趣，并有在此领域进一步学习的意愿。

1.1 信息技术教育应用概况

当今社会，信息技术不仅渗透到社会生活和经济发展的各个方面，而且以迅猛的速度影响着教育领域的各个层面。幻灯、投影、录音、电影、电视、录像、计算机等教学媒体在教学中的应用，推动了教育教学的蓬勃发展。云计算、物联网、固定/移动宽带、智能终端等新技术的不断涌现并在教育中得到应用，使全民教育、优质教育、个性化学习和终身学习的目标得以实现。在教育教学中，我们要充分利用信息技术优势，注重信息技术与教育的全面深度融合，促进教育公平和实现优质教育信息资源广泛共享，提高教育质量和建设学习型社会，培养高素质技能型创新人才，以教育信息化带动教育现代化，促进教育的创新与变革，加快我国从教育大国向教育强国迈进。

1.1.1 信息技术概述

1. 信息技术基本含义与分类

根据信息技术使用的目的、范围、层次的不同，人们对信息技术有不同的表述方式。全国科学技术名词审定委员会对信息技术做出了两个含义界定：①信息技术是指有关数据与信息的应用技术，主要包括数据与信息的采集、表示、处理、安全、传输、交换、显现、管理、组织、存储、检索等。②信息技术是利用电子计算机、遥感技术、现代通信技术、智能控制技术等获取、传递、存储、显示和应用信息的技术。正如很多学者认为,信息技术分为物化形态和智能形态,即"一方面是信息的承载技术,是有形的物质设备、工具手段;另一方面是信息的再生技术,包括信息的产生、发送、传输、接收、变换、识别、控制等应用技术,即无形的、非物质的智能形态的方法与技能"①。

在教育领域,我国著名电化教育专家南国农教授认为,信息技术不等于计算机与网络技术的组合,而是"对信息的获取、存储、处理、传输所使用的手段和方法的体系"②,强调手段和方法两个层面的含义。另外,南国农教授提出,在现阶段,我国的教育信息化工作者在教育中主要应用三种技术,即现代媒体技术、现代媒传技术、现代教学设计技术。"现代媒体技术是教育教学中应用的现代技术手段,即现代教育媒体,是一种硬技术;现代媒传技术是运用现代教育媒体进行教育教学活动的工作方法,即媒传教学法,是一种软技术;现代教学设计技术是优化教学过程和教学资源的系统方法,也是一种应用广泛的软技术。"③

依据不同的分类标准,信息技术有多种分类方式,在此简要列出以下几种分类:

(1) 按表现形态的不同,信息技术可分为硬技术(物化技术)与软技术(非物化技术)。前者指各种信息设备及其功能,如计算机、电子白板等;后者指有关信息获取与处理的各种知识、方法与技能,如数据统计分析技术、计算机软件技术等。

(2) 按照人们使用信息设备的不同,信息技术可分为电话技术、电报技术、广播技术、电视技术、卫星技术、计算机技术、网络技术等。

(3) 按工作流程中基本环节的不同,信息技术可分为信息获取技术、信息传递技术、信息存储技术、信息加工技术及信息标准化技术。

目前,计算机技术和网络通信技术是信息技术的核心技术,其不仅影响着社会经济结构和经济效益,而且也在教育领域中广泛应用并产生了深刻的影响。

2. 信息时代的主要特征

20世纪90年代以来,以计算机和网络为代表的信息技术飞速发展,经过二十余年的发展变迁,信息时代呈现出以下几方面的主要特征。

1) 信息技术广泛应用是信息时代的最主要特征

信息技术作为先进生产力的代表,在全球各个领域的广泛应用,是社会发展的强大动力,对社会文化和精神文明产生着深刻的影响。相对于工业时代的机械化特征,信息时代的显著特征则是计算机化和网络化。信息时代主要是借助高技术创造更多的机会和条件使人们从事创造性工作,拓展认知能力、生产能力和创新能力。目前,计算机仿真技术、多媒体技术、虚拟现实技术、数字技术、远程通信技术的发展与应用,使人们克服了时空障碍,也加深了信息技术应用的广度与深度。

---

① 张轶炳,李芒. 用系统论的方法分析信息技术与课程整合的层次性与多样性 [J]. 电化教育研究,2005,(11):63
② 南国农. 让信息技术有效地推进教学改革 [J]. 中国电化教育,2007,(1):5
③ 南国农. 我国教育信息化发展的新阶段、新使命 [J]. 电化教育研究,2011,(12):11

2) 信息素养是信息时代公民必备的基本素质

"信息素养主要包括信息意识、信息知识、信息能力、信息道德等"[①],"也是指运用信息解决问题的能力,是基于网络获取、分析、生成、使用和创造信息的综合素质"[②]。从技术应用的层面来说,"信息素养是应用信息技术的知识和技能解决生产和生活中实际问题的能力和对技术的意识、态度,以及对应该承担的社会责任的理解"[③]。目前,在中小学开展信息技术教育课程,并将信息技术与学科课程融合,培养学生的信息素养,提高学生的整体素质。在信息时代,每个人既是信息的受者也是信息的传者,这要求人们既要具备获取信息、理解信息、处理信息的能力,又要具备创造信息、发布信息的能力。因此,信息素养是面对信息社会的每个公民必须具备的能力,它既是适应信息社会的能力,也是信息社会人类生存的最基本能力。

3) 开放与共享是信息社会的重要机制

随着信息技术的发展,"开放与共享"已经从理念发展为实践模式,最有代表性的是开源软件和共享协议。在教育领域,"开放与共享"的思想也得到了广泛的认可与应用,如开放教育、开放课程、开放图书馆等教育信息资源共享模式。其中,以"人人享有优质教育"为目标的开放教育,与远程通信技术相结合,即现代远程开放教育,实现了更大范围内的资源共享。

4) 适应变化与终身学习是信息社会发展的不竭动力

在信息时代,科技日新月异,知识总量呈几何级数增长,知识更新速度大大加快,近50年来人类社会所创造的知识比过去3000年的总和还要多。与此同时,知识的陈旧率也随之加快,"知识折旧定律"提出:如果一年不学习,你所拥有的全部知识就会折旧80%。信息时代的人们不但要学会适应这种变化,更要以终身学习要求自己,及时更新、增补新的知识,不断地发展自己、完善自己,在信息时代的浪潮中争得先机,推动信息社会科学发展。

1.1.2 信息技术教育应用的发展

随着教育信息化的大力推进,在中小学生开展信息技术教育,把信息技术引入学科教学,以及培养学生的创新精神和实践能力等现状反映出在学校教学中应用信息技术已成为全球教育改革与发展的有效途径。纵观国内外信息技术教育应用的发展状况,各国采取的措施虽不尽相同,但都将信息技术教育应用作为教育信息化发展的重点。

1. 国外信息技术教育应用的发展

随着社会的发展,信息技术在教育领域中的应用也取得了长足的发展,梳理美国、英国、日本等发达国家的信息技术教育应用发展情况,其大致可分为程序教学与教学机器、计算机辅助教学、信息技术与学科教学三个阶段。这三个阶段及各个国家在每个阶段所采取的典型举措如表1-1所示。

[①] 转引自南国农.信息化教育概论[M].北京:高等教育出版社,2004:13
[②] 钟志贤,王佑镁,黄琰等.关于中小学教师信息素养状况的调查研究[J].电化教育研究,2003,(1):65
[③] 李龙.信息技术与课程整合的理论和方法[J].电化教育研究,2007,(5):73

表 1-1　国外信息技术教育应用的发展

阶段＼国家	美国	英国	日本	新加坡
程序教学与教学机器	(1) 20世纪20年代，美国心理学家普莱西发明世界上第一台教学机器； (2) 20世纪50年代，美国心理学家斯金纳提出程序教学法并应用于教学中； (3) 20世纪50年代末～60年代初，教学程序与教学机器更加完善并迅速发展			
计算机辅助教学	20世纪60年代，计算机在教育中的应用：伊利诺大学PLATO项目、杨伯翰大学TICCIT项目、加利福尼亚大学PCDP项目	(1) 1973年开发"计算机辅助教育"方案 (2) 1980年实施"国家微电子教育方案" (3) 1981年实验性计算机辅助教育计划纳入全国教育体系	(1) 1966年，研制了第一个CAI系统 (2) 20世纪70年代末～80年代初，微型计算机支持下的CAI教学系统在日本各学校迅速普及	(1) 1983年实施第一个小学阶段"计算机辅助教学"方案 (2) 颁布教育中的计算机培训计划，让教师认识到CAI在教学中的作用
信息技术与学科教学	(1) 1996～2010年，美国教育部先后颁布了四个不同的国家教育技术计划，其中包括从要求具备信息素养到提倡数字化学习 (2) 提出数字化学习计划，指出将数字化学习纳入学生的课程学习	(1) 英国政府制定ICT教育计划，包括基础设施建设、网络资源建设、中小学ICT课程计划、教师ICT培训计划等 (2) 自2000年，ICT被列为国家法定中小学非核心基础学科	(1) 1986年提出培养学生的"信息活用能力" (2) 1998年发表"关于改善教育课程基准的基本方向"报告，提出利用信息技术进行教学	(1) 1997～2002年MPⅠ规划要求用信息技术进行教学 (2) 2003～2008年MPⅡ规划强调信息技术融入学科体系 (3) 2009年MPⅢ规划要求提升学生信息技术应用能力

　　如表 1-1 所示，程序教学与教学机器时期主要是以美国为代表，20 世纪 50 年代末～60 年代初，教学程序从普莱西"辅助直线程序"、斯金纳的"经典直线程序"等直线式程序发展到克劳德（Norman A. Crowder）的"分支式程序"、凯（Kay H.）的"适应分支程序"等分支程序；各种教学机器纷纷问世，从不具备信息显示装置的简单教学机器，到克劳德分支装置那样能对数千个框面的信息进行随即提取的教学机器，使得程序教学运动发展迅速。

　　计算机辅助教学阶段以 IBM 公司沃斯顿研究中心设计的第一个计算机教学系统为标志，开始了计算机在教育领域的应用。20 世纪 70 年代早期，法国、英国和美国都在政府的支持下，开始了小范围的在学校教育中应用计算机的试验。国际信息处理协会于 1970 年、1975 年、1977 年召开三次国际会议，加拿大、日本、英国、德国、法国等相继制订开展了 CAI 的相关计划，且其发展尤为迅速，当时 CAI 涉及的内容多为基础课的练习、复习巩固、自我测验、个别指导等。

　　20 世纪 90 年代起，信息技术教育应用进入了信息技术与学科教学时期，以互联网技术和计算机通信技术为代表的信息化浪潮开始席卷世界各国，不仅是利用以计算机为核心的信息技术辅助教或辅助学,而且更强调利用信息技术创建理想的学习环境,变革全新的教与学方式,改变传统的教学结构与教育本质。各国政府高度重视信息技术对教育带来的变革,在国家政策支持、目标重新定位和教育方法改革等方面,推出了一系列新举措,如美国国家教育技术计划、英国 ICT 教育计划、新加坡的 MP 项目等。

2. 我国信息技术教育应用的发展

与美国相比,我国信息技术教育应用起步较晚,但我国政府历来重视对国际上科学技术前沿的跟踪与研究,注重引进与国民经济发展和国民素质提高息息相关的重大科学技术,以提升国家的综合实力。按照信息技术教育应用发展规模和速度划分,人们一般认为,我国经历了 20 世纪 80 年代的探索阶段、20 世纪 90 年代的扩大实验阶段以及 90 年代末至今的加速发展阶段。按照不同时期所强调内容的不同,我国信息技术教育应用可以划分为计算机教育阶段、计算机辅助教学阶段和信息技术与学科课程融合阶段,如表 1-2 所示。

表 1-2 我国信息技术教育应用的发展阶段

阶段划分	主要特点	主要举措
计算机教育 (20 世纪 80 年代初~80 年代末)	计算机作为教育内容	(1) 1982 年教育部开展中学计算机教育实验工作,开始了中小学计算机教育 (2) 1983 年教育部制定了高中计算机选修课教学大纲,内容为计算机基本工作原理和 BASIC 程序设计语言 (3) 1987 年在《普通中学电子计算机选修课教学大纲(试行)》中增加文字处理、数据库和电子表格等应用软件的内容
计算机辅助教学 (20 世纪 80 年代末~90 年代末)	计算机作为教育工具	(1) 1986~1990 年,我国计算机辅助教学工作主要是组织力量开发教育软件,开展计算机辅助教学;同时制定《教育软件评审标准》,对教育软件开发进行引导 (2) 20 世纪 90 年代后期,教育工作者对计算机辅助教学中存在的问题进行了反思并积极探索信息技术在教育领域的新发展
信息技术与学科课程融合 (20 世纪 90 年代末至今)	在学科教学中创造性地使用信息技术	(1) 1998 年,全国中小学计算机教育研究中心将"计算机与各学科课程融合"列入"九五"重点课题的子课题 (2) 2000 年,时任教育部部长陈至立第一次从政府的角度提出"信息技术与其他学科教学融合"的概念,引发全国性的信息技术与学科课程的融合 (3) 20 世纪 90 年代末至今,信息技术与学科课程融合的内涵与目标逐渐清晰,即"营造信息化教学环境、实现新型教与学方式、变革传统教学结构"[①]

在计算机教育阶段,计算机作为教育内容;在计算机辅助教学阶段,计算机作为教育工具;在信息技术与学科课程融合阶段,主要强调利用信息技术营造信息化教学环境。信息技术在教育领域应用的前两个阶段主要是作为教育内容和教育工具,尽管经过了十几年的发展,信息技术在我国中小学教育领域中的应用仍处于小范围的实验阶段,在课堂教学方式以及教学软件的设计与开发等方面存在问题,因此,教育工作者在对计

---

① 何克抗. 信息技术与课程深层次整合理论 [M]. 北京:北京师范大学出版社,2008:6

算机教育应用进行反思的同时,也在积极探索在教育领域中如何创造性地使用信息技术。因此,到信息技术与学科课程融合的阶段,在教学中强调利用信息技术营造能支持情境创设、启发思考、信息获取、资源共享、多重交互、自主探究、协作学习等多方面要求的信息化教学环境,也就是实现一种既能发挥教师主导作用,又能充分体现学生主体地位的以"自主、探究、合作"为特征的教与学方式。

1.1.3 信息技术教学应用前沿

随着移动技术、云计算、智能终端等新技术、新应用的不断涌现,信息技术逐渐向信息通信技术(information communication technology,ICT)发生演变,促使社会各个领域不断发展,对教育教学也产生了深远的影响。

1. 基于云计算的教与学

目前,云计算(cloud computing)在教育领域中的应用受到了普遍关注。"云计算是分布式处理(distributed computing)、并行处理(parallel computing)和网格计算(grid computing),这些计算机科学概念的商业实现,是虚拟化、效用计算、基础设施即服务、平台即服务、软件即服务等概念混合演进并跃升的结果。"[1] "其基本思想是将某一或某几个数据中心的计算资源虚拟化之后,向用户提供以租用计算资源为形式的服务。"[2] 云计算把信息技术环境下的教学与学习带入了云时代,在多个方面为教学与学习提供服务。

(1) 云计算为学习者构建个人网络学习环境。学习者可以根据云服务的类型,自主选择学习内容和学习方式。在 Web 2.0 环境下,学习者更多地采用网络学习和非正式学习,如使用 iGoogle 使自己的网络空间个性化,使用 Diigo 创建个人的书签,使用 Sakai 管理网络课程等。

(2) 云计算实现教育信息资源开放与共享。在云时代,我们可以将本地的教育资源上传到云计算平台,转化为云服务;同时,云计算提供者可以扩展虚拟环境,提供更大的带宽和计算资源。这样,我们可以在轻松获取别人教育信息资源的同时,也能够与他人分享自己的教育信息资源。

(3) 以云为平台,为教学提供服务。随着教育信息资源的不断增长,云计算平台也越来越多,满足了教学服务多元化的需求,现在很多的学校都在利用云计算平台进行教学,如利用 Google Earth 社区来开展地理课的教学。同时,利用云计算平台,构建云时代的学习共同体,进行"人"—"云"交互也成为云时代教育领域的新课题。

2. 基于移动技术的学习

蓝牙技术、WAP 技术、GPRS 系统以及 UMTS 系统等技术的成功开发,使基于无线通讯技术和移动计算设备的移动学习进一步发展,满足了信息时代学习者的需求。

"移动学习是在非固定的、非预先规划时间和地点的非正式场所,利用移动设备与虚拟的和物理的世界交互发生的个人的、协作的或者混合方式的任何学习,也包括正规

---

[1] 转载于刘鹏. 云计算的定义和特点[EB/OL]. 中国云计算,http://www.chinacloud.cn/,2009-02-15
[2] 冯坚. 基于云计算的现代远程教育展望[J]. 中国电化教育,2009,(10):39

场景，利用移动设备促进个体探究和协作。"① 移动学习是在数字化学习的基础上发展而来，具有数字化、多媒化、网络化、智能化的特征，可以使学习者"随时、随地、随身"地开展学习。

首先，移动学习中使用的现代通讯媒体，能够为学习者提供快速的交互信息，可以使学习者随时随地进行不同目的、不同方式的学习，如基于短信的移动学习和基于浏览链接的移动学习等。其次，移动技术作为教育媒体给教学提供了更广阔的空间，利用移动设备进行计算机辅助教学、网络教学等移动教学的方式，学习者不再被限制在电脑桌前，完全可以自主控制，能够更加充分地发挥教师的主导性和学生的主体性。最后，学习是终生的事业，仅通过学校教育获取知识和技能是远远不够的，学习者必须摆脱时间和空间的限制，在日常生活与工作中不断获取。而移动技术和设备可以使学习者随时随地进行学习，满足了学习者终身学习的需求。

3. 基于游戏的学习

"游戏本身就是自然发生的学习环境，在游戏这一学习环境中，学习者（游戏者）为了生存下来必须培养解决问题的能力。"② 基于游戏的学习是学习者参与带有教育意义的游戏（教育游戏），最终获得知识、培养解决问题能力的一种学习方式。基于游戏的学习可以分为两类：一是将游戏作为学习媒体，即利用游戏进行教学；二是将游戏作为一种学习系统或学习环境进行研究。目前，兼具教育性和游戏性的教育游戏逐步成为教育技术的研究对象之一，它把游戏作为一种学习环境，将学习内容或活动融入到游戏的场景中，学习者参与其中并扮演角色，游戏任务完成的过程也是开展学习的过程，最终获得知识内容。

目前，利用教育类小游戏对新员工进行培训在企业中得到了广泛应用，如汇丰银行的"金融大富翁"、中华电力的"制房工作大找茬"、香港入境处的"审核护照情景模拟游戏"等。这些成功的企业教育案例对于教育游戏进入教学课程具有很大的借鉴意义。例如，香港中文大学资讯科技教育促进中心开发的"农场狂想曲Ⅱ"，它是一个虚拟的在线学习环境，其实是虚拟农场，里面有模拟真实农场的风、气温、降雨等气候和农作物、牲畜的生长情况，学生可以在游戏中以农场主的身份建设、管理和经营自己的农场，并不断地学习存在于这个虚拟农场中的关于农业、地理、环境等社会学科知识。

4. 基于网络的开放内容

思科公司总裁钱伯斯认为，"网络促成教育的平等"，而基于网络的开放内容则加速推动了教育公平的实现。开放内容源于开源机制，2001年4月4日，麻省理工学院将在10年内把几乎所有的课程（2000余门）上传至互联网，供全世界的人们免费自由下载（网址为 http://www.myoops.org/）。麻省理工学院开放课程（open course ware, OCW）是开放教育信息资源运动的开拓者和带动者。

现在更多的学校加入了这个行列，在网上提供大量课程资源和学习资料，提供更加

---

① 黄荣怀，王晓晨，李玉顺．面向移动学习的学习活动设计框架 [J]．远程教育杂志，2009，(1)：4
② Shaffer D W. Epistemic Games [EB/OL]. http://coweb.wcer.wisc.edu/v/papers/epistemicgames.pdf, 2008-04-24

丰富的开放内容。在教育领域，开放内容已成为一种潮流，"它不仅是免费网络课程材料，而且是应对教育成本上涨的一种措施，表达了开放原来不愿开放的学习领域的愿望，以及学生自主选择什么时候学习以及如何学习的愿望"[①]。2006 年，英国开放大学启动实施开放内容创新项目（open content initiative，OCI），基于互联网，开放共享其优质教育信息资源，面向所有人免费，并提供学习支持和协作工具连接学生和教师，为所有人提供了接受公平教育的机会。基于网络的开放内容有很多，如由德州奥斯汀大学所建的"世界课堂"（World Lecture Hall）（网址为 http://wlh.webhost.utexas.edu/）中有各个不同学科领域的课程，包括比较文学、英美文学、电影、文化研究等，还附有课程进度表、书目、作业规定、多媒体教材等。维基百科（Wikipedia）是内容开放的全球性多语言百科全书，是一个动态的、可自由访问和编辑的全球知识体。另外，还有内容开放的英文科学公共图书馆（public library of science）以及公开的日文电子书库（aozora bunko）等。

1.2 信息技术对教育领域的影响

从教育发展的层面来讲，信息技术教育在中小学的普及进入全面发展阶段，更加注重提升学生的信息素养；校园网的建设与应用更加完善，正积极构建数字化校园；现代远程教育形式更加多样，网络学院已初具规模。从教育改革的视角来看，教师的教育观念、教与学方式、教学中的师生角色等都发生了重大变革。另外，信息技术教育应用对教师教育也产生了深刻影响，为教师终身学习和职业发展创造了有利条件。

1.2.1 信息技术对教育发展的影响

1. 信息技术教育在中小学的普及

随着信息技术的广泛应用和在教育领域的深入发展，在中小学普及信息技术教育已成为共识。在以计算机技术为代表的信息技术课程在中小学开设期间，中小学信息技术教育已经历了 20 世纪 80 年代的起步阶段和 20 世纪 90 年代的逐步发展阶段，在 21 世纪初新课标的指导下，信息技术教育进入了全面发展阶段。

中小学信息技术教育的重要组成部分是信息技术课程。《普通高中技术课程标准（实验）》作为高中信息技术课程的国家课程标准，自 2003 年颁布，迄今已实施近 10 年，为信息技术教育的普及奠定了坚实的基础，而且为制定义务教育阶段的信息技术课程标准提供了参照和依据。在新课标的规定下，义务教育阶段信息技术课程教学内容主要是以计算机和网络技术为主，体现基础性、实践性和创造性，注重培养学生的信息素养，为适应信息社会的学习、工作和生活打下必要的基础。高中信息技术课程以"信息技术基础"为必修模块，以"算法与程序设计"、"多媒体技术应用"、"网络技术应用"、"数据管理技术"和"人工智能初步"为选修模块，关注技术应用能力与人文素养的双

---

① 赵呈领，李青，闫莎莎. 地平线报告（K-12）对基础教育改革与发展的启示 [J]. 远程教育杂志，2012，(1)：70

重建构，提升学生的信息素养。

在中小学普及信息技术教育，将信息技术课程列入必修课程，有效推动了信息技术与其他学科教学的融合。2000年教育部颁布的《关于在中小学普及信息技术教育的通知》中明确提出了信息技术与学科教学相融合的要求，鼓励在其他学科的教学中充分发挥信息技术的优势，使信息技术融入到学科课程的有机整体中，不仅作为教学工具和教学手段，更在于教学理念的提升和学习方式的转变，整体优化各个教学环节以及教学资源等，从而达到培养和提高学生信息素养的目的。

2. 校园网的建设与应用

"校园网及其相关设施的建设为信息技术教育提供了学习环境和信息资源环境，主要是指以 Internet 应用为基础，提供以学习活动为核心，兼顾教学研究与学校管理，实现信息交流和资源共享的多媒体网络教学环境。"[①] 自从 20 世纪 90 年代后期校园网走进我国中小学，经过多年的发展，人们开始思考如何在校园网的环境中，开发实用的信息系统，提高教学与学校管理水平。因此，很多中小学依托校园网，积极构建以数字网络技术为基础的数字化校园。

数字化校园是指以数字化信息和网络为基础，为了有效支持学生学习，创新和转变教学方式，以面向服务为基本理念，依托计算机和网络技术而构建的多种应用系统集成的、相关业务高度融合的、使数字化资源得以充分优化利用的校园信息化环境。数字化校园利用数字技术，借助校园网络及其应用系统完成校园的信息传递，辅助完成学校的教学和管理等活动，拓展了学校的时空维度，丰富了校园文化，并优化了学校教学、科研、管理和服务等方面。

中小学数字化校园的建设是一项系统性的工作，在建设过程中需要"结合本校师生的需求和校本特色，有目的性、有针对性地将信息技术有效地融入到本校的各项业务中，支撑各学校核心业务的发展和提升办学质量，实现校内与校外、各学校之间互联互通，真正实现技术与教育的融合"[②]。

3. 现代远程教育的发展

现代远程教育起步于 20 世纪 60 年代初期创办的城市电视大学（北京、上海、广州），1999 年，教育部在全国启动"人才培养模式改革与开放教育试点"项目，远程教育开始进入以网络教育为主的革新阶段。随着函授教育和广播电视教育阶段远程教育的不断发展，我国的现代远程教育已经有了较大的发展。截至 2011 年，教育部已批准 68 所高校开展网络高等学历教育，学生总规模达到近 500 万人，网络教育已经迅速发展成为继普通高校、成人教育后的又一主要的高等教育形式。

目前，我国现代远程教育的教学形式多种多样，可概括为以视频会议系统为主的实时在线远程教学和基于网络的自主式远程教学两种。以网络课程的开设为例，它真正打破了明显的校园界限，教育实施过程不受时间、地点甚至国界的影响，学生能突破时空

---

① 徐晓东. 信息技术教育的理论与方法 [M]. 北京：高等教育出版社，2004：212
② 董艳，李玉顺，王珏等. 中小学数字化校园建设现状及未来发展——全国中小学数字化校园学术交流会（NCDS-K12）综述 [J]. 中国电化教育，2011，(7)：27

限制，接受到来自不同国家、不同学校、不同教师的指导。在网络课程中，学生借助技术手段，能够更加便捷地查找教育信息资源，发挥更大的主体作用，即时通信工具、电子邮件（E-mail）以及网络新闻组等形式可以使学生进行实时与非实时的信息交流。另外，在网络课程中利用虚拟技术，还可以模拟各种场景和环境，完成现实环境中难以完成的各种试验和实践活动等。

很多高校开设的网络高等学历教育也是现代远程教育的主要形式之一，典型的高校代表有清华大学、中国人民大学、中央广播电视大学等。由于现代远程教育投资较大，部分院校在资金有限的情况下，采用 Internet 支持远程教育，其技术应用还有待完善，教学效果也不甚理想。随着网络技术和多媒体技术在教育领域的广泛应用，现代远程教育作为提高全民文化素质的有效途径和终身教育的重要手段，正朝着综合性、开放性和交互性的方向发展。

1.2.2 信息技术对教育改革的影响

1. 教育观念的革新

"所谓教育观念，是指按一定时代的政治、经济、文化发展的要求，反映一定社会群体的意愿，对教育功能、教育对象、人才培养模式、教育体制、教育结构、教育内容、教育过程及方法等根本问题的认识和看法。"[1] 在信息技术高速发展的今天，教育观念革新是时代发展的需求。

1) 宏观上，教育要促进社会和人的发展

信息技术在教育领域中的应用，是为了实现教育的最优化，全面促进人的发展，从而以人的发展来促进社会的发展。这改变了以往人们所认为的"教育促进社会发展"的片面观点。日本东京大学柴田义松教授认为，"学校不是知识的配给所。学校的首要课题是学生的发展。学生的知识不是赐予的，而是学生自己掌握的。……促进发展的教学不是教授现成真理的教学，而是探究真理的教学"[2]。"从学校教育的层面来说，教育就是要以学生为本，以实现全体学生个性的全面发展、协调发展、持续发展为总目标。"[3]

2) 微观上，教学要运用"协同性"，师生关系体现"非线性"

协同理论指出，"使系统从无序转变为有序的关键在于系统内部各组成要素之间非线性相互作用所引起的协同现象"[4]。例如，在某个教学系统中，学生刚开始学习新知识时，对这一知识的了解与认识完全处于一种无序状态，即对这一知识的掌握基础参差不齐。但经过教师的启发引导并组织小组或团队的协作学习，最终会使全班学生都达到对这一知识的理解与掌握，从无序转变为有序。后现代主义也强调团体的作用，认为共同参与、进行对话、多种形式参与才能更充分地发挥有效教学的作用。

---

[1] 转引自南国农. 信息化教育概论 [M]. 北京：高等教育出版社，2004：5
[2] 钟启泉. 教师研修的模式与体制 [J]. 全球教育展望，2001，(7)：11
[3] 南国农. 我国教育信息化发展的新阶段、新使命 [J]. 电化教育研究，2011，(12)：11
[4] 何克抗. 运用"新三论"的系统方法促进教学设计理论与应用的深入发展 [J]. 中国电化教育，2010，(1)：15

"非线性是指系统内部各组成要素之间的相互联系、相互作用呈现非线性关系。"[①]在以往的课堂教学中，存在两种现象：一是以教为主，很少涉及学生的自主学习；二是强调学生的主体作用，但忽视教师在教学过程中的主导作用。在此基础上，以"新三论"（主要指"耗散结构理论、协同学和超循环理论"[②]）为指导，在教学中提倡混合学习（blending learning），即"将传统学习方式的优势和 e-Learning（即数字化或网络化学习）的优势相结合"[③]。教学观念由原来的"以教为主"或"以学为主"转向"学教并重"；教育思想则由原来的"以教师为中心"或"以学生为中心"转向"主导—主体相结合"，从而较真实地体现了教学系统中"教师与学生"之间的非线性关系。

信息技术在教育领域中的应用对教育观念产生了极大影响，从宏观上把握教育与社会的发展、人的发展的关系，从微观上注重师生间的非线性关系，在教学中要利用协同方式进行教学，从而真正实现技术与教育在各个层次的渗透与融合。

2. 教与学方式的变革

1）教学模式的变革

在科学技术高度发达的今天，教学模式必将要有所突破，才能提高教学效率和教学质量。传统的课堂授课方式是以教师讲授为主，尤其是主修课程及必修课程，这种方法已不能满足信息时代对人才培养的需求。因此，教学模式逐渐从过去的单一讲授向导学探究转变。

信息时代要求教育促进人的全面发展，不仅要求学生掌握知识，更要求其具有自主学习能力、探究能力、解决问题能力等。因此，在信息技术环境下基于问题学习的教学模式、基于"做中学"的教学模式、基于 GBS 的教学模式等受到越来越多的关注。这些模式能够为学生创设一定的问题情境或设置一定活动任务，让学生自主探究，从而在提出问题、分析问题和解决问题的过程中获得知识与培养能力。

另外，基于多媒体计算机环境的个别化教学和自主交互式教学、基于网络的远程教学和远程辅导等从其他视角划分的教学模式，都是由信息技术发展带来的新型教学模式。表 1-3 对传统教学模式与信息技术支持的教学模式的不同点进行了梳理，相对于传统教学模式，信息技术支持的教学模式更加注重培养学生的问题意识、批判性思维习惯、获得新知识的能力以及自主学习和协作学习的能力。

表 1-3 传统教学模式与信息技术支持的教学模式的对比

类型 要点	传统教学模式	信息技术支持的教学模式
课堂主体	教师	教师与学生
教学形式	单一讲授	导学探究
教学流程	传授—接受	导入—合作探究—师生评价

---

① 何克抗. 运用"新三论"的系统方法促进教学设计理论与应用的深入发展 [J]. 中国电化教育，2010，(1)：13
② 何克抗. 运用"新三论"的系统方法促进教学设计理论与应用的深入发展 [J]. 中国电化教育，2010，(1)：7
③ 何克抗. 运用"新三论"的系统方法促进教学设计理论与应用的深入发展 [J]. 中国电化教育，2010，(1)：14

2）教学方法的变革

信息技术的发展极大地丰富了教学内容，提供了多种教学手段，促使传统教学方法产生了巨大变革。"从教学系统的要素（教师、学生、内容、媒体）入手，按照学习经验的获得方式和学生学习方式特征，将教学方法进行划分为传递式教学、直观性教学、体验式教学和实践性教学四类，从左至右逐渐从接受式教学方法转变为探究式教学方法。"[①] 相应地，教师在课堂中的教学行为从"讲"转变为"导"。

信息技术促使教学方法从接受式逐渐转变为探究式。接受式教学强调教师在课堂中的主体地位，通过"讲"将知识传授给学生。随着社会的发展，教育教学注重培养学生主动获取知识和运用知识解决问题的发展能力，也更加强调学生的主动性和创造性。这就需要教师转变教学方法，在教学过程中以认知活动为线索，引导学生能动地通过多种途径、方法，自己思考怎么做，甚至做什么，从而掌握知识，形成应用知识的能力。

信息技术不仅为探究型教学提供了广阔的平台，还提供了各种丰富的数字化教育信息资源，教师能够调动尽可能多的教学媒体和信息资源，创设有利于学生"意义建构"的情境。表 1-4 将传统教学方法与信息技术支持的教学方法从教师教学行为、学生学习方式和使用的教学媒体三方面进行了对比。相对于传统的教学方法，信息技术支持的教学方法更加有利于培养学生发现问题和解决问题的能力。

表 1-4　传统教学方法与信息技术支持的教学方法的对比

类型 要点	传统教学方法	信息技术支持的教学方法
教师教学行为	讲授	组织、引导
学生学习方式	接受	自主、协作、探究
使用的教学媒体	黑板、书本、图片、模型等	幻灯、投影、电影、电视、计算机等

3）学习方式的变革

20世纪80年代以后，我国学校教育改革培养目标的重大转变以及教育教学改革的不断深入，学习方式作为重要的内容也发生了很大转变，由传统的接受学习逐步向自主学习、创新性学习和个性化学习转变。

"自主学习是指学习者在学习活动中具有主体意识和元认知能力，发挥自主性和创造性的一种学习过程或学习方式。"[②] 能动性和独立性是自主学习的主要表现特征，要求学生自我调控学习活动，独立开展学习活动。

创新性学习要求学习者首先要"学会"，即构建必要的知识基础，掌握某些专业知识和技能；其次要"会学"，即在学习过程中学会学习，主要是培养思维能力和创新能力等。

个性化学习是学习者充分发展的必要条件，是一种关注学习者个体发展、满足不同学习者的学习需求、帮助挖掘学习者个人潜力的学习方式。个性化学习使学生的主体地位得以确立，主体性的实现促进了学生良好个性的形成。

---

① 黄荣怀，曾兰芳，郑兰琴. 关于我国大学本科教学方法变革的趋向研究——基于国家精品课程的抽样分析[J]. 电化教育研究，2010，(5)：85

② 钟志贤. 深呼吸：素质教育进行时[M]. 北京：教育科学出版社，2003：381

学生的自主探究、创新以及个性化学习的能力与品质不是与生俱来的，是在运用信息技术进行学习的过程中形成的。表 1-5 从学习意识、学习过程和学习结果三个方面将传统学习方式与信息技术支持的学习方式进行了对比，信息技术支持的学习方式逐步改变了以教师为中心和以教材为中心的局面，更有利于培养学生的创新意识与实践能力。

表 1-5　传统学习方式与信息技术支持的学习方式的对比

类型 要点	传统学习方式	信息技术支持的学习方式
学习意识	被动接受	主动参与
学习过程	强调接受学习、死记硬背、机械训练	开展自主、合作、探究的学习活动
学习结果	将教材知识内化	创新意识和实践能力得到培养

4）教学评价的变革

传统的教学评价更为注重学生的学习结果，容易忽视对学习过程本身的评价，而信息技术支持的教学评价在评价目的、评价主体、评价方法等方面发生了很大的变革。

在评价目的上，传统的教学评价主要是为了评价学生的学习结果，对学生分级或分层。信息技术支持的教学评价更加关注对学习过程的评价，评价学生在学习过程中获得了哪些技能，关注学生的个体差异，促进学生在已有水平上进一步得到发展。

在评价主体上，传统的教学评价主要以领导评价和教师评价为主，而在信息时代，教学评价由专家、管理者、家长、教师和学生共同参与完成，且更加强调教师和学生的自我评价。学习是随时随地进行的，作为一名终身学习者，自我评价能力是教学的目标之一，也是一项必备技能。

在评价方法上，传统的评价方法主要是通过试卷测验、观察以及调查等形式来评价学生的学习。而信息技术支持下的教学评价方法更加多元化，教师能够利用学习契约、量规、范例展示等方式，让学生明确认识自己要取得的学习结果，也可以利用学习档案等记录学生学习过程，为评价提供参考资料，也能促进学生的自我评价与反思。

表 1-6 从评价目的、评价主体和评价方法三方面对传统教学评价与信息技术支持的教学评价进行了对比。相对于传统教学评价，信息技术支持的教学评价更加关注过程性评价、强调自我评价，评价的方法也更加多元化。通过评价学生形成积极主动的学习态度，在获得基础知识和技能的同时也使学生学会学习，形成正确的价值观。

表 1-6　传统教学评价与信息技术支持的教学评价的对比

类型 要点	传统教学评价	信息技术支持的教学评价
评价目的	强调学习结果	关注学习过程
评价主体	以领导评价和教师评价为主	专家、管理者、家长、教师和学生共同参与完成
评价方法	试卷测验、观察以及调查等	学习契约、量规、范例展示以及学习档案等

3. 师生角色的转变

1）教师角色的转变

随着信息技术的发展和相关教学理论的推进，不仅是教师的观念、教与学的方式发生了变化，教师在教育教学中的角色也有了重新的定位，逐步从知识传授与灌输者的单一角色向学生学习的组织者、学生学习的引导者与促进者、教育教学的研究者等多种角色转变。

(1) 学生学习的组织者。著名教育家杜威曾提出，教师是一个引导者，他掌握着舵，学生用力把船划向远方。信息技术支持下的教学活动提倡让学生主动参与，激发学生学习的积极性和主动性，以学生的全面发展为宗旨，因此，教师通过一定的教学情境设计和教学活动设计来组织学生实施教学活动，将教学内容融入到情境中，使学生产生学习兴趣。

(2) 学生学习的引导者与促进者。信息技术环境下学生学习所涉及的知识体系庞大，内容多且变化快，学生获得知识的途径与方法变得多样化；教师在传授知识方面的职能也变得复杂化，不再是传授教科书上的知识，而是指导学生如何获取自己所需要的知识，掌握获取知识的工具以及学会如何根据需求处理各种信息的方法，并努力促进学生将学习内容与已有知识基础相联系，利用各种方法促进学生将教学内容转化为学生的学习经验。

(3) 教育教学的研究者。信息技术的认知功能，促进了教师向研究者的角色转换。教师作为研究者，要以研究者的心态置身于教学情境中，以研究者的眼光审视分析教学理论，探究教学实践中的各种问题，对自己的教育教学行为进行反思，不断提升自己的教育理念，并对自己的教育实践能进行自我调整。

(4) 课程的建设与开发者。信息技术环境下，教师不再只是课程实施的执行者，而是课程的建设与开发者。利用信息技术手段，教师可以为一堂课制定教学目标、组织教学结构、呈现教学内容、制作教学资源等，甚至可以改变传统课程体系中一些不适用的教学内容与教学方法。

(5) 学习者。信息技术的不断更新和发展给教师的工作和能力带来了巨大的挑战。教师不仅要为学生提供一定的知识信息、选择学习内容、组织学习形式，同时还要不断学习新技术并应用于课堂，调动学生的积极性，引导和组织课堂交流与互动等。这不仅要求教师要具备扎实的知识基础和教学能力，还要求其不断地学习新知识和新技能，做一个终身的学习者，以适应信息社会的不断发展变化。

2) 学生角色的转变

自古以来，教师就是知识的传授者和教学过程的主导者，学生更多的是从教师那里接受和获得信息。由于计算机多媒体和互联网的发展，学生能够在课堂之外获得大量信息和资源，这种信息获取方式和学习方式的改变，使学生的角色也发生了根本性的变化。

(1) 主动建构的学习者。学习者在信息处理过程中展开思维活动，在已有知识的基础上顺应新观念、理解知识内容、创建知识表征；或运用各种认知工具，在信息技术支持的学习环境中获取信息、建构知识，由被动依附教师的学习者变为主动参与学习进行知识建构的行为者。

(2) 协作交流的学习者。协作与交流是当代人的一种基本能力和重要素质。在课堂教学中引导学生进行"协作与交流"已成为重要教学组织形式之一。另外，通过 Blog

（博客）、BBS、QQ、MSN、电子邮件等信息交流工具，与校内和校外的学习者形成学习共同体，与小组成员进行合作学习，开展对话交流，不仅能充分发挥每个学生的内在动力，更有利于培养学生的合作意识和创新精神，还能锻炼学生的自我调控能力。

（3）反思总结的学习者。建构主义学习观认为，一切知识最终都必须通过主体的建构活动才能完成，反思是建构主义的一个核心特征。学习者能够通过认知工具，阐述自己学习的内容，反思自己的学习过程，总结自己在学习过程中存在的问题，进而修正、完善并制定调控策略。反思可以促进自主学习能力的提高，培养勇于探索的科学精神，使学生终身受益。

1.2.3　信息技术对教师教育的影响

以教育信息化带动教育现代化是我国教育事业实现跨越式发展的关键因素。信息化为教师终身学习和职业发展创造了有利条件，为大规模、高水平、高效益地开展教师的全员培训提供了条件。我国紧跟教师教育发展形势，采取各种信息技术手段和各种教育形式，共享优质教学资源，也推动了教师教育信息化的发展。

1. 教师网联计划——"全国教师教育网络联盟"

2003年9月，全国教师教育网络联盟在教育部的支持与倡导下，由北京师范大学、华东师范大学、东北师范大学等12家单位共同组织成立，并正式启动实施教师网联计划，对全国中小学教师实施网络远程教育，融合优质教师教育信息资源，高质量、高效益地培训教师。

教师网联计划旨在以现代远程教育为突破口，在政府的支持和推动下，充分调动各级各类举办和支持教师教育的高等院校（机构）的积极性，融合资源，构建以师范院校和其他举办教师教育的高校为主体，以高水平大学为核心，以区域性教师学习与资源中心为支撑，教师教育职前职后一体化，教师教育系统、卫星电视网与计算机互联网相融通，学校教育与现代远程教育等各种教育形式相结合，学历教育和非学历教育相沟通，系统集成、优势互补，共建共享优质教育信息资源，覆盖全国城乡的教师教育网络体系。

教师网联计划以"创新、集成、跨越"为指导原则，坚持总体规划、分步实施，重点突破、全面推进的方针，实施工作分三个阶段。

第一阶段：教师网联以远程教育试点师范大学和中央广播电视大学等首批成员单位为主体，建立管理规范和技术标准，建立标准化开放性的公共服务平台，初步形成共建共享优质教育信息资源的教师教育协作组织。重点面向农村，配合中小学现代远程教育工程的实施，充分发挥教师网联的优势，因地制宜地运用光盘教学、卫星电视教育、网络教育等各种模式，共享优质教育信息资源，有效地开展各种层次和规格的教师学历教育和非学历培训，大幅度提高中小学教师队伍素质。

第二阶段：教师网联扩大到具备条件的省属师范院校和其他举办教师教育的高等学校，并广泛动员社会力量，在更大范围内调整融合教师教育信息资源，基本形成以区域教师学习与资源中心为支撑的公共服务体系。完善教师网联管理制度与运行机制。进一步提高教师网联办学的质量、规模和效益。

第三阶段：全面实施教师网联的总体规划，实现教师网联总体目标，各种教育形式衔接与沟通，形成具有时代特征和中国特色的教师终身学习体系。

"全国教师教育网络联盟"门户网站（http://www.jswl.cn/）真正构建起了教育部教师工作司、教师网联、教师教育机构和全国广大中小学教师互通、互连、互动的平台。该门户网站覆盖了国内外教师教育信息、政策法规及培训信息等诸多方面，具有信息发布、资源展示、信息服务、互动交流、宣传展示等功能，为全国中小学教师提供各种支持和服务。

2. 教师教育新模式——虚拟现场

虚拟现场是针对传统教师教育中理论与实践脱节的现象而提出的教师教育新模式。"所谓虚拟现场，是指创设一种较为真实的课堂教学问题情境，职前教师或是扮演教师，或是扮演学生，或是作为观看教学活动并要发表观点与见解的观众，共同建构模拟课堂教学的实践活动。"[①]

传统教师教育课程更多的是告诉职前教师在教学中"可以怎样做"、"应该怎样做"，而虚拟现场模式则通过职前教师亲身去做、去体验、去揣摩"当教师"的过程，进而体会到教育现场的丰富性、多变性、生成性，解决教育现场中出现的种种问题。在这种虚拟现场的情景中，职前教师会像正式上课一样集中注意力，并调动其机智，解决课堂教学中出现的各种突发情况。虚拟现场虽然与课堂教学现场有所差距，但是它重视职前教师理论与实践的结合，以其为桥梁促进实践智慧与能力的形成。姜勇、高维华等学者提出了典型"虚拟现场"模式具体实施步骤：

（1）形成小组。在全班形成若干参与式小组，每组一般包括4～6名职前教师。每组事先设计好自己的组名，成为一个学习与成长的共同体。小组成员的选择可以是自己定，也可以是培训者提出建议。在选择小组成员时最好按不同能力分配，以保证每个小组的能力平均，并使得相对较弱的组员能向同组其他成员学习。

（2）设计观察。每个小组根据自己的兴趣与能力特点，设计课堂教学活动，并分配角色，由一名组员担任上课教师，其他组员扮演学生。扮演教师角色的组员要设计教学内容与活动，并事先到基地学校观察教师如何上课，从而有意识地学习一些教学能力与方法；扮演学生角色的组员也要事先到基地学校去观察学生在课堂教学活动中是如何表现的，他们都有哪些人格特征、学习特点与行为表现，从而为更好地扮演学生打下基础。

（3）实践教学。在虚拟现场情景中，每个小组进行教学活动表演，一般为30分钟。其他小组的成员仔细观察、记录表演小组的教学活动。

（4）协同反思。在活动结束后要共同讨论这一活动，对其中的教师与学生角色进行协同反思与分析。

虚拟现场为教师提供了一个角色转换的机会，模拟自己的课堂过程，把自己从作为一名教师的身份转换到学生的身份，体验作为学生接受教师组织时的感觉，换位思考使教师更能在自己的教学过程中注意学生学习的情感思维。

[①] 姜勇，高维华. 教师教育转型研究："虚拟现场"与教师成长[J]. 全球教育展望，2006，（6）：57

3. 教师教育新议题——在线教师专业发展

在当前的教师专业发展领域中，在线教师专业发展（online Teacher Professional Development，oTPD）受到众多研究者的普遍关注。"在线教师专业发展通常指那些基于网络的、交互式的教师专业发展经历。"[1] 在线教师专业发展以某种技术平台为支撑，为参与者提供资源、内容、工具、人际等各方面的专业发展在线支持，旨在发展教师对于教与学的理解，转变教学实践，并最终促进学生的学业发展。"从教师学习的视角看，在线教师专业发展的本质是一种计算机支持的协作学习（computer supported collaborative learning，CSCL），教师是这种学习环境中的主要学习者。"[2] 在线教师专业发展不受地理与时空的限制，具有传统教师专业发展无可比拟的特点和许多潜在优势。

1）参与的弹性化

新课程改革虽然为教师提供了大量培训经费和机会，但大多数一线教师仍很难直接参与培训，一般情况是少部分教师参加培训后再对本校教师进行培训。在线教师专业发展使教师可以根据自己的教学情况灵活安排时间，克服时间和空间的限制，在教师参与方面凸显了弹性优势，能够降低学校用于专业发展上的经费投入。另外，"一些优秀的在线教师专业发展平台还可以使教师从自己任教学校和班级的实际情况、专业发展的自我需求以及个体的先前知识与经验出发，选择所需学习资源，参与学习活动"[3]。例如，瑞典的在线学习社区（网址为 http://www.lektion.se/），它是一个为教师免费提供资源的数据库，包括多种教学资源和大量论坛，极大地满足了教师的网上教学交流，是在线教师专业发展的重要途径。

2）功能的多样化

在线教师专业发展除了具备面对面专业发展的传递新知识和新观念的功能外，还能够通过网络技术，将以分布式状态客观存在的各种资源加以融合，使之转变为"被激活了的学习资源，并进一步转化为促进人的发展、支撑知识建构与意义协商的、有助于创建学习共同体文化的给养"[4]。另外，在线环境使教师能够进行知识交流和共享，不但可以使个体将共同体的知识同化，而且还可以将个体知识和观念通过协商转化为集体知识，创建并发展新知识，促进共同体知识的增长。此外，在线教师专业发展通过数据流技术，可以自动搜集教师通过视频或音频等参与在线交流的所有数据，捕捉到教师在哪个区域，在做什么，花费多少时间做某学习活动，和其他成员的交互情况等，为教师专业发展评价提供了新思路和方法。

3）在线共同体的强化

"共同体"表达了人与人之间通过常规性的合作、分享、交往而形成的一种社会关

---

[1] National Research Council (NRC). Enhancing professional development for teacher: potential uses of information technology [R]. Report of a Workshop, Committee on Enhancing Professional Development for Teachers, National Academies Teacher Advisory Council. Washington, DC: The National Academies Press, 2007: 4
[2] 任友群, 胡航, 顾小清. 教师教育信息化的理论与实践 [M]. 上海: 华东师范大学出版社, 2009: 110
[3] 任友群, 胡航, 顾小清. 教师教育信息化的理论与实践 [M]. 上海: 华东师范大学出版社, 2009: 114
[4] 高文. 共建教师发展的开放学习环境——探索以网络为中介的研究型课程的教师教育模式 [J]. 开放教育研究, 2005, (12): 9

系,其重要特征之一是成员的同质性。但目前异质构成的共同体更为常见,而且从共同体发展的角度看,异质性的共同体更能促进成员间的积极交往,更易构建知识共同体。在线教师专业发展在很大程度上加强了教师和其他异质成员乃至异质群体之间的交往,促进了教师的协作学习和自主学习。很多教师专业发展平台不仅可以使教师与不同年级、不同学科的教师进行交流,而且可以跨越地域和国界的限制。不仅如此,研究发现,在线教师专业发展使教师与管理者、研究者之间的联系更为密切,这使得理论研究、教育实践及管理支持三者之间关系也更加紧密,进而推动了理论与实践的创新。

目前,某些教师专业发展平台已尝试将领域专家引入在线共同体,如美国的 eMSS 教师专业发展项目引入了一些领域专家和有经验的教师。由领域专家、项目促进者和有经验的教师构成了一个具有分布式专长的在线共同体,为新任教师提供内容、教学法和情感等方面的支撑,使他们有机会参与专家的行动,理解并学习专家的思维方式和工具运用,深入了解专业知识的产生和发展,对教师的专业发展具有重大意义。

4) 支持的持续化

进入 21 世纪,教师教育终身化已成为时代发展的需求,而在线教师专业发展可以为教师的终身学习提供有效的支持,它不仅能够为教师的专业发展提供必需的信息与资料,而且在线共同体还能够为教师提供源源不断的外部支持。"为教师提供的持续性支持是确保教师在真实的教学情境中实施新的理念、策略甚至实现理想的重要力量,并有助于教师将专业发展镶嵌于日常的教学实践中。"[①]

利用信息技术,可以开发优质的教师教育信息资源,全面提高教师培训的质量,让所有教师都可以得到继续教育和发展的机会,并形成可持续发展的资源共享机制,促进培训者培训、教师培训以及资源再生的良性循环。但在线教师专业发展也存在很多不足,如技术支持、资源获取、制度保障的缺失,以及学生主观能动性和师生交流的缺乏等,因此教师专业发展朝着"在线式"与"在场式"相融合的方向进行,并将二者的优势相结合,既延伸了学习者的学习时间与空间,又能够加强师生的互动与交流,灵活完善教师专业发展。

综合实践活动

结合本章中阐述的信息技术对教育领域的影响,认真阅读《国家中长期教育改革和发展规划纲要(2010—2020 年)》第十九章,谈谈信息技术的教育应用对加快教育信息化进程的作用。

---

① 任友群,胡航,顾小清. 教师教育信息化的理论与实践[M]. 上海:华东师范大学出版社,2009:116

第 2 章

信息技术与教师专业发展

【学习目标】
1. 说明下列概念的含义：教师专业发展、教师教育信息化。
2. 说明信息技术对教师专业发展支持的主要体现。
3. 了解教师专业发展的阶段。
4. 熟悉信息时代教师的知识体系。
5. 熟悉信息时代教师的能力结构。
6. 知道教师信息化教学能力的主要构成。
7. 了解教师专业发展相关标准。
8. 了解中国教师教育课程标准。
9. 能够阐述影响教师专业发展的因素。
10. 能够阐述信息技术支持的教师专业发展策略。

2.1 信息技术支持的教师专业发展概况

2.1.1 教师专业发展概况

1. 教师专业发展内涵

教师专业发展是当前教师继续教育需要深入研究的问题之一。伴随着社会的发展、学校课程的不断更新、学习技术日益变革以及学生学习方式的多样化，教师为了承担这项专门职业，在经过系统训练，获得国家规定的资格的同时，还必须不断学习所教学科及与其相关的专业知识技能，保持自身的专业水平。

广义的教师专业发展，既包括社会个体从非教师到教师的专业准备与专业资格获取的过程，又包括从教学新手到专家型教师的专业成熟过程。狭义的教师专业发展，"主要指作为教师职业的从业者——教师（就职的教师个体或由个体构成的群体）在教师职业专业化的背景下，履行专业职责、完成专业任务、促进专业发展并不断借助外部支持和内部努力发展自身的专业素质的过程，是教师内在专业结构不断更新、演进和丰富的过程"①。

2. 信息技术支持的教师专业发展

信息技术支持的教师专业发展是以信息技术为环境、手段、途径、方式和方法，促使作为专业人员的教师，在专业知识、教学技能、职业态度等方面不断完善的一个系统的、动态的复杂过程。其目标在于帮助教师适应信息化教学，促进教师发展，进而提升教育教学质量。信息技术对教师专业发展的支持主要体现在以下三个方面。

（1）信息技术作为教师交流学习的平台。信息技术为教师提供了交流学习的平台，教师能够利用 QQ、电子邮件、MSN、教育博客等组建聊天群、博客群等，也可以登录各种教育论坛、BBS 等针对某些独到的见解和问题式的观点展开讨论，教师能够在沟通交流、答疑解惑的过程中相互学习，也可以通过交流分享自己的教学经验和教学得失，教师之间相互借鉴、共同发展、共同促进自身专业成长。

（2）信息技术作为教师进行教学反思的平台。著名教育学家波斯纳曾提出一个教师成长公式，即"成长＝经验＋反思"，因此，教学反思是教师专业发展的必由之路。QQ、电子邮件、MSN、BBS、教育博客等既能够作为教师交流学习的平台，让教师在交流中进行反思，也可以使教师通过日常教学行为反思自己的教学，如教育博客中的教育日志、教育叙事、教育案例以及教后记（亦称"授课心得"、"教后感"）等形式都可以作为教学反思的有效途径。

（3）信息技术作为教师个人知识管理的工具。个人知识管理能够建立个人专业知识体系、有效提取所需专业知识、持续学习并更新专业知识和工作技能，在信息技术环境下，个人知识管理将为教师专业发展提供更加有效的途径。例如，利用 RSS（信息聚合）能够订阅自己感兴趣的新闻、文章等各类网络信息；利用 Tag（标签）能够方便地对资源进行分类、整理、查找等；利用博客、Wiki 能够存储、表达、共享知识等。

2.1.2 教师教育信息化

教师教育信息化是现代信息技术促进广大教师发展自身信息化专业知识与能力的过程，是促进教师专业发展的重要力量。从教师专业化发展的角度来说，"教师教育信息化是利用现代信息技术促进广大教师专业知能发展的过程。"② 从教师教育信息化本质研究出发，"教师教育信息化的本质是，在教师教育领域，吸收教育信息化的先进思想，应用现代教育技术手段，改革教师教育的模式和内容，培养具有创新精神、实践能力和信息素养的现代教师。"③ 从教师教育信息化的目的视角出发，"教师教育信息化旨在把现代信息技术和教育技术应用于教师教育的全过程，实现教师信息化教育和教师教育过程的信息化管理，旨在以信息化带动教师教育的现代化，实现教师教育的跨越式发展。"④

教师教育信息化是指在教师教育（包括职前培养、职后培训和在职研修）的过程

---

① 王以宁. 教师教育技术——从理论到实践［M］. 北京：北京大学出版社，2010：267
② 任友群，胡航，顾小清. 教师教育信息化的理论与实践［M］. 上海：华东师范大学出版社，2009：33
③ 刘福满. 论教师教育信息化建设［J］. 职业技术教育，2005，(35)：90
④ 王以宁. 教师教育技术——从理论到实践［M］. 北京：北京大学出版社，2010：265

中,以现代教育理论为指导,以现代教育技术为手段,改革传统的教师教育模式和内容,积极构建信息技术支持的教师知能结构,努力发展教师自身专业知能,培养具有创新精神、信息素养、信息化教学能力与信息化管理能力的现代教师。教师教育信息化是新的教育观念与信息技术融合、发展的必然结果,是教师专业发展走向成熟的重要因素。因此,需要调动社会各方面的力量积极参与建设教师教育信息化,为信息技术支持的教师专业发展创造良好的社会环境。目前,"全国教师教育网络联盟"、"虚拟现场"、"在线教师专业发展等实践模式",以及"全国中小学教师教育技术能力建设计划"、微软"携手助学"教师培训等项目,都是信息社会提升教师教育信息化水平的有力措施,为教师专业发展开辟了多重发展途径。

2.1.3 教师专业发展阶段

20世纪60年代以来,许多学者对教师专业发展阶段进行了研究(表2-1),视角不同,划分的阶段也有所不同,但相同的是这一发展过程是动态的。

表2-1 教师专业发展阶段划分

学者	教师专业发展阶段划分
联合国教科文组织	(1)萌芽期;(2)应用期;(3)融合期;(4)变革期
钟祖荣	(1)准备期;(2)适应期;(3)发展期;(4)创造期
余胜泉	(1)学习、模仿与尝试使用;(2)困惑怀疑;(3)确定应用;(4)创新应用
弗兰西斯·富乐尔	(1)生存/挣扎;(2)关注课程发展和学会更好地教学;(3)关注教育的终极目标
斯特菲	(1)预备生涯;(2)专家生涯;(3)退缩生涯;(4)更新生涯;(5)退出生涯

资料来源:转引自 UNESCO. Information and Communication Technologies in Teacher Education:A Planning Guide [EB/OL], http://www.unesco.org/, 2002;钟祖荣.《易经》乾卦的过程思想与教师发展阶段理论 [J]. 北京教育学院学报,2011,(6):24;余胜泉,马宁. 现代教育技术与教师专业发展:新技术、新理念 [M]. 北京:北京大学出版社,2009:28;任学印. 教师入职教育理论与实践比较研究 [D]. 东北师范大学博士学位论文,2005:19;Steffy B E. Teacher career development pattern [J]. Teacher Development,1990,12 (3):29

在不同的发展阶段,教师有着不同的心理能力特征以及不同的发展需求。同时,在不同的时代,教师专业发展的不同阶段被赋予了不同的内涵,即各个阶段的发展需求存在差异。联合国教科文组织(United Nations Educational Scientific and Cultural Organization,UNESCO)将教师专业发展阶段划分为萌芽期(emerging stage)、应用期(application stage)、融合期(infusion stage)和变革期(transformation stage),苗逢春博士据此从信息技术整合方面对这四个阶段的特点做出了解释:[①]

(1)萌芽期。这一阶段的教师开始意识到信息技术的价值和潜力,大多关注信息技术的一般功能和操作,注重信息技术基本技能的学习,在教学中大多只能应用常用的多媒体演示软件。

(2)应用期。在萌芽期的基础上,教师开始学习如何在学科教学中应用信息技术,这一阶段的教师大多开始尝试使用各类计算机辅助教学软件和工具。

---

① 苗逢春. 概论信息技术与课程整合的教师专业发展 [J]. 武汉市教育科学研究院学报,2006,(4):14

(3) 融合期。教师开始思考如何以及何时利用信息技术,以完成特定的教学目标,这一阶段的学习目标已经不限于学科教学任务,开始涉及跨学科的研究性学习任务。教师开始思考如何根据具体的任务来选择合适的工具,并综合运用各种工具帮助学习者完成学习任务。这一阶段其实就是通常所说的信息技术与教学的融合。

(4) 变革期。这一阶段的教师在信息技术应用方面已经达到专业水平,并能打破教室的局限,使用集成性学习管理系统和基于网络的学习方式,引导学习者开展开放性、基于丰富网络资源的学习和探究,进而改变自己原有的教学方式,甚至对教学的目标、组织形式和管理方式等方面都提出变革需求。

2.2 信息技术对教师专业发展的要求

信息技术给教师的教育教学活动带来了全新的变革,对教师专业发展提出了更高的要求。教师对信息技术工具的使用,对信息技术在学科教学中的应用,以及对信息技术与专业发展关系的理解,都是当代教师专业发展急需解决的问题。这些问题对教师而言是一种挑战,是一种全新的专业知能结构的要求。

2.2.1 信息时代教师的知能结构

1. 信息时代教师的知识体系

自 20 世纪 70 年代以来,在认知心理学的影响下,有关教师知识的研究逐渐成为当代教师教育研究的一个备受关注的话题。美国学者舒尔曼(Lee S. Shulman)首先进行了对教师知识分类的研究(表 2-2),对世界各国的教师教育及教师专业发展的研究产生了很大的影响,随后很多学者都针对教师应该具有的知识结构和类型展开调查研究,从而提出了众多的关于教师知识体系等方面的理论。其中具有代表性的研究如表 2-2 所示。

表 2-2 教师知识分类

研究者	教师知识分类
Shulman	(1) 学科内容知识;(2) 一般教学法知识;(3) 课程知识;(4) 学科教法知识;(5) 学习者及其特征的知识;(6) 教育情境知识;(7) 有关教育目的、目标和价值以及哲学、历史基础的知识
斯滕伯格	(1) 内容知识;(2) 教学法的知识(具体的、非具体的);(3) 实践的知识(外显的、缄默的)
Grossman	(1) 学科内容知识;(2) 学习者和学习的知识;(3) 一般教学法知识;(4) 课程知识;(5) 情境知识;(6) 自我的知识
林崇德、申继亮、辛涛	(1) 本体性知识;(2) 实践性知识;(3) 条件性知识
傅道春	(1) 原理知识(学科原理、一般教学法知识);(2) 案例知识(学科教学的特殊案例、个别经验);(3) 策略知识(将原理运用于案例的策略)

资料来源:Shulman L S. Knowledge and teaching: foundations of the new reform [J]. Harvard Educational Review, 1987, 57 (1): 1; 陈向明. 实践性知识: 教师专业发展的知识基础 [J]. 北京大学教育评论, 2003, (1): 105; Grossman P L, Teachers' knowledge [A]. In: Husen T, Postlethwaite T N. The International Encyclopedia of Education [C]. 2nd ed. New York: Pergamon Press, 1994: 56; 林崇德, 申继亮, 辛涛. 教师素质的构成及其培养途径 [J]. 中国教育学刊, 1996, (6): 17; 傅道春. 在国家基础教育课程改革教师通识培训上的讲座[R]. 北京, 2001

随着社会的发展，舒尔曼提出了"学科教学法知识"（pedagogical content knowledge，PCK）的概念，它将学科知识与一般教学法知识结合起来。舒尔曼认为，PCK 是学科教师专业知识中最核心、最重要的知识，对有效教学具有支配作用。在信息技术广泛应用于教育领域的今天，要充分发挥技术对教育的作用，教师必须首先掌握技术，因此，技术成为当前教师专业知识中的一项重要内容。

2006 年，美国密西根州立大学的 Punya Mishra 和 Matthew J. Koehler 以舒尔曼提出的 PCK 为基础，正式提出"整合技术的学科教学法知识"（technological pedagogical content knowledge，TPCK），之后更名为 TPACK。对于这次更名，还有两个深层的含义，"一是强调教学法知识（pedagogical，简称 P）、技术知识（technology，简称 T）与学科内容知识（content，简称 C）这三种知识都是有效技术整合必不可少的成分；二是强调为了帮助教师利用技术改善学生学习，这三种知识领域不能分离，且应形成一个整体（Total PACKage）"[①]。

TPACK 是教师使用技术进行有效教学所必需的知识。教师既要知道选择什么技术（which）进行教学最恰当，又要知道为什么选择这种技术（why）还要知道在教学中如何使用技术（how）。TPACK 框架由三个核心元素，即学科内容知识（content knowledge，简称 C）、教学法知识（pedagogical knowledge，简称 P）、技术知识（technology knowledge，简称 T），以及四个由核心元素相互交织形成的复合元素（学科教学知识、整合技术的学科内容知识、整合技术的教学法知识、整合技术的学科教学法知识）构成，如图 2-1 所示。

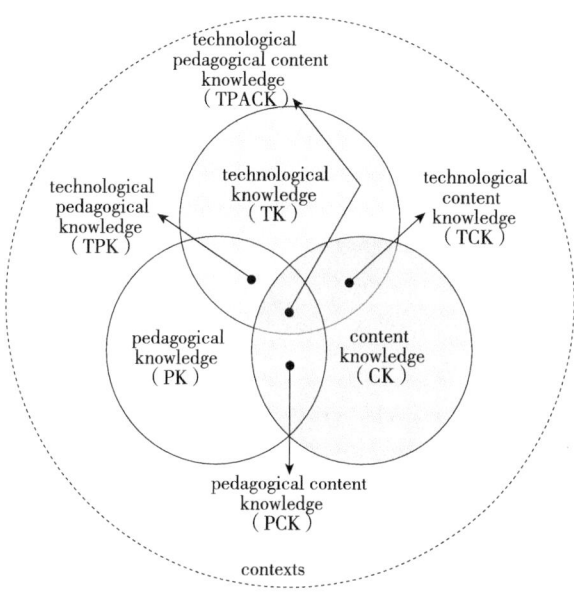

图 2-1 TPACK 知识体系框架

资料来源：Mishra P，Koehler M L. Technological pedagogical content knowledge：mework for teacher knowledge [J]. Teachers College Record，2006，108（6）：1017

[①] Thompson A D，Mishra P. Breaking news：TPCK becomes TPACK! [J]. Journal of Computing in Teacher Education，2007，24（2）：38

2. 信息时代教师的能力结构

对教师知识体系进行研究，目的不在于了解教师知道什么，而是让教师将自己所具备的知识体系应用于教学实践，改善教学与学生的学习，形成利用信息技术、教学法以及教学内容相融合开展教学与学习的能力。

在传统的教学中，教师要求具备教学认知能力、教学操作能力、教学监控能力、教学评价能力等，而在信息技术环境下的教学与学习呈现出了新的规律与特征，教师不仅要具备新的理论知识体系，而且能力结构也需要转变。目前，国内很多学者对信息技术支持的教师应具备的能力进行了研究，如表 2-3 所示。

表 2-3　信息技术支持的教师能力结构研究

研究者	信息技术支持的教师的能力结构
陈丽、李芒、陈青	(1) 现代教育观念；(2) 系统化教学设计能力；(3) 教学实施能力（综合评价的能力、内容与方法"链接"的能力、协作性教学的能力、促进学习的能力）；(4) 教学研究能力；(5) 教学监控能力；(6) 信息素养；(7) 终生学习的能力
任友群、胡航、顾小清	(1) 利用信息技术进行教学设计的能力；(2) 开展信息技术与课程整合的能力；(3) 利用信息技术管理教学资源、教学过程、学生信息、学生学习过程的能力；(4) 利用信息技术评价教学活动的能力；(5) 利用信息技术学习业务知识、发展自身业务的能力
李芒	(1) 教学设计的能力；(2) 教学预测的能力；(3) 教学内容与方法的"链接"能力；(4) 应用信息的能力；(5) 适应新授课方式的能力；(6) 协作性教学的能力；(7) 促进学生学习的能力；(8) 综合评价的能力
李群	(1) 课程开发、整合、设计能力；(2) 将信息技术科学、合理、有效地与学科课程进行整合的能力；(3) 反思能力；(4) 探究意识与解决问题能力；(5) 组织学生进行有效合作学习的能力；(6) 指导学生学习的能力；(7) 综合评价学生的能力

资料来源：陈丽，李芒，陈青. 论网络时代教师新的能力结构 [J]. 中国电化教育，2003，(4)：65；任友群，胡航，顾小清. 教师教育信息化的理论与实践 [M]. 上海：华东师范大学出版社，2009：58；李芒. 论综合实践活动课程与教师的教学能力 [J]. 教育研究，2002，(3)：63；李群. 教育信息化对教师教学能力的新要求 [J]. 理论月刊，2006，(6)：87

表 2-3 中表明，国内部分学者对信息技术支持的教师能力结构的研究，是从不同视角对教师能力结构进行的总结，但都是为了促进教师发展、学生学习以及课堂教学的提高。那么，"如何在信息化过程中利用信息技术实现教师专业技能的发展和自我完善"[①]，以促进教师在信息化环境中更好地教学。因此，教师信息化教学能力成为信息时代教师开展教学实践的综合素质能力，具体包括六种子能力：信息化教学迁移能力、信息化教学融合能力、信息化教学交往能力、信息化教学评价能力、信息化协作教学能力，其核心是促进学生信息化学习能力。

(1) 信息化教学迁移能力。教师的信息化教学迁移能力是信息技术支持的教师能力

[①] 胡小勇，祝智庭. 信息化视野中的教师教育 [J]. 中国电化教育，2003，(6)：26

的基础，其具体分为：①信息化教学纵向迁移能力，主要是指教师将学习获得的知识技能应用于解决信息化教学中的实际问题，应用于现实的信息化教学活动中的能力；②信息化教学横向迁移能力，主要是指教师将一种信息化教学情境中的教学经验创造性地应用于其他新的信息化教学情境中的能力。

（2）信息化教学融合能力。信息化教学融合能力是指将信息技术与学科知识、一般教学法、学科教学法相融合开展教学的能力，包括信息化学科知识能力、信息化教学法能力、信息化学科教学法能力。

（3）信息化教学交往能力。信息化教学交往能力是指教师和学生在信息化教学情境中，彼此交换思想与感情，促进师生间的交流与沟通，以实现学生能力发展为目标的一种教学能力形式。信息化教学交往能力是教学活动中师生的信息化互动，是信息化的教学交往实践，主要包括课堂信息化教学交往能力和虚拟信息化教学交往能力。

（4）信息化教学评价能力。教师的信息化教学评价能力主要是指教师对信息化教学和学生的信息化学习做出合理的价值判断，调适信息化情境中的教学行为，规范指导学生的学习行为，以实现教学过程的优化。信息化教学评价体现出发展的、全面的、多元的、动态的特点，主要分为学生信息化学习的评价能力和教师信息化教学的评价能力。

（5）信息化协作教学能力。传统意义上的教师协作教学是指教师在备课、教学观摩、教学活动、科学研究等方面的有效协作。信息技术实现、拓展并延伸了教师协作教学的能力。教师利用数字化网络资源与同事、专家合作，打造基于信息和传播技术的集体教学知识和多元化的集体教学能力，以支持学生的有效学习和创新能力的发展，同时促进教师自身的职业发展。

（6）促进学生信息化学习能力。学生的学习能力发展是目前社会各界研究的重点，信息技术支持的教师能力发展是为了促进不同学习风格和学习方法的学生信息化学习能力的发展。因此，促进学生信息化学习能力是当前信息技术支持的教师能力结构的核心，其他各种能力的发展都是为了促进学生信息化学习能力的发展，从而促进社会和人的全面发展。

2.2.2 教师专业发展相关标准简介

教师的能力标准是指衡量或促进教师自身能力发展的准则，是规范教师专业发展工作的尺度，是促进教师和学生发展的标志。许多国家制定了与教师专业发展相关的标准，对教师在专业发展中应具备的知识与能力等做出了明确的规定。

1. IBSTPI 教师能力标准

2004 年，国际培训、绩效、教学标准委员会（the International Board of Standards for Training, Performance and Instruction，IBSTPI）修订了教师能力标准，即《IBSTPI 教师能力标准》，该标准旨在促进教师培训、教学和学习，改善教师个人和组织的绩效，提高教师专业实践的教学质量。《IBSTPI 教师能力标准》是一个较为权威的国际教师能力标准，也是目前较为全面的教师能力标准之一，如表 2-4 所示。

表 2-4　IBSTPI 教师能力标准

维度	能力
专业基础	能力 1：有效地交流沟通 能力 2：更新和提高自己的专业知识和技能 能力 3：遵守已有的道德和法律条文 能力 4：树立和维护职业声誉
计划与准备	能力 5：设计教学方法和教学内容 能力 6：教学准备
教学方法与策略	能力 7：激发并维持学习者的学习动机和学习投入 能力 8：表现出有效的表达技巧 能力 9：表现出有效的促学技巧 能力 10：表现出有效的提问技能 能力 11：提供阐释和反馈 能力 12：促使知识和技能的巩固 能力 13：促进知识和技能的迁移 能力 14：使用媒体和技术来加强学习、改进绩效
评估与评价	能力 15：评估学习和绩效 能力 16：评价教学效果
教学管理	能力 17：管理促进学习与改进绩效的环境 能力 18：适当地使用技术管理教学过程

从以上教师能力标准的描述中可以发现，IBSTPI 对教师教学的能力提出了更高更新的要求。实际教学过程中，教学通常是在一种混合的环境中发生，需要教师综合运用各种教学方法、策略、工具和技术等。因此，除一般常规性的教学能力外，教师还需要考虑新的教学环境、新的技术应用、新的学习者、新的教学方法与管理方式等对教学提出的能力要求。

2. 联合国教科文组织信息和传播技术教师能力标准

2008 年，联合国教科文组织公布了《联合国教科文组织信息和传播技术教师能力标准》（ICT Competency Standards for Teachers，ICT-CST），作为教师利用信息和传播技术提高教育质量的指南。该标准将基于人类能力发展的教育改革三大办法（技术扫盲、知识深化和知识创造）与教育系统的六大组成部分（政策与远景、课程与评估、教学法、信息和传播技术、组织和管理、教师职业发展）相结合，旨在更加细致准确地确定教师在教育工作中利用信息通信技术所需的各种技能，如图 2-2 所示。

从图 2-2 可以看出，该能力标准从工具应用角度将信息和传播技术划分为基本工具、复杂工具和流行工具，并从课程目标和教师技能两方面对其做出更加准确的界定，如表 2-5 所示。

第 2 章 信息技术与教师专业发展

政策和远景	技术扫盲	知识深化	知识创造
课程和评估	基础知识	知识的应用	21世纪技能
教学法	综合技术	复杂问题的解决	自我管理
信息和传播技术	基本工具	复杂工具	流行技术
组织和管理	标准课堂	合作小组	学习组织
教师职业发展	数字扫盲	管理和指导	教师，学习者的榜样

图 2-2 《UNESCO 信息和传播技术教师能力标准》基本框架
资料来源：联合国教科文组织. UNESCO 信息和传播技术教师能力标准，2008-01

表 2-5 应用信息和传播技术的具体标准

工具类别	课程目标	教师技能
基本工具	计算机和生产率软件的使用；操练和练习、辅导和网络内容；以及将网络用于管理目的	教师必须了解基本的软硬件操作，以及生产率应用软件、网络浏览器、传播软件、授课软件和管理应用软件
复杂工具	学生会采用专门针对其课程领域的开放式技术工具——科学中的可视化、数学中的数据分析工具和社会研究中的模拟角色扮演	教师必须知道各种学科工具和应用软件，并能够灵活地将其应用于各种问题或项目。教师应能够运用网络资源来帮助学生开展协作、获取信息以及与外部专家进行沟通，以分析和解决特定问题；教师还应能够运用信息和传播技术来创设和监测个别学生和学生小组的项目计划
流行工具	使用各种网络设备、数字资源和电子环境促成和支持知识创造以及随时随地地合作学习	教师必须能够打造基于信息和传播技术的知识团体，并运用信息和传播技术来支持培养学生的知识创造技能及其持续不断的反思型学习

3. 中国教师教育技术能力标准

2004 年，教育部正式颁布了我国中小学教师第一个专业能力标准——《中小学教师教育技术能力标准（试行）》，该标准的体系结构与基本内容既借鉴了国外先进经验，又充分考虑了我国国情，旨在"形成具有中国特色的培养教师教育技术能力的机构和制度，依托教师网联和省市教育部门组织三级培训，全面提高中小学教师的教育技术能力"[①]。

《中小学教师教育技术能力标准（试行）》面向中小学教学人员、管理人员和技术支持人员，从意识和态度、知识和技能、应用和创新、社会责任四个能力素质维度对其教

---
① 何克抗. 关于《中小学教师教育技术能力标准》[J]. 电化教育研究，2005，（4）：40

育技术能力提出更为全面的要求：①应用教育技术的意识与态度，包括信息需求意识、信息应用与创新意识、对信息的敏感性与洞察力以及对信息的兴趣与态度等；②教育技术的知识与技能，包括教育技术的基本理论与方法、基本操作技能、信息的检索加工与表达、信息安全与评价等；③教育技术的应用与创新，包括教学设计、教学实践、信息技术与课程融合、自主学习与协作学习等；④应用教育技术的社会责任，包括信息利用及传播有关的道德、法律、人文关怀等。

该标准在知识和技能、应用和创新两个维度对各相关人员提出较为具体的技术要求，要求其不但要具备一些基本知识，学习基本操作技能，还有具有信息加工、资源管理和评价能力，更要具有创新应用、合作与交流的能力，这与现代科技社会对人的发展要求相吻合。

4. 中国教师教育课程标准

2011年，教育部提出《关于大力推进教师教育课程改革的意见》，并正式公布了《教师教育课程标准（试行）》。该标准对中小学教师和幼儿教师的培养提出了全新的要求，为在职教师教育课程设置提供了建议，要求通过创新教师教育课程理念、优化教师教育课程结构、改革课程教学内容、改进教学方法和手段、强化教育实践环节、建设高水平师资队伍等方面的措施，推进教师教育课程改革，全面实施教师教育课程的标准。

《教师教育课程标准（试行）》非常重视信息技术在教师教育课程中的作用，不但在各级课程中均设置了现代教育技术应用课程，而且在教师具备教育学生（或幼儿）的知识和能力目标模块中更为突出。其要求教师既要具备适应教育内容、教学手段和方法、现代化的信息技术等通识性知识，还要求教师能够合理利用教学资源、创设适宜的教学情境，具体技术知识和能力目标要求如表2-6所示。

表2-6 教师应具有的教育学生（或幼儿）的技术知识和能力目标

教师的类别	教师应具有的教育学生（或幼儿）的技术知识和能力
幼儿园职前教师	(1) 掌握照顾幼儿健康、安全地生活的基本方法和技能 (2) 了解教育评价的理论与技术，学会通过评价改进活动与促进幼儿发展 (3) 了解与家庭、社区沟通的重要性，学会利用和开发周围的资源，创设有利于幼儿发展的环境
小学职前教师	(1) 了解学科融合在小学教育中的价值，了解与小学生学习内容相关的各种课程资源，学会设计综合性主题活动，创造跨学科的学习机会 (2) 了解课堂组织与管理的知识，学会创设支持性与挑战性的学习环境，激发学生学习兴趣 (3) 了解课堂评价的理论与技术，学会通过评价改进教学与促进学生学习 (4) 了解课程开发的知识，学会开发校本课程，设计、实施和指导简单的课外、校外活动 (5) 掌握教师所必需的语言技能、沟通与合作技能、运用现代教育技术的技能
中学职前教师	(1) 熟悉任教学科的教学内容和方法，学会联系并运用与中学生生活经验和相关课程资源，设计教育活动，创设促进中学生学习的课堂环境 (2) 了解课堂评价的理论与技术，学会通过评价改进教学与促进学生学习 (3) 了解活动课程开发的知识，学会开发校本课程，设计与指导课外、校外活动 (4) 掌握教师所必需的语言技能、沟通与合作技能、运用现代教育技术的技能

另外，该标准为在职教师教育课程设置提供了建议，引导教师加深专业理解、解决实际问题和提升自身经验，促进教师专业发展。在解决实际问题中涉及校（园）本课程开发、综合实践活动设计与指导、档案袋评价、学生综合素质评定、教学诊断、课堂评价、学业成就评价、信息技术与课程的融合等主题或模块，这些主题或模块在技术的支持或者技术手段的渗透应用下会更加完善合理。

2.3 信息技术对教师专业发展的影响

随着信息技术在教师专业发展中所发挥的作用越来越大，深刻理解和掌握信息技术与教师专业发展的关系，分析影响教师专业发展的因素，是促进教师专业发展的前提，也为寻求教师专业发展新策略提供依据。

2.3.1 影响教师专业发展的因素

1. 外部因素

1) 教师社会地位

尽管当前整个社会非常重视教育，非常重视教师职业生存状态的改善，但客观地讲，教师的社会地位、经济地位处于一个并不理想的发展状态中。根据联合国教科文组织的诠释，教师的社会地位是指社会按照教师任务的重要性和对教师能力的评价而给予的地位或敬意，以及所给予的工资条件、报酬和其他物质条件。通常，人们认为社会地位的高低与工资的高低有很大关系。《中华人民共和国教师法》虽然规定教师平均工资会逐步提高，并建立正常晋级增薪制度，中小学教师和职业学校教师还享受教龄津贴和其他津贴，但目前由于地区经济发展与校级差别等问题，教师平均工资水平在社会中相对偏低，这种低收入水平在一定程度上影响了教师队伍的稳定和吸引优秀后备军的问题，也会减弱相当部分教师群体与个人专业发展的动力。

教师的社会地位也是影响教师成为专业教师的一个重要因素，除教师对自身职业的认同外，社会对这个职业的认同也很重要。社会对教师职业的价值认同，体现在教师的经济权益、政治权力和职业声望等多个方面。这实际上是教师社会地位的综合体现——社会对教师职业的认同直接影响着教师队伍与其他社会职业人员的构成结构，进而影响教师的整体素质以及教师专业发展的积极性。

另外，在我国，教育问题是社会关注的焦点，社会各界对教育的关注程度相对较高。与此同时，教师职业又缺乏一种宽松、信任和期望适度的社会支持系统。这种高于实际社会地位的职业声望与社会期望，容易引起教师对自身价值的怀疑与否定，从而产生心理失衡，甚至形成职业倦怠感，成为教师专业发展的阻力。

2) 教师管理制度

教师管理制度是学校管理的重要组成部分。科学的教师管理制度能够促使教师不断进行学习，为教师建立积极正确的导向。教师管理制度包括教师评价制度、教师培训制度、教育科研制度、教师聘任制度、教师工资和福利制度、教师晋升制度、教师道德规范制度等，但由于不同地区的教育发展水平不同，不同学校历史背景、教师素质等都有所不同，学校教师管理制度也存在很多问题。

（1）教师评价制度。"教师评价是中小学对教师进行管理的重要组成部分，对学校发展、教师专业发展有着重要影响。"① 对教师进行评价也是提高教师专业素质，促进教师成长的有效手段。但是，目前对教师的考核评价还存在诸多不足：评价主体方面，对教师行使评价权的主要是学校管理人员，而忽视了教师的自我评价、同行评价和学生评价等；评价方法方面，强调对教师工作的量化评价，忽视对教师的教学态度、创造力、责任心等因素的质性评价；评价目的方面，强调学校的行政管理工作，注重对教师教学效能的考核与鉴定，忽视教师的专业发展。

（2）教师培训制度。教师培训是提高教师的师德水平和业务素质，加强师资队伍建设，全面推动教师教育、创新教师教育体系的有效途径。科学的教师培训制度是全方位、多环节、多层次、多途径的有机结合，在了解教师培训需求的基础上，设计培训方案并实施，最终对培训效果进行评估。虽然我国现行教师培训制度在专业知识、科学研究、教学技能等方面产生了良好效果，但随着新课程改革的不断深入，受训教师规模不断扩大，其缺点也日渐显露，主要体现在：培训内容缺乏针对性、培训模式和方法单一、培训管理不到位、培训机会的分配缺乏公平性等。诸多问题导致教师参与培训的积极性不高，往往使培训流于形式，达不到预期的培训效果。

（3）教育科研制度。教育科研是教师发展的动力，是促进教师专业发展的有力保障。学校科研制度的建立和完善，能够为教师参与科研活动提供各种内部和外部的条件，规范和引导教师的科研行为，提升教师自身的专业素养，加速迈向专业成熟的进程。然而，目前的教育科研制度自身的缺陷已成为制约教师专业发展的瓶颈，具体表现在：许多中小学教师把教学作为自己的唯一工作，缺乏研究意识；学校科研组织不完善，没有建立专门的科研管理机构和科研队伍；多数中小学的科研管理制度不健全，学校科研工作开展的随意性大，效率低，科研制度不健全；科研项目的实施过分强调划一性而忽视教师的个人科研发展需要等。

另外，学校管理在教师聘任制度、教师工资和福利制度、教师道德规范制度等方面也存在一定问题，如部分制度的制定不够科学、缺乏人文关怀，还有一些制度的执行力度有待加强等。总之，教师管理要突出"以教师为本"的价值取向，能够最大限度地调动教师的主观能动性和工作积极性，促进教师的全面发展，也为学校的发展带来持久的推动力。

3）教师文化

"教师文化是指在学校教师群体内形成的独特的价值观、共同的思想、作风和行为准则、规范等"②。学校教育依靠的是广大教师，教师的努力工作是学校长久发展的保证。因此，学校的教师文化氛围也是影响教师专业发展的重要方面。

日本学者佐藤学在《课程与教师》一书中指出，"教师工作是高度专业化的职业，教师不是依据科学知识与技术，而是求之于通过实践情境的省察与反思而形成的实践性

---

① 田爱丽，张晓峰. 对现行中小学教师评价制度的调查与分析 [J]. 教育理论与实践，2004，(3)：26
② 刘洁. 试析影响教师专业发展的基本因素 [J]. 东北师范大学学报，2004，(4)：18

见解与学识"[1]。这就要求在教学中形成合作与自律的教师文化，教师与同事、学生等形成合作关系，综合运用各种知识解决教学问题。

教育部原师范司主编的《教师专业化的理论与实践》中提到，教师专业发展的最理想的方式是一种合作的发展方式，即由小组的教师相互合作，确定自己的发展方式。因此，学校要形成一种协作的氛围，使教师之间能够在知识和经验上充分交流、共同分享，在思想、信念、态度上相互影响，构建开放、信任和支持的合作性教师文化，为教师自身发展和教学水平的提高创造有利条件。

2. 内部因素

1）专业发展意识

"专业发展意识是指教师个体认同自己从事职业所具有的专门职业的性质，了解专业标准及其对从业者的要求，能够清醒意识并规划自己的专业发展目标与方向，具有主动更新自己专业结构的主观愿望"[2]。然而，目前很多教师在专业发展上存在很多问题，如专业发展意识淡薄，对教师专业规范、专业发展规律及价值等认识不清；对教育事业缺乏热心，没有树立终身教师专业发展观念；甚至认为教师职业本身不具有明显的专业性，自我角色定位较低等等。

钟启泉认为，教师的"传道、授业、解惑"在现时代应该是从"单纯道德说教"转变为"确立人格楷模"，从"灌输现成知识"转变为"共同建构知识"，从"提供标准答案"转变为"共同寻求新知"。因此，教师应树立强烈的教师专业发展的教育理念，不但视自己为新型的知识传授者，而且要视自己为教学过程中的促进者、研究者、改革者与决策者。有些教师在工作中过于看重一些外部荣誉，在专业发展方面出现急功近利的倾向，对新理念、新方法的认识和使用只停留于表面，从而影响长远的专业发展。

2）知识基础

专业知识是指一定范围内相对稳定的系统化的知识，是教师专业发展的基石。叶澜教授认为，"教师应有的知识包括：对学科的基本知识技能有广泛而准确的理解，熟练地掌握相关的技能技巧；对与该学科相关的知识，尤其是相关点、相关性质和逻辑关系有基本的了解；了解学科发展的历史和趋势，了解学科对社会对人类的价值，尤其是要掌握学科知识在人类实践中的各种表现形态及各种学科知识的应用情景；掌握学科提供的认识世界的独特视角和思维方式"[3]。

随着社会的进步，人们对教师知识的要求越来越高，在2.2节已提到，教师仅具备学科知识和教育学知识是远远不能满足教学需求的。教师的知识结构单一、教学技能缺失、理论素养偏低等问题，都是影响教师专业发展的重要因素。面对信息社会知识激增情况，教师只有不断学习，用新知识为自己"充电"、"蓄能"才是教师专业发展的重要出路。

3）能力素养

叶澜教授认为，教师的能力包括一般能力（智力）和教师专业特殊能力两方面。加

---

[1] 佐藤学. 课程与教师[M]. 钟启泉译. 北京：教育科学出版社，2003
[2] 刘洁. 试析影响教师专业发展的基本因素[J]. 东北师范大学学报，2004，(4)：21
[3] 叶澜，白益民，王枬等. 教师角色与教师发展新探[M]. 北京：教育科学出版社，2001：23

德纳的多元智能理论认为:"智力与一定社会和文化环境下人们的价值标准有关,这使得不同社会和文化环境下的人们对智力的理解不尽相同,对智力表现形式的要求也不尽相同,智力既是解决实际问题的能力,又是生产及创造出社会需要的产品的能力"[①]。"教师专业特殊能力分为两个层次:第一个层次是与教师教学实践直接相联系的特殊能力,包括语言表达能力、教学组织能力、对教学情境的敏感与适应能力、学科专业能力、学科教学能力、吸取新知识新信息的能力等;第二个层次是有利于深化教师对教学实践认识的教育科研能力"[②]。

基础教育改革还要求教师应当具有反思探究的能力,从课程开发、课程调适到教学设计、课程实施与评价,无不需要教师的探究。另外,信息化的学习环境,对教师驾驭教学能力提出了更高的要求,教师在教学过程中,需要运用信息技术开展教学活动和完成教学任务,因此教师信息化教学能力成为一种更重要的特殊能力(具体见2.2)。

4) 时间因素

时间成为限制教师专业发展的重要因素之一。教师忙于备课、上课、批改作业等,很少有时间学习新知识、应用新技术,有的教师除了教学以外还需要做很多其他的工作,甚至需要充当其他角色,这些都给教师造成了很大的压力,很少再有专门的时间进行自身专业发展。

另外,学校各自关注的教学目标、教改目标、教育特色目标,如近年来提出的教育信息化目标、环境教育目标、双语教学目标等,需要占用教师的时间去学习和实施,使得教师本来就已经有限的时间更加紧缺,极大地限制了教师进行自身专业发展。

2.3.2 信息技术支持的教师专业发展策略

教师专业发展是社会发展的需要,是一项系统工程,既需要外部条件的支撑,又需要教师自身专业发展。外部条件是教师专业发展的保障。教师是教师专业发展的主体,对教师专业发展具有能动作用。

1. 网上教研活动

教研活动是各个学科都要进行的常规学术活动。传统教研活动往往是由教研员约定时间和地点将本学科的教师代表组织起来,讨论研究某些特定的主题。这对增强师资力量、提高教学质量、促进学科发展起到重要作用。但是,传统的集中式教研活动受到时间、地点、交通条件、参加人员身体状况等因素的制约,在一定程度上影响了教研活动的高效开展,只能依据当时现有的条件,选择较简单的题目进行讨论,或进行相对简单的听课、评课活动。总的来讲,与网上教研活动相比,传统教研活动的效率相对较低。

针对如何开展教研活动,使教研活动真正在促进教师专业发展、提高教学质量中起到积极作用,在现阶段,利用网络开展教研活动应该是相对较为恰当的方式。网上教研以其时间、地点上的便利性,为教师专业发展提供了更加有效的途径,开拓了更为广阔

---

① Campbell L, Campbell B, Dickinson D. 多元智能教与学的策略 [M]. 王成全译. 北京:中国轻工业出版社,2001:9

② 叶澜,白益民,王枬等. 教师角色与教师发展新探 [M]. 北京:教育科学出版社,2001

的空间，也逐渐成为理论和实践研究的热点。

网上教研为分散的教师之间进行信息交流创造了便利条件。对教师而言，在工作中遇到的许多问题使教师具有强烈的求知欲，不存在被督促才肯学习的问题，而存在如何更好地在网上发表建议、见解，获取信息，提高教学水平和自身综合素质的问题。"在技术条件已经具备的情况下，利用网络进行教研活动是一个低成本高效率的途径，网络能够传输的多种信息形式，对于教研活动丰富多彩的内容展现是十分合适的"[①]。另外，网上教研活动还具有以下优势：

（1）突破了地域、交通等因素的限制，节省了大量不必要的时间，届时无论身处何地，只要有一台联网的计算机就能参加教研活动。

（2）利用网络的功能实时记录教研活动的过程、相关信息和资料，哪怕当时没有参加教研活动的教师仍可以通过活动记录再现活动内容和查阅活动结果。

（3）延展了教研活动的时间。网上教研室每天24小时都对教师开放，教师对教育教学的建议、想法等随时可以进行研讨，突破了时间的局限。

（4）节省了时间、经费，缩小了地域间教研活动层次的差异，提高了教研活动的效率。

在网上教研活动中，各个学科的教师能够充分交流教学经验，获得更多的机会接触学科前沿知识和最新科研动态等，既打破了时间因素对教师专业发展的限制，又能够提升教师进行专业发展的意识，从而在活动进行中进一步提升自身的知识基础和能力素养。

青山湖学校的网上教研活动借助"东湖在线"平台，开展专题研讨、案例学习等活动，有效地实现了教师之间的教学交流和互动。尤其在开展案例学习的活动中，分管教学的领导能够与教师一起学习、交流，带动和提高教师参与教研的积极性。"东湖在线"网上论坛栏目中还设置了"片区广场"，使教师能够与其他学校的同行进行教学交流、分析心得，促进自身专业能力的提高。与此同时，平台上的"教研评点"、"备课室"等栏目也得到了充分的利用。另外，网上学习、网上教研积极分子评选等机制也大大激发了教师们参与网上学习、教研的主动性。管理制度和监督措施也相对合理、有序，使教师网上教研活动参与面广，回帖的质量和效率较高。

2. "菜单式"培训

"菜单式"培训是20世纪90年代以后出现的，在改进传统教师培训模式的基础上提出的培训模式，"以满足教师的工作需要、解决实际问题和促进教师专业成长为目的，通过双向选择，利用这种各取所需的形式，由培训对象自己根据实际需要和兴趣爱好自由选择培训内容"[②]。

在教师培训中，教师是学习的主体，必须充分发动教师学习的积极主动性，才能确保培训的高效性和有效性。"菜单式"培训在传统教师培训的基础上，能够根据教师的不同需求，有针对性地给教师提供不同的培训内容，创设富有实效的培训机制，形成

[①] 张捷. 网上教研活动的实践与探索[J]. 中国电化教育，2003，（2）：54
[②] 唐盛昌. 直面数字化挑战的中学教育改革[M]. 北京：北京师范大学出版社，2009：164

"我要学"的良性学习氛围，使他们真正从能力上、素质上、观念上得到提升。

"菜单式"培训在实施过程中，需要提前调研，了解教师的培训需求，并对其进行分类和层级分析，进而制定培训菜单，让教师自主选择培训内容。选课的过程可以是面对面选择，也可以是网上选择，网上进行选课的方式更加高效，每一位教师的每一个需求都能通过电子超文本实现归纳和记录，自动将有类似问题的教师归为同一组，共同学习。菜单制定完成后，教师可以随时随地上网选择菜单中的课程，并查阅相关培训信息。如果教师对培训教师和培训课程有任何疑问和问题也可以在网上及时提出和修改。这种双向选择的培训方式可以提高教师的学习热情和兴趣，使培训更具针对性和灵活性。

"菜单式"培训能够围绕教师的发展需求开展，力求每一位教师都得到充分的发展，激励教师后续学习的动力，调动广大教师参与培训、完善自我的自觉性和积极性。与此同时，它能够有效解决传统培训方式存在的主要问题，如教师参与培训积极性不高、培训内容针对性不强、培训管理不到位等。除此之外，"菜单式"培训的另一优势是能够在了解教师学习需求的基础上，将有相似学习需求的教师分为一组，有助于教师之间形成合作性教师文化，共同交流分享知识和经验，促进自身专业发展。

➤ 【案例】

湖州市第十二中学"菜单式"教师培训模式

单位：湖州市第十二中学

湖州市第十二中学采用行动研究法开展"菜单式"教师培训模式的研究，目的是通过富有个性化的"菜单式"培训促进教师专业发展，构建"菜单式"校本培训管理体系，打造学习型教师队伍。

1）了解教师需求

调查教师的需求。①管理者的观察了解：一是观察教师在实践中的教育行为；二是观察教师在实践中遇到的困难。管理者对教师的实际做到心中有数。②问卷调查分析：为了实现培训的针对性和实用性，利用问卷星对教师进行了培训需求的问卷调查，了解教师当前所需要得到培训的内容及喜欢的培训形式。

2）列出备选菜单

管理者进行归纳汇总、分析，然后列出当前的备选培训菜单。

培训菜单从管理者观察和教师的问卷中获取，将教师的共性问题按教师需求量，排出先后顺序，把大多数教师存在的问题放在菜单的前面。并以"问题"为中心，将有同样问题或困惑的定为一个小组，共同学习并解决这类问题，从而不断提高自身解决教学中各类实际问题的能力。培训菜单充分体现了校本培训的差异性、针对性和实用性。

3）教师初选和议

在列出备选菜单后，对教师进行第二次问卷，主要目的是请教师自己选择需要培训的内容及是否愿意展示特长为其他教师进行培训。在这一环节中，教师客观审视自己的优势与不足，大胆自主进行选择，按照适合自己的途径和方式来学习和展示。在此基础上再组织教师对备选菜单进行和议，然后结合学校的各项软件、硬件状况由学校管理者进行再审议。

4）确定培训菜单

经过教师初选和议及学校管理者的再审议，最终根据实际需要确定培训菜单，制订培训计划表，包括培训小组的内容、时间、地点等，并设计相应的管理评价表，以促进培训的顺利进行。

5）实施选择培训

在确定菜单后，公布各小组培训内容，并组织教师进行有针对性的培训。在这一环节中，教师客观审视自己的优势与不足，大胆自主进行选择，按照适合自己的途径和方式来学习和展示，充分发挥了教师的主体地位，调动了教师参与培训的积极性。教师选择完毕后，根据培训计划表，明确培训时间、培训内容、培训地点，做整体安排。

6）实施培训评价

培训评价的目的主要是保障整个活动得以顺利实施，及时了解学科教师的学习效果和对培训的意见、建议，及时总结经验教训，改进和调整培训的内容、方式、进程，以期达到最好的培训效果。

资料来源：湖州市第十二中学网站，http://www.hz12z.net/，2011-10-27

案例分析：湖州市第十二中学的"菜单式"教师培训模式既通过管理者的观察，也利用问卷调查全面了解教师的培训需求。对教师需求进行归纳、总结和分析尤为合理，管理者是将教师的共性问题按教师需求量，排出先后顺序，并以"问题"为中心，将有同样问题或困惑的教师定为一个小组共同学习，使这些有共同学习需求的教师之间形成一种合作的教师文化，更有助于培训教师解决实际问题的能力。该中学的"菜单式"教师培训的与众不同之处还在于，其列出备选菜单后，还要再次制订问卷，调查教师是否愿意展示特长为其他教师进行培训。在培训中教师可以是受训者，也可以成为培训者，让教师主动参与，发挥教师培训的独特功效。

3. 教育博客

教育博客是应用在教育领域中的一类博客，黎加厚认为，教育博客是一种更专业化的博客，它发挥了博客的功能特点，但在内容和具体功能的运用和开发上，围绕各种教育问题得以实现。姚丽芬和赖传涛认为，"广义的教育博客是指一切和教育活动有关的博客。狭义的教育博客是指师生利用博客这种网络应用形式，以文字、多媒体等方式开展教育活动，即将博客技术与教育的实际需要相结合，立足教学的实际应用，是一种更加个性化的博客。它由教师博客、学生博客、班级博客等组成"[①]。

教师可以通过自行在服务器上运行博客程序或免费申请博客空间来发布博客。教师在拥有了自己的博客空间以后，通过 word 等工具编排好自己要发表的文章，再进行上传。各年级各学科的教师与学生可以利用博客技术，以文字、多媒体等方式，将自己日常的生活感悟、教学心得、教案设计、课堂实录、课件等上传发表，超越传统时空局限（课堂范畴、讲课时间等），促进教师和学生的个人隐性知识显性化，并让全社会可以共享知识和思想，同时，它也能记录教师与学生个人成长轨迹。

教育博客能够随时记录个人教育行为，完善目前教学评价制度中存在的主体缺失、

---

① 姚丽芬，赖传涛. 促进教育博客可持续发展的对策研究［J］. 教育新观察，2007，(35)：7

过分强调良好等问题，实现发展性的教学评价方式。同时，将博客与教育叙事相结合能够促进教师个人或与同行一起对发展变化的教育行为进行反思和诊断，对教师个人成长、教师内心关怀、教师群体效应等方面发挥前所未有的功效。教育博客的各个功能特点以及其强大的自主性，大大增强了教师专业发展的兴趣，能够增强教师对自身专业发展的认识和理解，自觉完善教学与学习中存在的不足，自主提升教学水平和教学能力。

"菜园主人"陈忠心的教育博客历程也是其专业发展的历程。在教育博客中，作者记录了从最初仅转载他人文章、简单记录自己的教学经历发展到发表自己的观点，这是一个不断进行自我反思、将知识逐渐内化的过程；又进一步发展到与他人交流，甚至受到专家学者的关注与指导，这不但是自身知识和能力得到极大提升的过程，更是教学信念不断增强的过程。教育博客给予作者学习和思考的时间，记录自己的教学经历，学习他人优秀的教学案例，这为作者的自我反思创造了机会和条件；同时，教育博客也给予了作者更广阔的视野和更强的信心，作者不但能够与同行教师一起交流学习，而且能够与很多专家、学者进行广泛的接触，使作者在教学中能够发挥更大的自主性。

综合实践活动

1. 根据本章所学知识内容，组织课堂讨论。
(1) 教师信息化教学能力应包含哪些子能力？
(2) 教师专业发展可以划分为哪些阶段？

2. 申请创建个人教育博客，撰写个人教育博客与转载相关教育类博客优秀博文，提交教育博客创建与使用心得体会。

第 3 章

教育信息资源检索与获取

【学习目标】
1. 说明下列概念的含义：超星电子图书、CNKI、搜索引擎。
2. 了解典型教育搜索引擎的使用。
3. 熟悉综合下载工具的使用。
4. 掌握图像文件的获取与屏幕录制。
5. 掌握音频资源的获取。
6. 掌握视频资源的获取。
7. 掌握 Flash 动画资源的获取。

3.1 教育信息资源的检索

3.1.1 感受丰富的网络教育资源

1. 国家基础教育资源网

"国家基础教育资源网"是专门为中小学教师和学生提供丰富的教育教学资源信息和网络化学习的平台类门户网站，是依据教育部颁布的《义务教育各学科国家课程标准》、《普通高中各学科国家课程标准》及《基础教育教学资源元数据规范（CELTS-42）》，结合我国广大中小学教育教学资源的实际情况及我国中小学信息技术教育现状，参考国内众多教育软件企业取得的成果及国外先进国家网络资源建设方面的经验，开发和建设的一个以提供网络化教学资源服务为主体、以教学资源应用为重点、以促进教学资源可持续发展为方向，充分实现资源共享的新型网络平台。

2. 中国教育和科研计算机网

中国教育和科研计算机网（the China Education and Research Network，CERNET）是我国信息基础设施的重要组成部分，也是我国开展现代远程教育的重要平台。为教育系统提供全面的互联网服务的同时，CERNET 还支持多项国家大型教育信息化工程，包括网上高招远程录取、数字图书馆、教育和科研网格、现代远程教育等。CERNET 已经成为我国重要的互联网研究平台和人才培养基地，为我国教育信息化发展做出了突出贡献。

3. K12 中国中小学教育教学网

"K12 的名字，来源于国际上对基础教育的统称（K-12），K 是幼儿园 Kindergarten 的简称，12 代表从小学到高中的 12 年中小学教育。"[①] K12 中国中小学教育教学网主要面向中小学校、中小学生、教师和学生家长以及关注教育的各界人士，致力于在为中国的学校、教师、学生和家长提供一种全新的教育教学理念和模式，并推动中国信息化教育的普及和发展，被公认为国内最好的和最有前途的面向基础教育的专业门户型网站，在基础教育领域享有盛誉。

4. 超星数字图书馆

超星数字图书馆是目前世界上最大的中文在线数字图书馆，提供大量的电子图书资源阅读，其中包括文学、经济、计算机等五十余类，数十万册电子图书，300 万篇论文，全文总量四亿余页，数据总量 30 000GB，大量免费电子图书，并且每天仍在不断地增加与更新。先进、成熟的超星数字图书馆技术平台和"超星阅览器"，可以为用户提供各种读书所需功能。专为数字图书馆设计的 PDG 电子图书格式，具有很好的显示效果、适合在互联网上使用等优点。"超星阅览器"是国内目前技术最为成熟、创新点最多的专业阅览器，具有电子图书阅读、资源整理、网页采集、电子图书制作等一系列功能。

5. CNKI

CNKI 是全球信息量最大、最具价值的中文网站。CNKI 的信息内容是经过深度加工、编辑、整合的，以数据库形式进行有序管理，内容有明确的来源、出处，内容可信可靠，包括期刊、报纸、博士硕士论文、会议论文、图书、专利等。因此，CNKI 的内容有极高的文献收藏价值和使用价值，可以作为学术研究、科学决策的依据。

CNKI 也是知识搜索引擎。CNKI 文献搜索提供了对标题、作者、关键词、摘要、全文等数据项的搜索功能；CNKI 文献搜索提供的知识聚类功能是一般搜索引擎没有的。基于快速聚类算法，对返回结果的知识点进行聚类，并将主要知识点显示给用户，帮助用户改善搜索表达式，扩展搜索意图。

6. 爱迪科森 《网上报告厅》

爱迪科森《网上报告厅》整合了中央党校、中央电视台、清华大学、中华医学会、中国经济 50 人论坛、中评网、解放军卫生音像出版社等权威学术机构的专家报告资源，开发了"学术报告"和"学术鉴赏"两大视频报告群，以及一个"精品推荐"群，是广大师生开阔视野、了解学科前沿、提升综合素质的知识平台。

3.1.2　认识搜索引擎

搜索引擎可以理解为依照一定的策略、运用特定的计算机程序从互联网上搜集信息，在对信息进行组织和处理后，为用户提供检索服务，将用户检索到的相关信息展示给用户的系统。搜索引擎包括全文索引、目录索引、元搜索引擎、垂直搜索引擎、集合

---

① 转引自 K12. 国际在线教育平台，http://www.egouz.com/topics/3075.html，2010-10

式搜索引擎、门户搜索引擎与免费链接列表等。

根据搜索引擎应用领域的不同，其分类主要有教育搜索引擎（如人人学科网、360教育搜索等）、新闻类搜索引擎［如新浪的新闻搜索、谷歌（Google）的资讯搜索等］，软件类搜索引擎（如太平洋软件搜索、华军软件园等），还有音乐搜索引擎、电影搜索引擎等。

在教育教学领域中，运用搜索引擎搜索文档、图片、音频、视频、动画资源是补充教学的一种很好也很有必要的手段。下面简单介绍了几个文档、视频、动画资源搜索园地：①文档资源查找园地，如百度文库、iask（爱问共享）、豆丁网、道客巴巴、易扑文档等；②视频资源查找园地，如百度视频、优酷视频、土豆视频等；③动画资源查找园地，如中国儿童资源网、闪客动画网等。

目前人们在日常学习与工作中使用最为广泛的搜索引擎是百度与谷歌。在教育教学过程中，很多教学辅助资源可以通过百度与谷歌来查找。

1. 百度

百度搜索引擎是全球最大的中文搜索引擎，它的目的在于让网民更便捷地获取所求信息。百度建立了超过千亿的中文网页数据库，网民可以瞬间找到相关的搜索结果。下面介绍几种百度搜索引擎的使用方法：

（1）关键字检索。在百度主页的检索栏内输入关键字串，单击"百度一下"按钮，百度搜索引擎会搜索中文分类条目、资料库中的网站信息以及新闻资料库等，搜索完毕后将检索的结果显示出来，网民可以单击某一链接查看详细内容。

（2）使用双引号（""）进行词组检索。利用双引号查询完全符合关键字串的网站，如输入"小学语文"找出包含"小学语文"的网站，而不会找出包含"小学数学"的网站。

（3）使用"＋"进行限制性检索。有时检索的结果中需要包含有两项或两项以上的内容，这时可以把几个条件之间用"＋"号连接。这样关键字串一定会出现在结果中，如要查询李白的诗《望庐山瀑布》，你可以输入"李白＋望庐山瀑布"，得到需要的信息。

（4）仅搜索网站的网址。在关键字前加"u："，搜索引擎仅会查询网址，例如在网页中的搜索框中输入"u：edu.com"，单击"百度一下"按钮，则统一资源定位器中包含"edu.com"字符的网址会全部显示出来。

（5）仅搜索网站标题。在关键字前加"t："，搜索引擎仅查询网站的名称。例如，在网站搜索框中输入"t：教育技术"，单击"百度一下"按钮，符合搜索条件的网站标题会显示出来。

2. Google

Google目前被公认为全球最大的搜索引擎，Google与百度相比，有很多自己的特点。如图3-1所示，Google有了高级搜索点击按钮，用户不需要很懂搜索的语法知识，就能简单快速设置自己的搜索条件。另外，在界面下面看到有搜索语言推荐［中文（繁体）、English两种语言切换］，这为需要用中文（繁体）或者English进行搜索和显示信息的使用者提供了很大便利。正如焦建利老师指出，"Google不仅仅是搜索引擎，不仅仅是资源检索工具、语言学习工具、词典、路路通、资源库、百问不厌的老师、无所不知的老师……，更重要的是，Google是一种学习的方法，一种解决问题的方法"[①]。

图 3-1　Google 界面

（1）直接输入关键字符的方式进行信息检索——运用搜索引擎最基本的语法"与"、"非"和"或"缩小搜索范围。一般情况下使用输入关键字符的方式进行信息检索，结果搜索到的信息浩如烟海，而且绝大部分并不符合自己的要求。现在通过Google最基本的语法"与"、"非"和"或"信息检索技术［Google 分别用""（空格）、"－"和"OR"表示］缩小搜索范围，可以迅速找到需要的信息。例如，搜索新课标下的小学语文教学案例，可以在搜索框中输入：新课标 小学 语文 教学案例，搜索结果如图 3-2 所示。

（2）运用 Google 的高级搜索按钮技巧查找有关的资源。通过 Google 的高级搜索功能，可以根据自己的需求设置好高级搜索中的条件，点击高级搜索，然后就能更精确地搜索到符合需求的资源，如可以在高级搜索设置界面中设置文件的类型与安全指数等。

（3）运用 Google 学术搜索查找有关的文献资料。Google 学术搜索提供可广泛搜索学术文献的简便方法，可帮助在整个学术领域中确定相关性最强的研究。"可以从一个位置搜索众多学科内部资料的来源：来自学术著作出版商、专业性社团、预印本、各大学及其他学术组织的经同行评论的文章、论文、图书、摘要和文章。"

3. 两大教育搜索引擎介绍

1）人人学科网-教育资源搜索

人人学科网（http://www.rrxk.net）是第二代教学资源网站，以搜索的形式给用户最好的体验，搜索速度堪比百度，学科以预设关键词的形式给出，按照现行的中小学教材做分类目录，内容清晰，课件、教案、试题、课堂实录、案例、反思等信息一同出现在搜索结果里。在界面中，用户可以按照学科与教学需求选择，输入关键字，点击"搜索一下"即可搜索到需要的教学资源，界面如图 3-3 所示。

2）360 教育搜索

360 教育搜索（http://edu.360.cn）提供互联网教育名站查询和导航，提供少儿教育、中等教育、高等教育、职业技能不同层次的教育课程一键直达，是互联网内简单、便捷的课程查询平台，界面如图 3-4 所示。

---

① 转引自焦建利. 教师必备 ICT 技术学习［EB/OL］, http://eblog.cersp.com/, 2009-09

第 3 章 教育信息资源检索与获取

Baidu 百度　　新闻　网页　贴吧　知道　MP3　图片　视频　地图　更多▼

新课标 小学 语文 教学案例

新课标分析小学语文教学案例 百度知道
1个回答 - 最新回答: 2011年7月31日
师：你们知道"祖国"的意思吗？ 生：祖国就是南京。 师：不对，南京是我们祖国的一个城市，像北京、上海一样。大家再想。 生：祖国就是一个国家...
zhidao.baidu.com/question/300112451.html 2011-7-31

　　小学语文案例分析(根据新课标精神分析《太阳》一课教学设计) 3个回答 2007-10-8
　　小学语文教学案例的书 3个回答 2010-5-1
　　求视频:新课标小学语文六年级上册口语交际.习作一的教学案例 1个回答 2011-9-18
　　更多知道相关问题>>

新课标人教版小学语文 一年级下册18《四个太阳》教学案例
新课标人教版小学语文 一年级下册18《四个太阳》教学案例 详细 转帖至 人人网 QQ空间 新浪微博 腾讯微博 彩贝 飞信 分享到msn 开心网 顶0 踩0 收藏1 分享 ...
www.docin.com/p-207930639.html 2012-5-31 - 百度快照

新课标小学语文《竹颂》教学案例 - 文化教育 - 道客巴巴

图 3-2　新课标下的小学语文教学案例

人人学科网 www.rrxk.net

语文　数学　英语　物理　化学　生物　政治　历史　地理

搜盟　作文　课件　试题　教案　博客　儿童　作文库
　　　[　　　　　　　　　　　　　]　搜索一下

试题　课件　博客　作文　网址 |更多>>

图 3-3　人人学科网界面

图 3-4　360 教育搜索界面

3.2　教育信息资源的获取

3.2.1　综合下载工具的使用

1. 迅雷

迅雷是一款免费的下载软件，它采用全新的多资源、超线程技术，是目前网络上速度最快的下载软件，是其他下载软件速度的 5~7 倍。迅雷是一款点对点的采用 P2SP 技术的下载工具，能够降低 80% 的下载死链比例，支持多节点断点续传，支持不同的下载速率。同时，迅雷还会智能分析哪个结点上传的速度最快，来提高用户的下载速度，支持多点同时传送，支持 HTTP、FTP 标准协议。教师可以通过以下几种方式进行稳、快、全的资源搜索与下载，获取所需资源。

（1）复制 URL（Uniform Resource Location，即统一资源定位器）至迅雷新建任务进行下载。首先，在浏览器中，复制资源的网址（URL）；其次，在迅雷界面点击新建任务，弹出"新建任务"对话框，将复制好的网址粘贴到任务框中，点击继续，设置存放目录，点击"立即下载"按钮即可。

（2）鼠标右击的弹出式快捷菜单进行下载。鼠标右击要下载资源的 URL，弹出快捷菜单，选择"使用迅雷下载"，弹出"新建任务"对话框，设置存放目录，点击"立即下载"按钮即可下载该资源。如果要下载该网址中很多的资源，可以点击"使用迅雷下载全部链接"快捷菜单项。

（3）拖动方式下载。在浏览器中，直接拖动想要下载的链接到迅雷界面，迅雷会弹出"新建任务"对话框，设置存放目录，单击"立即下载"按钮，下载任务就会添加到任务列表。

（4）通过直接输入 URL 进行下载。有时需要用直接输入 URL 的方法来添加新的任务。一般来讲，直接输入 URL 的方法是最灵活的方法。选择"新建下载任务"命令，或者按 Ctrl+N 键打开"新建任务"对话框。在网址（URL）文本框中输入想要下载文件的 URL，单击"立即下载"按钮即可。

2. 电驴

电驴（edonkey）是文件的搜索引擎，它让网民有了更大的自主权、选择权。电驴的推出开创了文件搜索的新时代，用户用电驴软件把各自的电脑连接到电驴服务器，而服务器的作用仅是收集链接到服务器的各电驴用户的共享文件信息（并不存放任何共享文件），并指导 P2P（point to point，即点对点）下载方式工作，也可以理解为 PC to PC（个人计算机对个人计算机）或 peer to peer（个人对个人），所以电驴用户既是 client（客户端），同时也是 server（服务器）。电驴软件很多，如 VeryCD 版的 eMule，可以登录电驴中文网站（http://www.emule.org.cn）下载。

与迅雷相比，电驴就是一个文件检索器，其作用类似于 Google，但其作用是搜索文件，连接到电驴服务器上的 PC 共享文件相当于 Google 数据库中的网页。"使用电驴就可以检索下载，文件下载的人越多，下载的速度就越快，因为同时共享文件的人也越多。"[1]

在电驴界面的左边可以看到"热门推荐"栏目中有 11 块资源分类，包括电影、剧集、动漫、综艺、游戏、公开课、音乐、图书、软件、资料、教育，人们多数时候可以在公开课、图书、软件、资料、教育五大块中搜索所需的教学辅助资源，然后进行下载。

在日常下载电驴搜索资源的过程中，如果下载资源速度很慢，这时可以使用迅雷来下载电驴资源。首先，在迅雷的"下载中心设置"→"监视"中，把"监视剪切板"打上勾；在"eMule/端口设置"中，把"监视 eD2K 链接"打上勾（推荐把这里的选项全部选中），点击确定。其次，在"电驴"中搜索所需的资源，如"世博会"，找到搜索结果后（此时需要运行迅雷），在想要下载的文件上右击"复制 eD2K 链接到剪切板"，这时迅雷会自动弹出一个下载对话框，进行下载路径等设置后就可以用迅雷直接下载。

3.2.2 图像文件的获取与屏幕录制

随着互联网的迅速发展，多媒体教育信息资源也越来越丰富。然而有一些网站上的资源不允许下载使用，只能在网上浏览，对于这种情况就可以使用截图软件，把教学所需要的某一块或某一部分截取下来，然后再对其做一定处理，就可以使用。再者，教师在教授一种新软件的时候，如果采用课堂讲授，可以将软件操作过程保存成图片，然后将截图做成（PowerPoint，即演示文稿）或视频形式讲解。以上各种情况，都要用到截图和屏幕录制软件。目前使用效果较好的截图软件有 SnagIt、HyperSnap 等。

本教材以 SnagIt 为例，介绍图像文件的获取和屏幕的录制。SnagIt 是一款非常优秀的屏幕、文本和视频的捕获与转换程序，这款优秀的软件有着非常强大的截图和编辑功能，不仅可以捕获 Windows 屏幕、DOS 屏幕，还可以捕获 RM 电影、游戏画、菜单、窗口等。SnagIt 还带有简单的图形处理功能，对已经捕捉好的图片，做简单的处理，如添加边框、文字注释，或者对图形进行放大或缩小等。

---

[1] 转引自 2345 软件教程站. 电驴新手教程，http://www.duote.com/tech/1/283.html，2010-01

SnagIt 可以通过菜单、配置文件按钮、热键进行图像、文本、视频及 Web 的捕获，并且针对每种模式，它还提供了多种不同的捕捉方式，同时 SnagIt 在进行每次捕捉的时候都提供了详细的操作提示。SnagIt 有很多热键，用户可以根据自己的需要设置热键，当 SnagIt 最小化隐藏时，点击热键则自动按照最近一次捕获的模式进行捕获，默认捕获热键为"PrintScreen"键，这个键一般在键盘的右上角，笔记本键盘可能有所不同。

1. 捕获模式

在实际应用中，需要根据捕获不同的资源来选择不同的捕获模式，SnagIt 共提供了四种捕获模式，分别是图像、文本、视频及 Web 捕获，如表 3-1 所示。

表 3-1 四种捕获模式

模式名称	功能简介
图像捕获	捕获屏幕上显示的任何程序窗口、网页、视频并将其保存成图片
文本捕获	捕获屏幕上的文字，捕获完成后以文本方式保存
视频捕获	把屏幕上所有的操作与变化捕获成视频，并保存成 AVI 文件
Web 捕获	捕获网页中所有的内容，自动将捕获到的内容保存在 SnagIt 设定的文件夹中

2. 捕获方式

SnagIt 提供的捕获方式主要有屏幕、窗口、活动窗口、DOS 屏幕等，在捕获资源时需要选择对应的捕获方式，否则可能导致捕获不成功或捕获出来的图片无内容。常用捕获方式如表 3-2 所示。

表 3-2 捕获方式

捕获方式	功能简介
屏幕	捕获整个屏幕
窗口	捕获用户选定的窗口
活动窗口	捕获当前活动的窗口，一个用户可能打开多个窗口，但同一时间只有一个窗口是活动窗口
区域	使用最多的捕获方式，由用户选定的任意区域进行捕获
固定窗口	按照事先选定好的高度及宽度，捕获某个区域
对象	捕获选定窗口中的某个部分，如工具栏，菜单栏等
菜单	捕获程序中的多级菜单为图像
活动窗口及区域	捕获可以滚动的窗口或区域中的内容
手绘区域	采用类似于画笔工具来徒手选择要捕获的区域
剪切板	将剪切板中的内容获取为图像
图像及程序文件	从图像或程序文件来捕获
DOS 屏幕	捕获 DOS 下的整个屏幕
DirectX	从视频或游戏中捕获图片
墙纸	将桌面的墙纸捕获下来
多重范围	在每次捕捕时，可以一次性地选择多个区域进行捕获
扫描仪及数码相机	对连接到电脑的扫描仪及数码相机中的图像进行扫描
扩展窗口	对已经捕获图像的高度及宽度进行重新的设置

3. 捕获类型

1）普通捕获

在制作一个教学软件操作手册时，需要截取多张图片，主要包括电脑桌面的捕获、软件菜单的捕获、软件图标的捕获。使用 SnagIt 捕获完成后可保存成图片或将图片复制到剪贴板中，直接粘贴到 Word、演示文稿中。

当图片在编辑器中打开后，使用编辑器自动的编辑功能对图片进行简单的加工与处理，如在图片上添加文字、边框、水印、阴影等。

普通捕获方法为：选择捕获方式为图像捕获；点击捕获按钮，选择捕获范围；在编辑器中预览捕获到的图像；保存或复制图片。

2）捕获滚动窗口为图片

浏览网站时经常会遇到很多超过屏幕高度的窗口，或为了保护版权需要把一份 Word 文档截成图片，但是把显示比例调整为 100% 时，一个屏幕无法显示完整。遇到这些情况，需要使用捕获滚动窗口为图片。

捕获滚动窗口为图片的方法为：选择捕获方式为图像捕获；在基础捕获方案中选择滚动窗口（Web 页）；点击捕获按钮，选择捕获范围；SnagIt 就会自动滚动页面，并将整个页面捕获；在编辑器中预览捕获到的图像；保存或复制图片。也可以在菜单栏中选择输入菜单下的滚动来选择不同的滚动方式，如自定义滚动范围等。

3）捕获视频中的图片

在教学中，经常需要将视频的某一帧保存成图片，如截取网页在线播放器中的某一帧，截取网页 Flash 动画中的某一张图片。

在捕获视频播放器、网页在线播放器（PPTV、迅雷等）的某一帧画面时，会遇到捕获出来的画面是一团漆黑的情况，此时就必须通过点击捕获菜单下的二级菜单中的高级选项，选择 DirectX 选项，再进行视频捕获。

捕获视频中图片的方法为：选择捕获方式为图像捕获；在基础捕获方案中选择窗口；点击捕获按钮，选择捕获范围；SnagIt 就会捕获暂停视频中的图像；保存或复制图片。

4）连续捕捉图片

电脑屏幕上的画面往往是动态显示的，且停留时间较短，很难捕获某一想要的画面，这时候，人们可以采用连续捕获图片的方法来获取动态图片，用于动画教学。

在 SnagIt 菜单中将捕获菜单的输出中仅选中"文件"选项；设置输出菜单下的输出属性，设置文件格式（如 PNG 格式）；再设置保存路径（如 D:\Pic）；设置捕获菜单下的计时器设置，选择启用定时捕获器，设置捕获周期为 1 秒。在 SnagIt 最小化的情况下，只需要按下捕屏热键 PrintScreen，然后选择欲捕获的窗口，SnagIt 就会按你设置的频率来捕获窗口图片，并以 SNAG-0000.PNG、SNAG-0001.PNG、SNAG-0002.PNG、SNAG-0003.PNG……保存到 D:\Pic 文件夹下。

> **小提示**
>
> （1）时间设置得越小，则捕获图片越频繁。通过它，可以在一段时间里捕获屏幕上很多操作画面，即使有些画面一闪而过，也会被 SnagIt 捕获下来。进入捕获文件夹，可用图像浏览软件前后翻看。
>
> （2）捕获图片时，屏幕可能会闪动，这是正常现象，表明 SnagIt 正常工作，正在捕获屏幕的内容。
>
> （3）要结束捕获需要再按捕屏热键，系统提示是否退出定时捕获。每次定时捕获都需要重复以上步骤。

5）把用户的操作录成动画

在操作类教学中，若要更直观的展示操作过程，使教学内容丰富多彩、形象直观，使那些原本枯燥无味的知识变得富有趣味性，促使学生产生极大的好奇心，激发学生学习的兴趣，激起学生探究和解决问题的欲望，便需要将操作录成动画。

通过 SnagIt 可以把屏幕上的一切操作捕获为 AVI 动画文件，这对于用户获取教学软件素材非常有用。

把对计算机的操作录成动画的方法为：选择捕获方式为视频捕获；选择"输入"菜单下相应的项目，可以选择捕获屏幕（即整个桌面）、窗口、活动窗口、区域、固定区域等范围，如果选择捕获方式为窗口，表示把某一窗口的动作捕获成动画；按下 SnagIt 红色"开始捕获"按钮或热键，并把鼠标移动到某一窗口上时，SnagIt 会显示出一个红色框，单击后即选中该窗口；SnagIt 会用一个白色框，框住选中的窗口，同时出现一个"SnagIt 视频捕获"窗口，单击"开始"按钮后即可录制，用户在操作窗口中选中的内容都会被记录下来，屏幕上选中窗口也会闪烁，表示正在捕获当前窗口。不需要捕获时，只要再次按下捕屏热键，然后在打开的窗口单击"停止"按钮，即可把捕获的结果放到"SnagIt 捕获预览"窗口中，单击"另存为"按钮即可保存为 AVI 文件。

> **小提示**
>
> 如果要录制音频，请选中"捕获"菜单下"包含音频"复选项，默认情况下，Windows 中录制音频的设备是麦克风。如果要录制电脑本身发出的音频，请选择"开始"→"程序"→"附件"→"娱乐"→"音量控制"，打开音量控制程序，然后选择"属性"→"选项"→"录音"选项，再选中"立体声混音"复选框，然后在音量控制窗口中选中"立体声混音"前的"选择"复选框。

6）捕获一个网页中的所有图片

现在很多网站有非常漂亮的图片，使用 SnagIt 可以批量捕获网站上的图片：选择"捕获"→"模式"→"Web 捕获"，SnagIt 切换到 Web 捕获模式；点击捕获按钮，此时 SnagIt 会提示输入捕获网站的网址，输入网址点下"确定"按钮，系统会从网站扫描图片，并会把找到的图片显示在窗口中，我们可以选中下载的图片，最后点下"完成"按钮，SnagIt 会出现一个窗口让您选择放置图片的文件夹，选择后这些文件就会被放到相应的文件夹中。

3.2.3 音频资源的获取

音频资源作为多媒体素材之一，是多媒体教学中的一个重要内容。浏览网页时会遇到很多多媒体网页中的音频无法下载、多媒体软件中音频只能播放、视频中的音频无法提取的问题。本书主要从音频的录制和提取介绍音频资源的获取。

Adobe Audition（曾用名 Cool Edit）是一款功能强大、效果出色的多轨录音和音频处理软件。不少人把 Adobe Audition 形容为音频"绘画"程序，其可以编辑音频的音调、歌曲的一部分声音、弦乐、颤音、噪音或调整静音。它还提供多种特效为音频增色，如放大、降低噪音、压缩、扩展、回声、失真、延迟等。支持同时处理多个文件，轻松地在几个文件中进行剪切、粘贴、合并、重叠音频操作。本小节主要介绍使用 Adobe Audition 录制和提取音频，在后面的章节中会介绍如何使用 Adobe Audition 编辑和修改音频。

1. 音频录制

1) 设置音频输入源

设置录音音频输入源。在使用 Adobe Audition 录制来自网页的音频资源和来自多媒体软件中的资源之前，先要进行计算机的硬件设置，即选择打开 Windows 音量控制器，打开音量控制程序，然后选择"选项"→"属性"→"录音选项"，选中立体声混音复选框，如图 3-5 所示。

图 3-5 设置音频输入源

由于声卡不同，上述设置方法也不尽相同，只要将录制电脑内的音频时需要把音频输入源设置为"立体声混音"。

2) 使用 Adobe Audition 录制音频

目前有很多录音软件，功能各不相同，但是实现的效果是相似的。支持多轨道录音的软件可以将音频录制在不同的轨道上，方便后期编辑和修改，也可以每个单轨单独保存。

运行 Adobe Audition，点击音轨一上的 R 按钮，在音轨一上录音，Adobe Audition 默认有四个音轨，每个音轨独立操作，如图 3-6 所示。

Adobe Audition 界面左下角为录放系统操作键盘，其原理、图标以及用途都和平时所用的播放器操作键盘无异。点击录音键（红色按钮）开始录音。

图 3-6　Adobe Audition 音轨

开始录音时 Adobe Audition 界面最下方的音频强度指示器会显示当前输入音频的强度，为了保证音频的质量，强度指示器最好不要超过红色边界。可以通过调节"立体声混音"音量大小来控制 Adobe Audition 录制音频强度。

在录音的时候可以先点击开始录音，然后播放需要录制的音频资源，音轨上就会开始出现波纹，波纹的大小对应所录音乐的音频大小，录音不受任何外界影响，波纹大小也和播放器的音量大小无关。在录音过程中避免触动系统内部的一些声响，如系统出错的声音、清理回收站的音频以及窗口缩放的音频等（特别是 QQ 和 MSN 等聊天系统的提示音），这些音频也是会被录到的。

3) 音频的裁取

录制完成的音频在开始的部分和结束的部分会有空白，可以使用 Adobe Audition 把空白的部分裁取掉。点击波形视图和多轨视图切换按钮（或按 F12 键），切换到波形视图下，如图 3-7 所示。

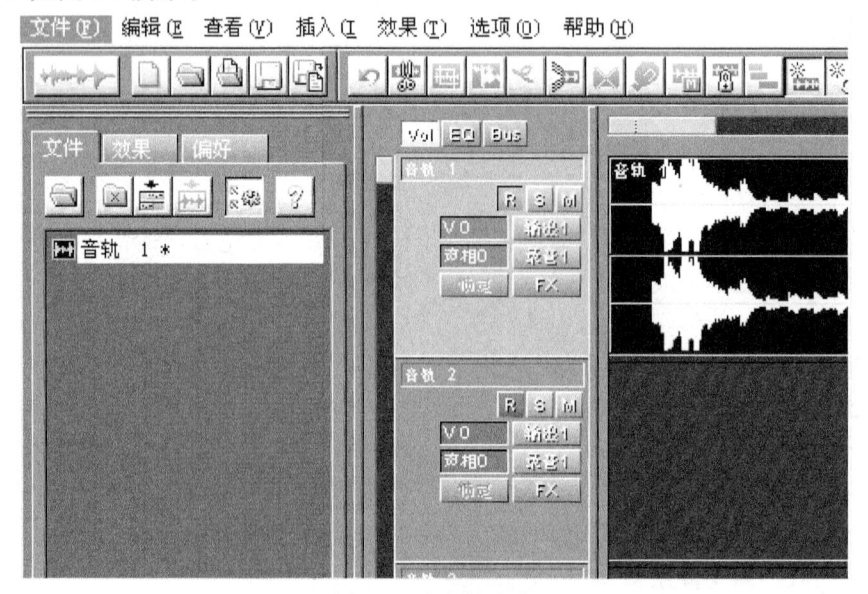

图 3-7　音频的选取

如果要裁取录制音频的一部分，则在波形视图下按空格键开始播放，试听音频，选择要裁取的一段波形，复制选定的波形，新建一个音轨，粘贴刚复制的波形信息。

4) 保存录制文件

修改完成后，需要把 Adobe Audition 录制的音频保存成适合播放的音频文件，即点击"文件"→"另存为"，打开保存对话框，选择保存路径和保存的文件格式，如 MP3 格式。

MP3 格式使用 MPEG Audio Layer 3 的技术，将音乐以 1∶10 甚至 1∶12 的压缩率，压缩成容量较小的文件，对于大多数用户，压缩后的音质与最初未压缩音频的音质相比没有明显下降。

2. 提取音频

录取电脑中的音频可以解决所有音频的提取，包括来自视频的音频提取，但是这样提取音频的效率并不高，Adobe Audition 支持直接从视频文件中提取音频，点击"文件"→"从视频文件中提取"，目前 Adobe Audition 支持 AVI、MPG、RMVB 等常见视频文件中音频的提取，在视频文件选择窗口中选择文件格式为"所有文件"，来提取更多视频文件中的音频。提取完成后点击"文件"→"另存为"，可以将音频保存成选定的格式。

> **小提示**
>
> 有时候 RMVB、MKV、FLV 等视频格式中的音频可能无法提取或提示截取出错，这是电脑中没有相关插件的原因，如要提取 Adobe Audition 支持 RMVB 格式视频，则需要为电脑安装 Real Player，若找不到相关插件，提取音频可以采用录制法来提取视频中的音频。

3.2.4 视频资源的获取

使用搜索引擎检索教育资源时，可搜索到许多 FLV 格式的视频，在网页中播放的 FLV 视频文件不能直接下载，在网页源文件中也找不到视频文件的真实地址，即便使用迅雷等常用下载软件来自动解析下载，找到的仍然是 FLV 视频播放器的地址。为了方便 FLV 视频资源的下载，目前已经推出多款 FLV 视频文件下载软件，国内比较流行的有维棠、狸窝 FLV 视频文件下载软件。

本教材以维棠 FLV 视频下载软件为例，介绍 FLV 视频资源的获取。维棠 FLV 视频下载软件是支持国内外最多的在线视频网站下载工具，它支持多任务下载，并且自带编码转换功能，可以将下载完成的 FLV 视频文件转换为其他的格式。

1. 使用维棠下载 FLV 视频资源

通过使用搜索引擎搜索到在线播放视频的网站页面时，需要将该网址复制到维棠下载地址栏中，以方便维棠识别并下载。例如，用户需要下载某网站上中学语文课文《茅屋为秋风所破歌》的课文朗读；在教学过程中，为了扩展范围，需要使用在 CCTV 网络电视台上的《动物世界》的某一视频片段等等，下载这些内容都可以使用维棠下载视频资源。

资源下载方法为：获取视频资源所在的网页；新建下载任务；将视频资源网址添加

到下载任务窗口中，并设置文件名和文件保存路径即可开始下载；下载完成后在保存路径中找到视频文件。

新版本的维棠FLV视频下载软件自动在IE浏览器右键菜单里添加了"使用【维棠】下载视频"快捷菜单，在视频资源所在页面的空白处单击右键，选择"使用【维棠】下载视频"直接启动维棠下载视频资源。

2. 播放下载后的FLV视频资源

在实际应用中，有些计算机未安装FLV视频解码器，下载好的FLV视频可能无法播放，此时，用户可以使用维棠自带的播放器进行观看。

FLV视频资源播放方法为：在"已下载"列表中选择要观看的节目；点击工具栏的"播放"按钮，即可自动调用维棠FLV播放器进行观看。

3. 视频文件格式的转换

当教师把FLV视频资源下载到本地计算机后，要把FLV文件插入演示文稿中比较复杂，如果把FLV视频文件格式转换成常用的WMV格式或MPG格式，就可以很容易地在演示文稿中使用。维棠提供了一个简单的视频格式转换工具，利用这个工具，用户可以将FLV格式的视频节目转换成WMV、MPG、AVI、MP4等格式。

视频文件格式的转换方法为：在维棠的"已下载"目录中选择一个已下载完成的FLV视频节目；单击鼠标右键，在弹出的菜单中选择"转换格式"（或者直接在工具栏上点击"转换"图标）；在弹出的窗口中，选择转换后视频的文件名及保存位置，并设置视频格式、视频质量等基本参数，即可把视频转换成所选格式。

有些下载的视频资源或通过其他方式获取的FLV视频文件，不在维棠"已下载"列表中显示，同样也可以利用自带的格式转换工具进行转换。直接点击维棠工具栏上的"转换"按钮，在弹出的窗口中选择打开文件，找到需要转换的FLV视频节目，按上面同样的方法可以实现视频格式的转换。

在转换视频的时候还可以截取其中的一部分转换格式，在格式转换窗口中复选"截取片段"复选框，设置"输入时刻"、"结束时刻"，格式转换工具可以按"开始时刻"、"结束时刻"转换视频片断，这对于教学中截取视频资源的一部分素材非常实用。

3.2.5 Flash动画资源的获取

Flash资源以其生动、直观和易于交互等优点在推动教育发展中发挥了重要作用，网络中包含有大量的Flash动画形式的教育教学资源，本小节主要讲授从Flash资源所在的网页和应用程序中提取出Flash媒体资源。

Flash吸血鬼是一个吸取Flash的小工具，使用它可以从应用程序或者浏览器中获得Flash文件。将Flash吸血鬼的定位器锁定到需要捕获的应用程序或者浏览器上，该应用程序或浏览器中的Flash就会被吸取下来。

1. 网页中Flash动画资源的获取

检索一些动画教学资源时，网页本身没有提供动画下载链接，使用Flash吸血鬼可以下载网页中的动画，如在搜索引擎中检索"外语动画故事"，发现"大耳朵英语"这个网站中的动画适合教学应用。

第3章 教育信息资源检索与获取

启动 Flash 吸血鬼，选择 Flash 输入目录（在窗口上显示：Flash 吸血鬼的胃囊），设定吸取 Flash 文件的最大尺寸，对于课件类的 Flash，此值需设定大一些。用鼠标将左边的定位器移动到目标窗口上，Flash 吸血鬼将对目标窗口进行自动搜索，找出所有的 Flash，如图 3-8 所示。

图 3-8　Flash 吸血鬼的使用

待吸完所有 Flash 后点击"打开"按钮，可在设定的目录下查看找到的 Flash 文件。

2. 吸取 exe 文件中的 Flash 动画

Flash 制作者为了能让 Flash 在没有安装 Flash Player 的电脑上播放，将 Flash 打包成 exe 文件，这样做带来的不便就是无法将 Flash 动画插入到演示文稿中。使用 Flash 吸血鬼同样可以把 exe 文件中的 Flash 动画吸出来，也包括电子杂志、多媒体课件中的 Flash 文件等。

综合实践活动

1. 从优酷网检索视频资源，并练习下载视频文件。
2. 自选某一学习主题，练习使用 SnagIt 分别捕获相应图像文件与视频文件。

第 4 章

教育信息资源加工与处理

【学习目标】
1. 学会静态文本格式间的相互转换。
2. 学会静态文本转换成动态文本。
3. 掌握图像文件的基本加工与处理。
4. 学会图像格式的转换、图像大小的调整、图像色彩的调整、图像的裁剪、图像文字的添加、图像的合成等。
5. 掌握 ACDSee 工具软件的使用。
6. 学会批量处理图片大小、批量转换图像格式、批量重命名。
7. 掌握音频格式的转换以及音频文件格式转换。
8. 学会快速视频格式转换、快速视频文件截取、快速视频文件合成。
9. 知道 Flash 反编译原理以及 Flash 动画简单制作。

4.1 文本文件的加工与处理

4.1.1 静态文本格式间的相互转换

1. Word 与 PPT 互转

1) PPT 转成 Word

教师在日常备课过程中，经常会使用 Word 来编写教案，使用 PPT 来制作课件，这耗费了除课时以外的大部分时间。为了节省教师完成这两项工作的时间，提高工作效率，引进 PPT Convert to doc.exe（PPT C DOC.exe）工具。这款工具可以按照 PPT 中内容结构快速将 PPT 转成 Word 文档，即教师只需按照一定思路将 PPT 课件制作好，然后通过这款工具得到自己的教案，当然有时需要对转换成的 Word 文档做小部分的调整。

PPT Convert to DOC 是绿色软件，解压后直接运行，在运行之前需将 Word 和 PPT 程序都关闭。选中要转换的 PPT 文件，直接拖到 "PPT Convert to DOC" 程序里，单击工具软件里的 "开始" 按钮即可转换，转换结束后程序自动退出。

> **小提示**
> 如果选中"转换时加分隔标志",则会在转换好的 Word 文档中显示当前内容在原幻灯片的哪一页。转换完成后即可自动新建一个 Word 文档,显示该 PPT 文件中的所有文字。

当然,除了运用上面这款软件,还可以使用下面几种方法将 PPT 转成 Word 文档,解决在教学过程中遇到的问题。下面以 PowerPoint 2007 为例介绍:

一是利用"大纲"视图,打开 PPT,单击"大纲",在左侧"幻灯片/大纲"任务窗口的"大纲"选项卡里单击一下鼠标,按下"Ctrl+A"组合键全选内容,然后使用"Ctrl+C"组合键或右击选择"复制"命令,然后粘贴到 Word 文档里。或者将光标定位在除第一张以外的其他幻灯片的开始处,按 BackSpace(退格键),重复多次,将所有的幻灯片合并为一张,然后全部选中,通过复制、粘贴到 Word 中即可。

> **小提示**
> 这种方法会把原来幻灯片中的行标、各种符号原封不动的复制下来。

二是利用"发送"功能巧转换,打开要转换的 PPT 幻灯片,单击"文件"→"发送"→"Microsoft Word"菜单命令。然后选择"只使用大纲"单选按钮,并单击"确定",之后会发现整篇 PPT 文档在一个 Word 文档里被打开。

> **小提示:**
> 在转换后会发现 Word 有很多空行。在 Word 里用替换功能全部删除空行可按"Ctrl+H"打开"替换"对话框,在"查找内容"里输入"^p^p",在"替换为"里输入"^p",多次单击"全部替换"按钮即可。"^"可在英文状态下用"Shift+6"键来输入。

三是利用"另存为"直接转换,打开需要转换的幻灯片,点击"文件"→"另存为",然后在"保存类型"列表框里选择存为"rtf"格式。用 Word 打开刚刚保存的 rtf 文件,再进行适当的编辑即可实现转换。

2) Word 转成 PPT

在教学过程中,通常需要用 Word 来录入、编辑和打印教学资料,有时需要将已经编辑、打印好的材料,转换成 PPT,以便于在课堂中演示和讲解。如果在 PPT 中重新录入,或者一段段地复制、粘贴制成幻灯片,比较浪费时间。此时可以利用 PPT 的大纲视图快速完成转换。首先,打开 Word 文档,全选并执行"复制"命令。其次,启动PPT,如果是 PowerPoint 2003 版,选择"普通"视图,单击"大纲"标签,若没有"大纲"和"幻灯片"选项卡,显示的方法是在"视图"菜单上,单击"普通(恢复窗格)"或在窗口的左下角,单击"普通视图(恢复窗格)"按钮;如果是 PowerPoint 2007 版,直接选择"大纲"视图,将光标定位到第一张幻灯片处,执行"粘贴"命令,则将 Word 文档中的全部内容插入到了第一幻灯片中。接着可根据需要进行文本格式的设置,包括字体、字号、字形、字的颜色和对齐方式等,然后将光标定位到需要划分为下一张幻灯片处,直接按回车键,即可创建出一张新的幻灯片,如果需要插入空行,按Shift+Enter,经过调整,很快就可以完成多张幻灯片的制作。最后,还可以使用"大纲"工具栏，利用"升级"、"降级"、"上移"、"下移"等按钮进一步进行调整。

2. Word 与 pdf 互转

1）pdf 转成 Word

在日常工作与学习中，经常能从各种资源库与期刊文献库中获取到 pdf 文件资源，由于 pdf 文件自身具有很强的防复制、防粘贴功能，而在阅读之后，想要复制其中的文字或者图片，往往不能大面积进行。要解决这个问题，可以打开 Adobe Acrobat 7.0 Professional pdf 编辑软件，用 Adobe Acrobat 7.0 Professional 另存为 Word，或者用 ScanSoft Pdf Converter，安装完成后不须任何设置，它会自动整合到 Word 中，当在 Word 中点击"打开"菜单时，在"打开"对话框的"文件类型"下拉菜单中可以看到"pdf"选项，这就意味着可以用 Word 直接打开 pdf 文档了。ScanSoft Pdf Converter 的工作原理很简单，它先捕获 pdf 文档中的信息，分离文字、图片、表格和卷，再将它们统一成 Word 格式。由于 Word 在打开 pdf 文档时，会将 pdf 格式转换成 doc 格式，因此打开速度会比一般的文件慢，打开时会显示 Pdf Converter 转换进度，转换完毕后可以看到，文档中的文字格式、版面设计保持原样，没有发生任何变化，表格和图片也完整地保存下来了，可以轻松进行编辑。除了能够在 Word 中直接打开 pdf 文档外，右击 pdf 文档，在弹出菜单中选择"Open pdf In Word"命令也可打开该文件。另外，它还会在 Outlook 中加入一个工具按钮，如果收到的电子邮件附件中有 pdf 文档，就可以直接点击该按钮将它转换成 Word 文件，有时在网上搜索到 pdf 格式的文件，同样可以通过右键菜单的相关命令直接在 Word 中打开它。

2）Word 转成 pdf

在日常的工作与学习中，为了美观、更为了保护自身作品，防止被他人随意盗版、剽窃，我们往往需要把已经做好的 Word 文档转成 pdf 文件，上传到网上，或者自己的网络空间中，在这里推荐四种将 Word 转换成 pdf 的方式：

第一种方法是利用转换软件 pdf2ALL 来操作，这个软件网上可以找得到，然后直接下载安装。这个软件的第一个转换就是 Word to pdf，简单方便。

第二种方法是安装 pdf Creator Plus 或者 Foxit pdf Creator 软件，安装后，它就会和 Word 连接起来，Word 操作面板的"文件"下拉菜单中就多了一项创建 pdf 文档或 save as pdf 工具按钮。

第三种方法也很简单，下载绿色破解版或安装版的 Adobe Acrobat 9.0 Pro，它也会和 Word 发生文件关联，点击 Word 任务栏上的相关提示即可随时将文档转存为 pdf 格式。

第四种方法也是最直接、简便的方法，就是在 Word 2007/2010 中可以直接将 Word 文本另存为 pdf 文件。

4.1.2 静态文本转换成动态文本

1. Word、PPT、pdf 转换成 Swf

Swf 格式文件具有不同于 doc、PPT、pdf 等文件格式的特点：一是它不但可以像幻灯片一样一页一页查看，而且缩放时图形、图像不会失真；二是界面友好，操作方便,最新版本支持 Word 文件中的超链接、有文本搜索、选择、复制功能、可以选择区域打印;三是文档比较小,易于上传到网络上,同时它具有很强的保密性,可以防止浏览者进行复制、粘贴,保护作者的劳动成果;四是跨平台,对客户端要求不高,只要有 Flash 播放控件的设备就能浏览。

鉴于 Swf 格式文件自身优势,在日常工作中,常常需要将 Word、PPT、pdf 文件转成 Swf 格式文件。用户可以到网络平台上下载 FlashPaper 软件,然后进行安装(因为 FlashPaper 本身是一个插件)。装好后,可以在 Word、PPT、pdf 编辑器的加载项中找到 FlashPaper 这个插件,然后打开相应的文件,点击 FlashPaper 插件,就可以将打开的文件转成 Swf 文件,如图 4-1 所示。

图 4-1 Word 2007 菜单栏加载项中的 FlashPaper 插件

注意,有时候需要转成 Swf 格式的 Word 文本是带有批注的,按照上面的方法直接在加载项中点击 FlashPaper 转成的 Swf 文件是没有批注的,要解决这个问题可以点击"打印",弹出打印对话框,选择 Macromedia FlashPaper 虚拟打印机,点击"确定",即可将带有批注的 Word 文本转成 Swf 文件。

2. PPT 文件转换成 WMV 视频格式

有时为方便教学,需要将制作好的 PPT 文件嵌套到教学视频文件中,即将 PPT 文件先转成视频格式,然后嵌套到教学视频文件中去。具体做法:在 office 2010 办公软件中,PowerPoint 可以直接将 PPT 文件另存为 WMV 视频文件。

4.2 图像文件的加工与处理

4.2.1 图像文件的基本加工与处理

在日常的生活、学习与工作中,有时需要对平面图像进行基本加工与处理,而在平面图像处理领域中,Photoshop 软件已经成为行业权威和标准。本小节主要介绍使用 Photoshop 一些基本的平面图像处理功能,如格式转换、调整大小和色彩、对大图像进行裁剪、为图片加文字以及合成多张图片等。下面以 Photoshop CS5 为例讲解。

1. 图像格式的转换

启动 Photoshop CS5 程序,打开 Photoshop CS5 的界面,在菜单栏中,选择"文件"→"打开",打开所要转换格式的图片,点击"文件"→"存储为",将图片另存为用户想要的格式即可。

2. 图像大小的调整

在菜单栏中,选择"文件"→"打开",打开所要调整大小的图片,点击"图像"→"图像大小",设置好用户想要的图像大小参数,点击确定即可,如图 4-2 所示。

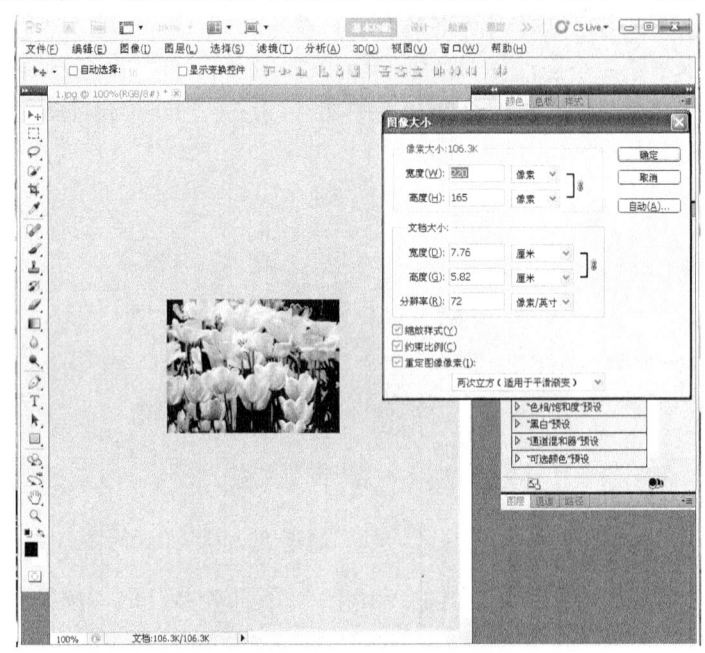

图 4-2　图像大小的调整

注意,在设置图像大小参数时,要注意缩放样式、约束比例、重定图像像素的应用。

缩放样式与约束比例是同步的,选中它们可以改变图像的大小,即改变图像宽的同时也改变图像的高,如果不选中就可以重新改变图像的大小(根据自己的意向,图像的高和宽自己可以随意定)。选中重定图像像素就表示可以改变图像的像素大小,如可以随意改变宽是多少像素,高是多少像素,如果不选中就不能改变像素大小。如果想让图像按比例缩放,必须同时选中约束比例和重定图像像素。分辨率数值越大图像不一定越清晰,如果选中重定图像像素,把分辨率数值变大,图像的像素虽然增大,但同时图像也会模糊。如果不选中重定图像像素,即使用户把分辨率数值加大,图像的像素没变,当然清晰度也没变,只是缩小了打印尺寸。

3. 图像色彩的调整

Photoshop CS5 中对图像色彩和色调的控制是图像编辑的关键,它直接关系到图像最后的效果,只有有效地控制图像的色彩和色调,才能制作出高品质的图像[1]。

---

[1] 王磊,张景安,李亦明等.21 世纪高等院校规划教材 DREAMWEAVER 8 & FIREWORKS 8 & PHOTO-SHOP CS2 & FLASH 8 中文版网页制作四合一教程 [M]. 北京:中国水利水电出版社,2007

1）图像的色彩基础

一是图像明度，也称亮度，指色彩的明暗程度，通常用0%～100%表示，是光作用于人眼所引起的明亮程度的感觉，它与被观察物体的发光强度有关。明度可用黑白来表示，越接近白色明度越高，越接近黑色明度越低。

二是图像色相，指颜色的外貌，范围0～360。色相的特征决定于光源的光谱组成以及物体表面反射的各波长，当人眼看一种或多种波长的光时所产生的彩色感觉，它反映颜色的种类，决定颜色的基本特性。色相差别是由光波波长的长短引起的，即便是同一类颜色，也能分为几种色相，如黄颜色可以分为中黄、土黄、柠檬黄等。光谱中有红、橙、黄、绿、蓝、紫六种基本色光，人的眼睛可以分辨出约180种不同色相的颜色。

三是饱和度，也称纯度，即颜色的鲜艳程度。饱和度取决于该色的含色成分和消色成分（灰色）的比例。含色成分越大，饱和度越大；消色成分越大，饱和度越小。通常用0%～100%表示，0%表示灰色，100%表示完全饱和。黑、白和其他灰色色彩是没有饱和度的。

四是色调，它不是指颜色的性质，而是对一幅作品的整体颜色的概括评价。色调是指一幅作品色彩外观的基本倾向，在明度、饱和度、色相这三个要素中，某种因素起主导作用，就称之为某种色调。我们通常可以从色相、明度、冷暖、饱和度四个方面来定义一幅作品的色调。色调在冷暖方面分为暖色调与冷色调：红色、橙色、黄色为暖色调，象征着太阳、火焰；绿色、蓝色、黑色为冷色调；象征着森林、大海、黑天。灰色、紫色、白色为中间色调。

五是对比度，指不同颜色的差异程度。对比度越大，两种颜色之间的差异就越大。

在Photoshop CS5中提供很多的图像亮度、色相、饱和度、色调、对比度的调整功能。

（1）图像亮度/对比度调整功能。在菜单栏中，选择"文件"→"打开"，打开所要调整亮度/对比度的图片，点击"图像"→"调整"→"亮度/对比度"，调整合适的亮度/对比度，点击确定即可，然后保存图片。

（2）图像色相/饱和度调整功能。在菜单栏中，选择"文件"→"打开"，打开所要调整色相/饱和度的图片，点击"图像"→"调整"→"色相/饱和度"，调整合适的色相/饱和度/明度，点击确定即可，然后保存图片。

（3）图像的自动调整功能。在Photoshop CS5中有图像自动对比度、自动色调、自动颜色的调整功能。在日常处理图像的过程中，有时只需简单的点击这几个功能就能得到想要的图像效果。例如，在菜单栏中，选择"文件"→"打开"，打开所要调整色调的图片，点击"图像"→"自动色调"，Photoshop即可根据图像的色调完成色调的快速调整。

4. 图像的裁剪

对图像进行裁剪的目的是实现对象条件式的剪切效果。在Photoshop CS5中，可以通过"工具式"、"选区式"及"画布式"三种方式实现图像裁剪，具体的操作如下。

工具式操作：主要通过工具箱中的"裁剪工具"，此种方式的特点是直接快速，用户只需拖动某裁剪范围即可，也可先在选项栏中定义其裁剪比例按比例裁剪（如长度设为2cm，宽度设为4cm，即满足1∶2）。

选区式操作：主要通过"图像/裁剪"命令，此种方式的特点是借助于当前选区操作，用户需要先定义选区的范围后使用命令（可结合与选区相关选项，如比例及尺寸方式）。

画布式操作：主要通过"图像/画布大小"命令调整，此种方式特点是通过数值精确定义，用户可在对话框中按"绝对尺寸"（即调整后的对象大小）和"相对尺寸"（勾选相关选项，需要设置负值）进行调整，同时可定义其裁剪中心。

5. 图像文字的添加

在日常的生活与教学过程中，我们经常会需要在图片上添加文字，对图片进行描述与说明。图像文字的添加方法如图 4-3 所示，点击 Photoshop CS5 左面工具条面板上"T"字样的文字工具，然后在图像编辑区点击一下，输入文字即可。如果是中文的话，还需要点击回车。确定时点击 Photoshop CS5 的属性栏中的对勾，或者 Ctrl+Enter 即可。

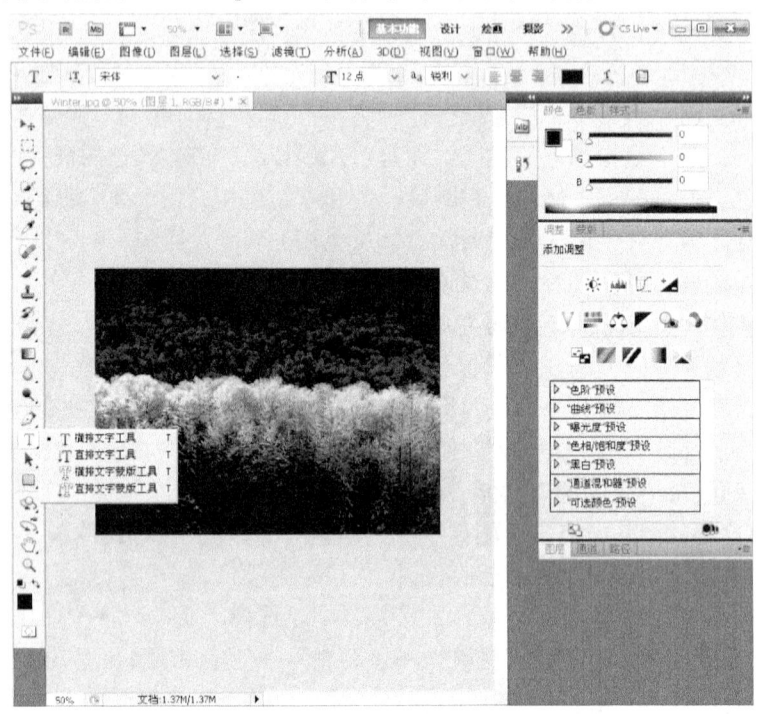

图 4-3　T 字样文字工具

6. 图像的合成

在日常生活与教学过程中，我们常常需要将两张、甚至多张图片合到一起。这时可以运用 Photoshop CS5 中图像合成技术来将两张照片中一些有用的素材（图 4-4）合成在一起，从而达到想要的效果。一般的基本步骤是一抠、二移、三合。学习下面的实例。

一抠：在 Photoshop CS5 中打开书图照片，Ctrl+J 复制图层，如图 4-5 所示；在左边工具条中选择"套索工具"，选出书的形状，如图 4-6 所示；点击"选择"→"调整边缘"，弹出调整边缘对话框，如图 4-7 所示；调整好羽化值、对比度、平滑等参数，点击确定，抠出书形状图片，如图 4-8 所示。

二移：打开背景图，选择"窗口"→"排列"→"在窗口中浮动"，如图4-9所示；然后用鼠标移动抠出的书形状图片至背景图中，如图 4-10 所示；

素材1　书本图片　　　素材2　背景图片

图 4-4　图片素材

图 4-5　复制图层

三合：选择"窗口"→"排列"→"将所有内容合并至选项卡中"，然后调整书形状图的大小、方向位置等，Ctrl＋E 合并图层，点击"文件"→"存储"，保存最终效果图，如图 4-10 所示。

4.2.2　ACDSee 工具软件的应用

ACDSee 全名为 ACDSee Photo Manager，它是一款非常流行的相片管理软件，广泛应用于图片的获取、整理、查看、增强、共享数码相片以及其他媒体文件。它可以从数码相机和扫描仪方便地获取图片，并对图片进行快速查找、组织和预览。此外，ACDSee 是世界排名第一的数字图像处理软件，包含了大量的图像编辑工具，可用于创建、编辑、润色数码图像，还可以使用红眼消除、裁剪、锐化、模糊、相片修复等工具

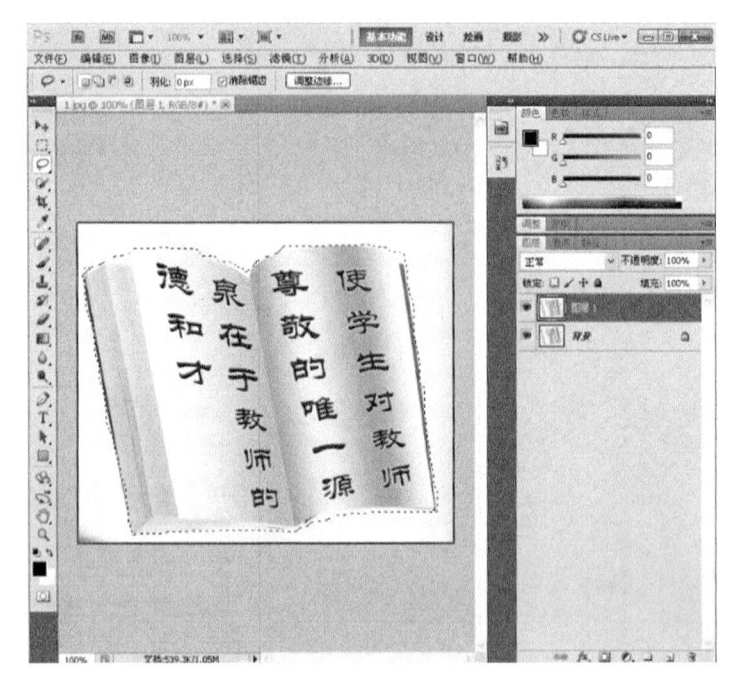

图 4-6　套索工具选区

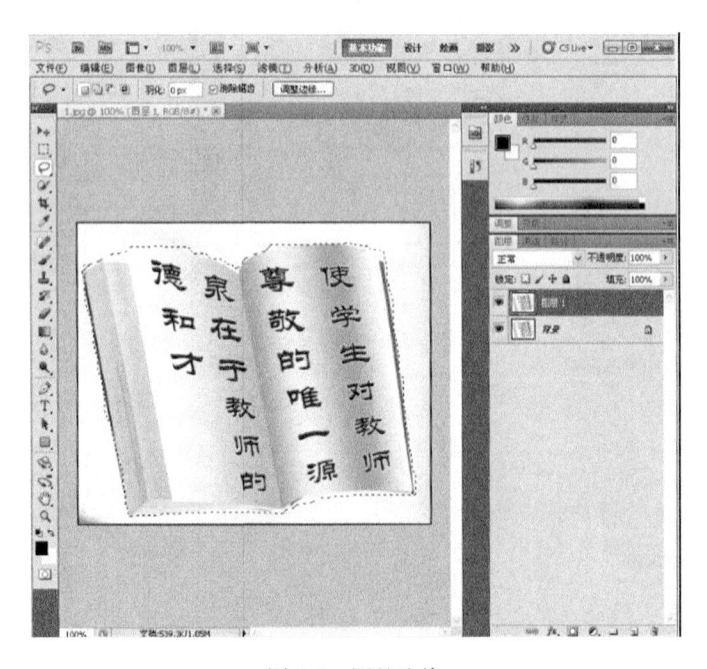

图 4-7　调整边缘

来增强图像效果或校正图像,许多图像管理与编辑功能(如曝光调整、转换、调整大小、重命名以及旋转等)可以同时在多个文件上执行。与 Photoshop 相比,ACDSee 在批量处理图片方面,有很大的方便性。

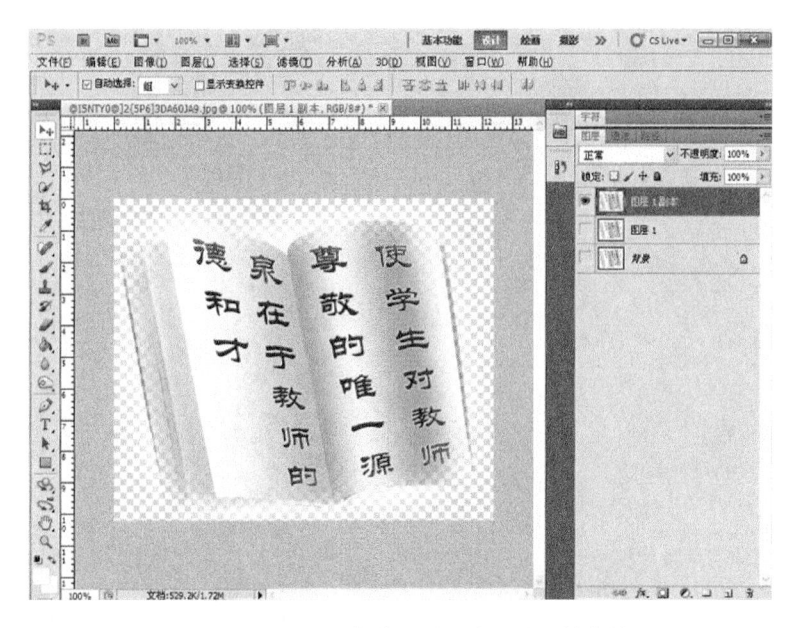

图 4-8　调整好羽化值、对比度、平滑等参数

图 4-9　素材 2

1. 批量处理图片大小

（1）将所有需要处理的图片放在一个新建文件夹里，在左边文件管理窗口中找到这个文件夹，双击即可看到，如图 4-12 所示，Ctrl+A 选中右边视图中所有图片。

（2）点击菜单栏中的"工具"→"调整大小"，弹出"图像调整大小"对话框，如图 4-13 所示，然后设置好对话框中"大小像素参数"，点击确定完成图片大小的批量

图 4-10 移动图层

图 4-11 合成效果图片

处理。

注意，点击对话框中的"选项"按钮，弹出"图像调整大小选项"对话框，如图 4-14 所示，根据需要设置好"文件选项"参数。

【扩展】：有时通过上面批量调整图片大小后，发现个别图片大小还是偏大，不符合要求，而继续按照前面的操作进行处理，却没有效果。这时，我们可以将图片的格式转换为 bmp 位图格式，然后再将 bmp 格式的图片转换为 jpg 格式。这样即可得到大小符合要求的图片。

2. 批量转换图像格式

ACDSee 可轻松实现 jpg、bmp、gif 等图像格式的任意转化。最常用的转换是将 bmp 转化为 jpg，这样可大大减小课件的体积。该操作支持批量转换文件格式，按住"Ctrl"点击选中多个文件，然后点击右键，选择转换的相应命令。

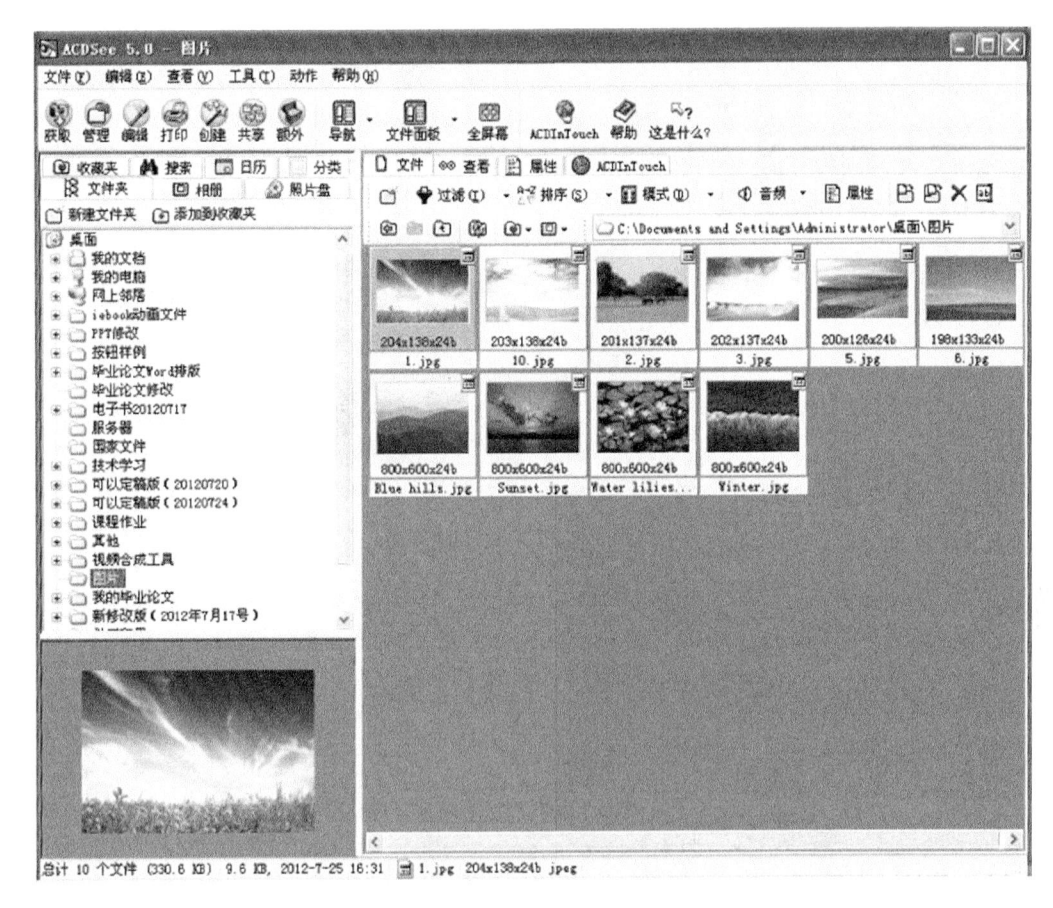

图 4-12　打开文件夹

3. 批量重命名

如果需要对多个图片重命名，按住"Ctrl"键的同时点击选择需要重命名的文件，然后点击右键，选择"批量重命名"即可。

4. 教学中图像的简单处理

完全安装 ACDSee 5.0 PowerPack 会默认安装图像编辑工具 ACD FotoCanvas 2.0，使用软件中的一些工具，能够方便地增强图像效果。其方法是：在需要处理的图像上点击右键，选择"编辑"图标，打开编辑器并载入需要编辑的图像。

（1）裁剪。在教学中，裁剪是最常用的编辑功能，将扫描后图像的黑边去掉、将扫描图像中的电路图插入文本等，都要用到裁剪。

（2）调整大小。虽然在课件制作平台中也可以调整图像的大小，但运行时图像大小和实际大小不相同时，在演示时电脑要先处理后显示，会出现课件运行效率低的问题。在 ACDSee 中调整图像大小非常简单，点击工具栏的相关按钮，在弹出的对话框中输入百分比或重新指定图像的大小（不要取消保持外观比率，否则图像会失真）。

（3）旋转。从数码相机中拍摄的素材或扫描仪获得的图片会出现角度不合适的情况，此时就需要将图像进行旋转。

图 4-13　图像调整对话框

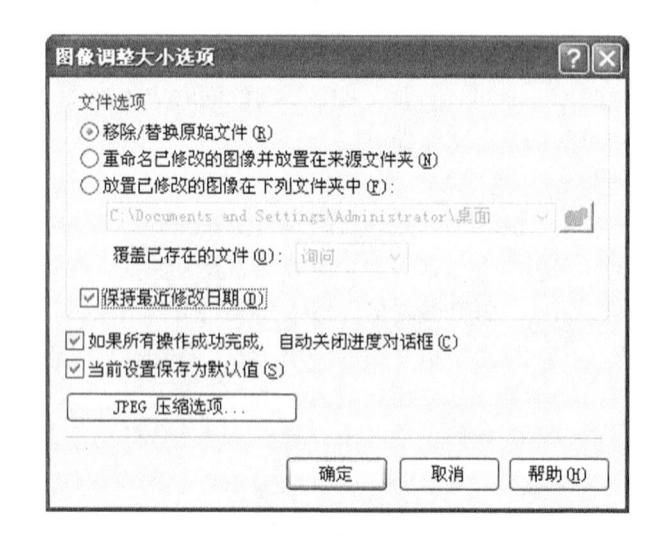

图 4-14　图像调整大小选项对话框

（4）翻转。在平面镜成像的课件中，若需要对称的两个物体，便可通过翻转去制作。

（5）调节曝光。当图片的亮度不满足要求或为了达到某种效果时，往往需要改变图片的曝光量，在图片编辑器中很容易完成这种操作。

图像教学可以给学习者呈现直观、具体及与客观世界相符的真实情景与内容，在制作教学课件时，教师往往需要把大量与教学内容相关的图形图像嵌入到课件中，以达到消除教学视觉疲劳、刺激学习者学习兴趣、提高教学直观性的效果。

在制作课件过程中，经常遇到的图像格式是 jpg 和 gif。在制作课件的过程中，可以将图像作为 PPT 课件的背景，也可以插入照片，作为教学内容。

4.3 音频文件的加工与处理

4.3.1 音频格式的转换

1. 音频文件格式

音频文件格式指存放音频数据文件的格式，其中有两类主要的音频文件格式：①无损格式，如 WAV、PCM、TTA、FLVC、AU、APE、TAK、WV 等；②有损格式，如 MP3、WMA、OGG、AAC 等。下面简单介绍其中几种音频文件格式。

WAV 格式：WAV 是微软公司开发的一种声音文件格式，它用于保存 Windows 平台的音频信息资源，被 Windows 平台及其应用程序广泛支持。标准格式化的 WAV 文件和 CD 格式一样，也是 44.1K 的取样频率，16 位数字量化，因此，其在声音文件质量方面与 CD 相差无几。几乎所有的音频编辑软件都"认识"WAV 格式，在 PPT 中也可以把 WAV 格式文件嵌入其中。

MP3 格式：MP3 是一种音频压缩技术，利用 MPEG Audio Layer 3 的技术，将音乐以 1∶10 甚至 1∶12 的压缩率压缩成容量较小的文件，能够在音质丢失很小的情况下把文件压缩到更小的程度，而且还非常好地保持了原来的音质。MPEG 音频文件的压缩是一种有损压缩，根据压缩质量和编码复杂程度的不同可分为三层，即 MPEG Audio Layer1/2/3，分别对应 MP1、MP2 和 MP3 这三种声音文件。MPEG 音频编码具有很高的压缩率，MP1 和 MP2 的压缩率分别为 4∶1 和 6∶1～8∶1，而 MP3 的压缩率则高达 10∶1～12∶1，也就是说一分钟 CD 音质的音乐，未经压缩需要 10MB 存储空间，而经过 MP3 压缩编码后只有 1MB 左右，同时其音质基本保持不失真。因此，目前使用最多的是 MP3 文件格式。

WMA 格式：WMA 的全称是 Windows Media Audio，WMA 格式是以减少数据流量但保持音质的方法来达到更高的压缩率，其压缩率一般可以达到 1∶18，生成的文件大小只有相应 MP3 文件的一半。WMA 还可以通过 DRM（Digital Rights Management）方案加入防止拷贝，或者加入限制播放时间和播放次数，甚至对播放机器的限制，可有力地防止盗版。

MIDI 格式：MIDI 格式是 Musical Instrument Digital Interface 的缩写，又称作乐器数字接口，mid 是 MIDI 的简称，也是它的扩展名。MIDI 最早是应用在电子合成器中，即一种用键盘演奏的电子乐器。MIDI 文件则是一种音乐演奏指令序列，相当于乐谱，可以利用声音输出设备或与计算机相连的电子乐器进行演奏。由于不包含声音数据，其文件尺寸较小。

2. 音频文件格式转换

1）格式转换

启动千千静听，将要转换格式的视频文件拖至千千静听播放列表，在转换格式的曲目上，单击鼠标右键选择"转换格式"，弹出转换格式窗口。在"输出格式"后面下拉列表中选择要转换的格式。目前，千千支持 WAV、MP3、WMA、AAC 等 7 种格式转换。选择指定目标文件夹存储歌曲，点击立即转换，转换前可以根据需要选择"转换完成后添加到播放列表"和"自动为目标文件添加序号"，如图 4-15 所示。

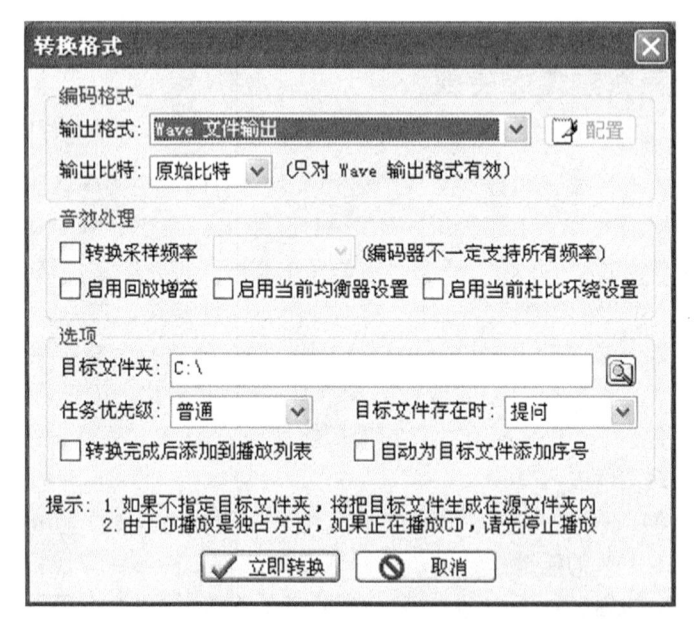

图 4-15 格式转换对话框

2）CD 音乐的提取

CD 光盘与一般的光盘有区别，存储在 CD 上的音乐不能复制，采取复制粘贴的方式只能得到大小只有 1KB 的曲目快捷方式，CD 音乐是以数字音轨的方式存储在光盘中，CDA 快捷方式指向的是数字音轨的地址，因此，要复制 CD 音频必须使用抓轨的方式。常用的提取 CD 音乐的方法是使用系统自带 Windows Media Player 的翻录功能将 CD 音频转换成 WMA 格式音频文件存储到本地计算机。千千静听自带的格式转换功能也可以将 CD 音乐转换成 WMA、MP3、WAV 等格式。CD 播放是独占方式，在转换时必须将 CD 播放暂停。

4.3.2 音频效果的处理

一个优秀的课件须在图文并茂的基础上，加上一些音频、视频，以更利于教学。但是，我们在课件中需使用到的素材，有时并没有现成的，这时就需要我们自己动手进行获取和制作。前面我们已经讲过了使用 Cool Edit 获取音频资源，本小节介绍使用 Cool

Edit 编辑音频文件，包括录制朗诵、录制声音降噪、混响、声音的淡入淡出。

1. 录制朗诵

在制作多媒体资源时，通常要录制人声朗诵或录制其他的声音为音频文件。在录制朗诵时可以插入伴奏音乐，并且将录制音频和伴奏音乐分轨道存储，方便在后期对录制音频和伴奏音乐单独编辑。

Cool Edit 支持音频的多轨编辑，这样就很方便地对每一个音轨的波形进行编辑，也方便使用其中的一轨作为背景音乐，其他轨录制声音。将 Cool Edit 切换至"多轨视图"模式，在"音轨 1"的空白处右键选择"插入"→"音频文件"，选择背景音乐，如图 4-16 所示。

图 4-16 插入背景音乐

点下"音轨 2"的"R"录音按钮（R 指录音，S 指锁定当前音轨，M 指当前音轨静音），在"音轨 2"上录音。使用麦克风录制声音时会把周围环境的声音录进去，所以，在录制时最好使用耳机听伴奏，并在安静的环境下录制。

录制完成后点击"轨道 1"的"M"静音按钮，试听录制效果。录音是所有后期制作加工的基础，这个环节出问题，是无法靠后期加工来补救的，所以，如果是原始的录音有较大问题，就需要重新录制。

注意，如果录制没有声音或录制不正确，请检查计算机的音源输入是否正确。

2. 录制声音降噪

在录制原声时，有可能会把计算机风扇的声音、周围环境的声音、电流类噪声采集进去。为了提高声音的质量，降噪是音频处理至关重要的一步，所以在音频处理与合成前，必须先对声音进行降噪，然后再做其他效果处理。降噪做的好有利于进一步美化用户的声音，做不好就会导致声音失真，彻底破坏原声。

（1）双击当前录音轨道，进入波形编辑视图，点击左下方的波形水平放大按钮（带"+"号的两个分别为水平放大和垂直放大）放大波形，选取一段空白波形，作为噪声采样波形。点鼠标左键拖动，直至高亮区完全覆盖用户所选的那一段波形，高亮区单击右键选"复制为新的"，将此段波形抽离出来，作为噪声采样波形，如图 4-17 所示。

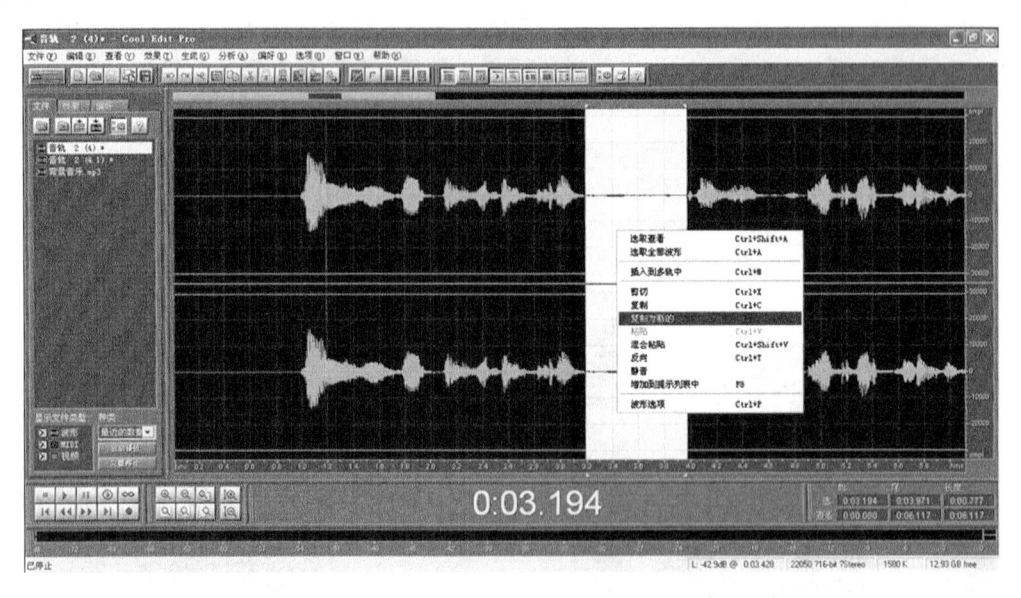

图 4-17　降噪选择

（2）在执行完"复制为新的"操作后，Cool Edit 会自动将选定的高亮区复制到另外的空白音轨上，进入"效果"菜单，点击"噪音消除"→"降噪器"选项，选择"噪声采样"，以空白波形为对象进行噪声消除采样。降噪器中的参数按默认数值即可，随便更改有可能会导致降噪后的人声产生较大失真。采样完成后点击"保存采样"，保存噪声采样结果（fft 格式），如图 4-18 所示。

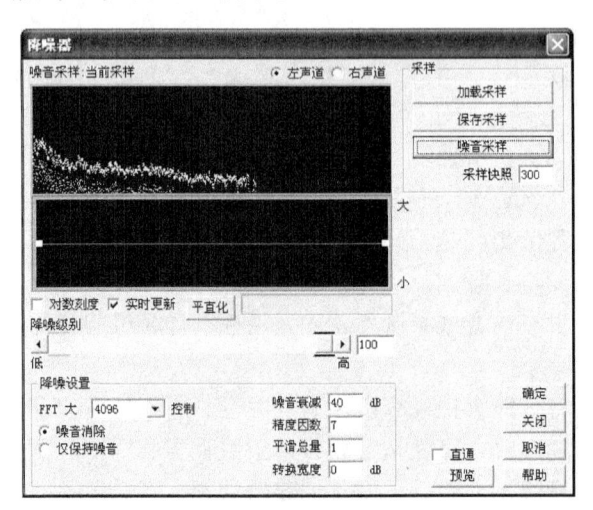

图 4-18　噪音采样

保存完成后关闭降噪器，在 Cool Edit 左侧的文件列表中右键关闭这段波形（不需保存）。在确认所录入的原声中未录入明显的伴奏音乐的前提下，对采样参数一般不做随意改动，以免导致降噪后出现原声失真的情况，音频的处理关键是录音质量的高低和环境、电流类噪声的消除。

（3）回到录音轨，点击"噪音消除"→"降噪器"选项，打开降噪器，加载之前保存的噪声采样进行降噪处理，点确定降噪前，可先预览试听降噪后的效果，如失真太大，说明降噪采样不合适，需重新采样或调整参数（需要说明的是，无论何种方式的降噪都会对原声有一定的损害）。可以进行一次降噪，也可以进行多次降噪。

降噪完成后，试听效果，声音可能会有干巴巴的感觉，录制完的声音如果没有加效果，听起来都是这种感觉，接下来我们就需要为声音润色——混响。

3. 混响

声音在传播的过程遇到障碍物就会产生反射，所以我们这个世界充满了混响。混响的作用主要有：①改变声音的混响时间，对较"干"的信号进行再加工，以增加空间感，提高声音的丰满度；②人为制造一些特殊效果，如山谷、山洞的回声效果等；③通过调节混响声和直达声的比例，可以体现声音的远近感和深度感。本教材主要以增加录制声音的丰满度为例讲授 Cool Edit 中混响效果的使用。

（1）在录音轨道波形视图下，进入"效果"菜单下的"常用效果器"选项，包括动态延迟、多重延迟、房间回声、混响、其他回声等多种效果。

（2）选择"混响"，进入混响效果调整窗口，如图 4-19 所示。Cool Edit 预置多种混响效果，可以直接选择混响效果，然后点击"预览"试听效果；也可以调整混响长度、起始缓冲等参数来自定义混响效果。

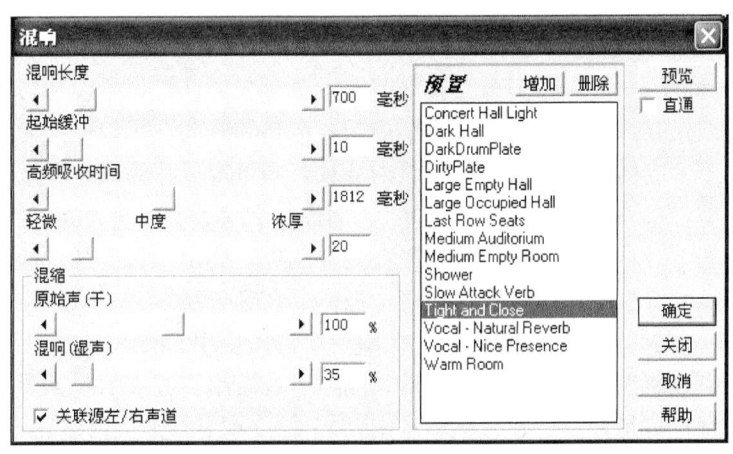

图 4-19　选择混响效果

4. 声音的淡入淡出

设置声音使其淡入、淡出是最常用的音频处理效果，如在前面录音的基础上，为了渲染气氛，要为背景音乐加一个淡入淡出效果，要求前 6 秒声音淡入，后 15 秒声音淡出。其具体操作如下：

（1）淡入。淡入只让声音慢慢由小变大，使用横向放大按钮，使 Cool Edit 的时间标尺以秒为单位，拖动鼠标选择前 6 秒，在效果菜单里进入"波形振幅"菜单下的"渐变"，在预置效果里选择"Fade In"（图 4-20），其中初始值和结束值后面的数字代表对波形的增益大小，负值代表减少增益、0代表不增益、正值代表增益。调整"初始值"设置开始声音，调整"结束值"为0代表淡入结束时为原声大小。

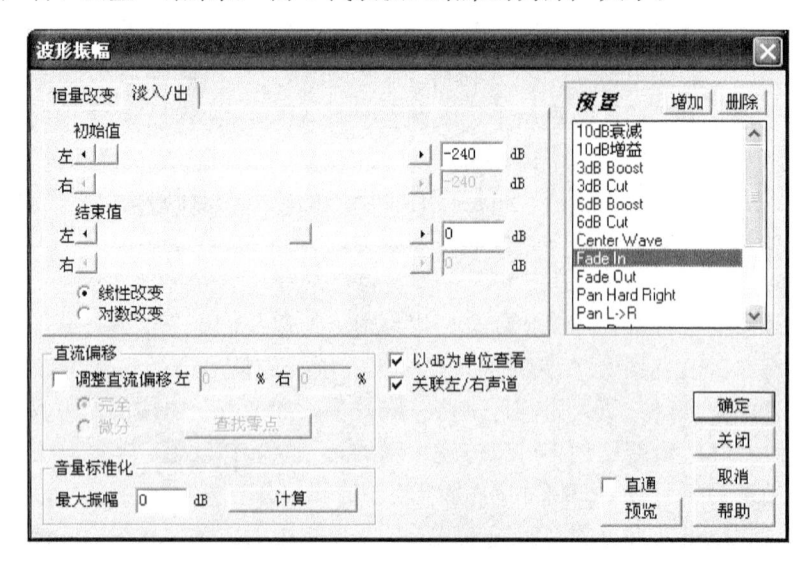

图 4-20　淡入选择

（2）淡出。淡出是让声音慢慢由大变小，在 Cool Edit 选择最后15秒的波形，在效果菜单里进入"波形振幅"菜单下的"渐变"，在预置效果里选择"Fade Out"，设置初始值为0，根据需要设置结束值，将结束值的滑块拖动至最左边，表明结束时无声。

5. 保存为声音文件

音频编辑完成后，可以将多个音轨混缩成一个音频文件，也可以将每个音轨单独保存成音频文件。保存音频文件时如果后期还需要编辑和修改，可以保存为 WAV 格式文件。如果要用于多媒体课件制作或在网页中播放，则可以保存为其他音频格式。

（1）波形文件单独保存。在 Cool Edit 界面左侧的文件列表中，双击音轨，使其处于波形预览状态下，点击"文件"→"另存为"选项，弹出保存路径选择对话框，保存波形文件为 WAV 格式，每个音轨执行同样操作。在音轨视图下，点击"文件"→"保存工程"，将工程保存至本地计算机，下次编辑时直接使用 Cool Edit 打开即可。

（2）将所有音轨混缩成一个音频文件。当所有音轨编辑完成后，需要把多个音轨合成一个音频文件时，切换至音轨视频，点击"文件"→"混缩另存为"，选择保存格式，即可保存混缩音频文件。

4.4　视频文件的加工与处理

4.4.1　快速视频格式转换

在日常工作与学习中，我们经常可以从网络上各大视频资源库中下载到对教学有帮助的视频资源，由于从网站上下载的视频资源格式大多是 Fla 或者 Swf 容量小的格式，而如果要对其进行编辑加工，视频编辑软件往往不支持这两种压缩极高的视频格式，这就需要使用视频格式转换软件，如"格式工厂"软件，将 Fla 格式和 Swf 格式的视频文件转换成其他能进行编辑的视频格式。视频编辑好之后，为了节省空间，加快上传速度，使文件尽可能小，常常需要将 WMV、AVI、RMVB、MPG 等格式的视频文件转换成 Fla 或者 Swf 容量小的格式。

"格式工厂 2.90"软件的使用备注：将视频文件拖入到"格式工厂"软件界面，会弹出如图 4-21 所示界面，点击选择好所有转换的视频格式，设置好输出文件夹位置，点击"确定"，然后回到"格式工厂"软件界面，点击菜单栏中的"开始"按钮，即可在转换状态栏中看到转换进度，转换完毕，即可在输出文件夹中找到已经转换好的视频文件。如果同时有多个视频文件需要进行格式转换，可以先把全部视频文件选中拖到"格式工厂"软件界面，后面与单个视频文件转换操作一样。

图 4-21　选择转换格式与存储位置界面

4.4.2　快速视频文件截取

如果要从大的教学视频文件中截取其中一段视频，或者视频文件太长，需要将视频文件分割成几段小文件用于分段教学。这时可以使用 Allok Video Splitter 工具，它是一款方便快速对视频文件进行分割的软件。具体操作如下：

先启动 Allok Video Splitter 软件，然后将视频文件拖入到 Allok Video Splitter 软

件界面上（图4-22），根据需要点击 ￼ ￼，分别设置好要截取的视频段的入点和出点，然后点击按钮￼。在截取完成时会弹出"任务完成"对话框，点击"确定"，视频截取成功。

注意，Allok Video Splitter软件不支持Fla和Swf格式的视频文件，要先使用"格式工厂2.90"将其转换为Allok Video Splitter软件可支持的视频格式。

图4-22　Allok Video Splitter打开视频文件界面

4.4.3　快速视频文件合成

如果需要将两段或者多段简短的视频文件合成一个视频文件，便可以使用Allok Video Joiner工具，它是一款方便快速地对视频文件进行合成的软件。具体操作如下：

先启动Allok Video Joiner软件，然后点击￼将视频文件一个个添加到Allok Video Joiner软件界面的素材框中，见图4-23。通过"上移"、"下移"按钮调整好文件合并顺序，选择好输出格式，然后点击￼，弹出"保存视频文件"对话框，输入文件名，点击"保存"，视频合并成功。

注意，Allok Video Joiner软件不支持Fla和Swf格式的视频文件，要先使用"格式工厂"将其转换为Allok Video Joiner软件可支持的视频格式。

图 4-23 Allok Video Joiner 打开视频文件界面

4.5 动画文件的加工与处理

4.5.1 Flash 反编译

第 3 章中我们已经讲了如何获取 Flash 资源，但是如果 Flash 动画与教学内容不完全相符，不能完全满足教学的需要，而且下载的 Flash 资源都是已经打包好的 Swf 格式，这种格式不能直接进行编辑和修改，针对这个问题，本小节主要讲授如何将打包生成的 Swf 文件反编译成可修改的 Flash 文件。

1. Flash 反编译原理

Flash 反编译就是将已经打包好的 Swf 格式文件转换成 Fla 格式文件，将 Flash 动画中的图片、矢量图、字体、文字、按钮、声音、影片片段、帧等基本资源完全分解，使原来不能修改的 Swf 文件转换成可加工修改的 Fla 文件和可重复使用的资源。使用 Flash 反编译软件，教师可以对已经打包好的 Swf 格式的文件进行反编译，生成 Fla 文件后，再根据教学内容的需要进行修改，然后打包发布成 Flash 动画。这样就可以解决教师在教学设计中 Flash 动画与自己的教学内容不相符的问题。

在进一步学习 Flash 反编译之前，我们先要了解 Swf 文件和 Fla 文件的概念。

1) Swf 文件

Swf 文件全称是 Shock Wave File，是由 Fla 文件在 Flash 软件中编辑完成后输出的成品文件，即通常在网络上见到的 Flash 动画。Swf 文件可以由网络浏览器中的 Flash 插件来播放，也可以制成单独的可执行文件，通过 Flash 播放器播放。因为 Swf 文件只包含必需的最少信息，并且经过最大幅度的压缩，所以其体积大大缩小，便于放在网页上浏览与下载。

使用 Flash 软件可以制作出一种后缀名为 *.Swf 的动画，这种格式的动画能够用比较小的文件形式来表现丰富的多媒体效果。在文件的传输方面，不必等到文件全部下载完成后才观看，而是可以边下载边观看，因此，其特别适合网络传输，尤其是在传输速率不佳的情况下，也能取得较好的浏览效果。此外，Swf 动画是基于矢量技术制作的，因此不管将其放大或缩小多少倍，画面不会因此而失真。

2）Fla 文件

Fla 文件通常被称为 Flash 动画的源文件，可以在 Flash 软件中打开、编辑和保存。由于所有的原始素材都保存在 Fla 文件中，所以它包含所需要的全部原始信息，体积较大。Fla 文件是不能丢失的，否则一切都要重新制作。

2. Flash 反编译软件

常用的 Flash 反编译软件有 Sothink Swf Decompiler（硕思闪客精灵）、Action Script Viewer、Color7 Power Flash Decompiler、Imperator Fla、Sonne Flash Decompiler 等。

Sothink Swf Decompiler 是一款能解析 Swf 文件并能将 Swf 文件转换成 Fla 文件的专业工具。它可以浏览、播放、分析 Flash 动画（Swf 文件），完全解读动作脚本（Action Script），并能够将 Swf 文件中的资源以不同的格式导出（如动作脚本、声音、图片、矢量图、动画帧、字体、文字、按钮和动画片断等）。同时也能够分析 Flash 动画中的视频文件并导出为 Fla 格式的文件。友好的用户界面为轻松掌握 Flash 反编译的基本操作提供了方便。

3. Flash 反编译过程

1）反编译导出资源类型

导出的资源类型有"形状"、"变形"、"图像"、"声音"、"字体"、"文本"、"动画"、"按钮"、"帧"、"标签"等。其中，"按钮"、"变形"、"动画"、"形状"、"字体"导出的文件格式是 Swf；"声音"导出的文件格式可以是 MP3 或者 WAV；"文本"导出的文件格式是 txt；"图像"导出的文件格式由 Swf 文件中插入的图像格式（bmp、JPEG、PNG 等）决定，"动作"导出的文件格式是 AS 或者 HTML。所有导出的文件格式也都可以保存成 Fla 格式，如图 4-24 所示。

2）Swf 文件中资源类型差异

Swf 文件能够导出的资源类型存在差异，这是因为不同的 Swf 文件包含不同的内容。下面的案例可以加深对 Swf 文件中包含的资源类型差异的认识。

不同的 Swf 文件能够导出的资源类型差异比较：

《认识三角形》Swf 文件中包含的资源类型是"形状"、"变形"、"图像"、"声音"、"字体"、"文本"、"动画"、"按钮"、"帧"、"动作"，如图 4-25 所示。

《济南的冬天》Swf 文件中包含的资源类型与《认识三角形》的不同，它只包含"形状"、"图像"、"字体"、"文本"、"动画"、"帧"、"动作"，如图 4-26 所示。

3）资源导出

（1）分类导出资源。导出 Swf 教学资源可以根据实际需要分类导出，分类导出的资源是保存在单独的文件夹中的。例如，语文教师在讲授《紫藤萝瀑布》时，为了丰富课堂教学过程和深化对人生的理解，决定采用多媒体进行课堂教学。教师从网络资源中

第 4 章 教育信息资源加工与处理

图 4-24 选择导出资源类型

找到了《紫藤萝瀑布》的 Flash 课件来支持课堂教学活动，想让学生先听一遍课文朗读的音频，然后再结合 Flash 动画的演示来讲解这篇课文，但是从网络上下载的课文朗诵音频资源与 Flash 课件里的音频资源不同。如何解决这个问题？前面讲到使用录音法可以获取课件中的音频资源，本小节主要讲授如何使用 Flash 反编译来获取 Flash 中的音频资源。其具体做法是：先点开《紫藤萝瀑布》的资源树，在声音资源中，点击声音列表中的文件名试听声音，选择朗读资源，点击"导出资源"，在弹出的"导出资源"对话框中选择保存资源的文件夹和保存的资源类型。

（2）全部导出资源。导出资源可以在文件分析的基础上把教学需要的资源全部导出，这样就简化了分类导出资源反复操作的步骤，然后再根据教学需要加以选择使用。具体操作步骤如下：选中"紫藤萝瀑布.Swf"源文件前面的方框，单击"导出资源"按钮，在弹出的"导出资源"窗口中选择保存资源的文件夹和保存资源的类型。

4）Fla 文件的导出

用 Sothink Swf Decompiler 软件导出 Fla 文件，是 Flash 反编译的最大功能和特色。Fla 文件的导出操作比较简单，具体步骤如下：

第一步，打开紫藤萝瀑布.Swf 文件，在 Flash 动画预览窗口先观看一下效果。在"资源"窗口单击"导出 Fla 文件"按钮，在弹出的"导出 Fla"对话框选择 Fla 文件保存的文件夹。

第二步，对保存的符号类型分类保存，勾选"在库里为不同的符号类型创建文件夹"复选框，选择保存的符号类型，目的是方便查找与修改。当然也可以不选这个选项。

在打开导出 Fla 文件的 Flash 版本时，选择"每次都让我选择版本"，在弹出的 Fla 版本选择窗口中点击"导出为 Flash 8.0 格式"，如图 4-27 所示。

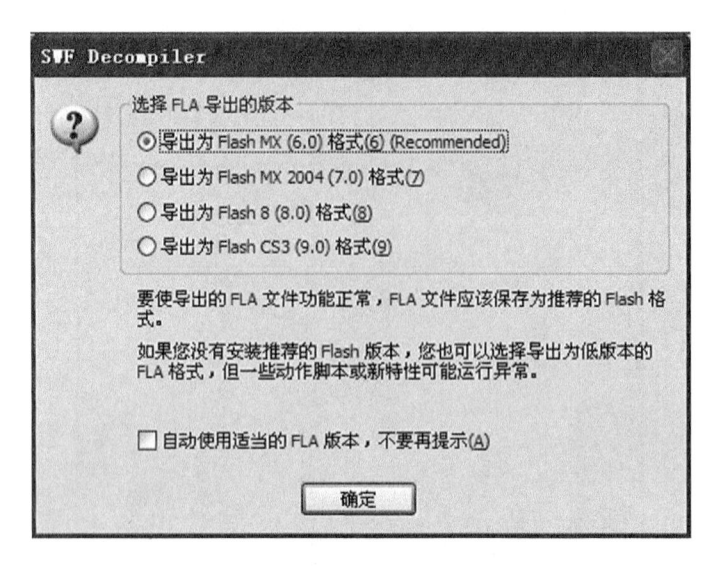

图 4-27　选择导出 Fla 文件版本

第三步，单击"确定"，导出 Fla 文件。

导出 Fla 文件只是完成了准备工作，如果不对导出的 Fla 文件进行修改，还不能解决教师在教学中遇到的问题。下一步工作就是使用 Flash 软件对导出的 Fla 文件进行修改。

4.5.2　Flash 动画简单制作

绘图、编辑图形和补间、遮罩动画是 Flash 动画设计的三大基本功能，也是整个 Flash 动画设计知识体系中最重要和最基础的部分。读者可以去查阅其他书籍认识 Flash 工具、学习制作 Flash 补间动画。本教材主要讲授 Flash 中文字的处理、Flash 引导层动画的制作以及 Flash 遮罩层动画的制作，并在本节最后讲授一个 Flash 的综合实例。

1. Flash 中文字的处理

制作精美的 Flash 动画需要相当专业化的技术和知识。在已有的 Fla 文件基础上进行简单修改则不需要太多的专业化技术和知识，这为不具备 Flash 动画专业化技术和知识的教师省去了不少麻烦，最常用的是 Flash 中文字的处理。

Flash 8.0 新增了滤镜功能，从而大大增强了其设计方面的能力。默认情况下，"滤镜"面板和"属性"面板以及"参数"面板组成一个面板组。

Flash 中文字处理步骤为：

第一步，新建 Flash 文档，在属性面板中将新建文档的背景设置为黑色，在"工具箱"中选择"文本工具"。在"属性"面板中，设置"字体"为黑体，"字体大小"为 45，"文本颜色"为白色，文字加粗显示，其他属性保持默认。

第二步，将鼠标移向舞台上单击，在出现的文本输入框中输入"Flash 中文字的处理"。点击"工具箱"→"选择工具"，拖动文字到舞台中央位置。

第三步，选择舞台上的文本对象。展开"滤镜"面板，单击"＋"号按钮，在弹出的下拉菜单中选择"投影"滤镜和"外发光"滤镜,并对参数进行调整。此时,舞台上文本对象就产生了滤镜效果。

2. Flash 引导层动画的制作

在讲授地理课《地球、月亮和太阳》一节时,教师需要制作 Flash 动画,便于形象地向学生展示地球围绕太阳公转与地球自转,使学生能更深入的理解这一自然现象。在制作动画时,有很多运动是弧线或不规则的,单纯依靠设置关键帧,无法实现这些复杂的动画效果,这就必须使用引导层动画来完成。

一个最基本"引导路径动画"由两个图层组成,上面一层是"引导层",它的图层图标为 ![] ,下面一层是"被引导层",其图标 ![] 同普通图层一样。在普通图层上点击时间轴面板的"添加引导层"按钮 ![] ,该层的上面就会添加一个"引导层" ![] ,同时该普通层缩进成为"被引导层",如图 4-28 所示。

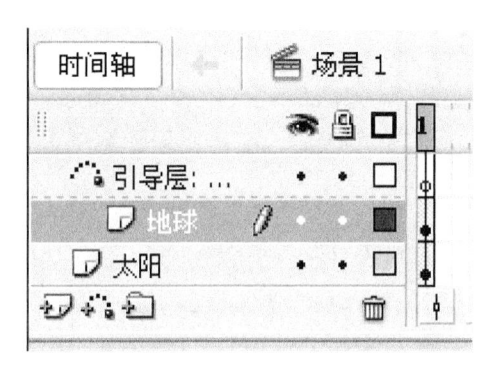

图 4-28 添加引导层后图层效果

"引导层"用于引导元件运行路径,所以"引导层"中的内容可以是用钢笔、铅笔、线条、椭圆工具、矩形工具或画笔工具等绘制出的线段。而"被引导层"中的对象是跟着引导线走的,对象可以使用影片剪辑、图形元件、按钮、文字等,但不能应用形状,具体操作步骤如下。

第一步:点击"文件"→"导入"→"导入到库",将太阳和地球两个素材图片导入 Flash 库中,然后新建一个以地球命名的图形元件,把地球 .jpg 拖动到元件中。

第二步:在 Flash 文档中新建两个图层,一个命名为"太阳",另一个命名为"地球",分别把太阳 .jpg 和地球图形元件拖动至两个图层并调整大小。在图层"太阳"的 75 帧处右键添加帧,在图层"地球"的 75 帧处右键添加关键帧,并为图层中的"地球"创建补间动画。

第三步:选定图层"地球",点击添加引导层按钮,为图层"地球"添加引导层动画,由于地球绕太阳公转是椭圆,先使用椭圆工具画一个无填充的椭圆(画完后图层"地球"的中心点自动对准椭圆线),使用橡皮擦工具将椭圆擦一个小口,使图层"地球"的第一帧中心对准椭圆的起点,最后一帧对准椭圆的终点。

第四步:按 Ctrl+Enter 测试影片效果。

> **小提示**
>
> （1）向"被引导层"中放入元件时，在动画开始和结束的关键帧上，一定要让元件的注册点对准线段开始和结束的端点，否则无法引导。如果元件为不规则形状，可以点击工具栏上的任意变形工具 ▫，调整注册点。
>
> （2）如果想让对象作圆周运动，可以在"引导层"画个圆形线条，再用橡皮擦去一小段，使圆形线段出现两个端点，把对象的起始、终点分别对准端点即可。

3. Flash 遮罩动画层的制作

在 Flash 动画中，经常会看到很多眩目神奇的效果，而其中大部分是用"遮罩"完成的，如水波、万花筒、百叶窗、放大镜、望远镜等。"遮罩层"主要有两个作用：①确定整个场景或一个特定区域，使场景外的对象或特定区域外的对象不可见，遮住的部分可见；②遮罩住某一元件的一部分，从而实现一些特殊的效果。在普通层上单击右键，在弹出菜单中勾选"遮罩"，该图层就会生成"遮罩层"。Flash 自动把"遮罩层"下面的一层关联为"被遮罩层"，如果想关联更多层被遮罩，只要把这些层拖到"被遮罩层"下面即可，如图 4-29 所示。

图 4-29 添加遮罩层后图层效果

例如，教师在讲授小学语文《望庐山瀑布》时，为了丰富教学过程和使学生体会诗歌意境，激发学生学习古诗的兴趣和诵读的积极性，决定采用多媒体进行课堂教学，在诗歌朗诵时使用歌词效果来显示诗歌内容，具体操作步骤如下。

第一步：新建四个图层，分别是背景层、文字1层、文字2层、遮罩层。在背景层导入背景图片，在文字1层使用文字工具输入诗句，选中文字1层的文字，点击"编辑"→"复制"，进入文字2层，点击"编辑"→"粘贴到当前位置"，并把文字2层字体颜色调整为红色。选择矩形工具，设置矩形边框为无，在遮罩层画一个能遮住文字的矩形框。

第二步：在背景层、文字1层、文字2层时间轴的第50帧处右键，选择插入帧。

第三步：选中遮罩层的第一帧，移动使其不要盖住文字，在遮罩层的第50帧处右键，选择插入关键帧。垂直移动遮罩层上的矩形框，使其在 50 帧处全部盖住文字，创建遮罩层补间动画。

第四步：在遮罩层上右键，选择"遮罩层"，按 Ctrl＋Enter 测试影片。

> **小提示**
>
> 本例中有两个一样的文字层，文字 1 层颜色为黑色，文字 2 层颜色为红色，当遮罩层遮住红色字时显示红色字，未遮罩时显示黑色字。

4. Fla 文件的打包发布

单击菜单栏的"文件（F）"菜单选项，单击"发布（B）"，或者使用"Shift＋F12"快捷键就可以进行 Fla 文件的打包发布，发布成的 Swf 文件与原 Fla 文件保存在同一目录下。

经过打包发布，生成的 Swf 文件就可以作为课堂多媒体资源进行演示或交互性设计。

综合实践活动

1. 将任意两张图片素材，设计并合成为一张图片。

2. 使用 Adobe Audition 录制一段声音，并对其加背景音乐后，保存为 MP3 格式音频文件。

3. 选择下载一段视频文件，并将其分别转换为 WMV 或 MPG 格式。

4. 制作《地球、月亮和太阳》教学案例中关于地球围绕太阳公转与地球自转的 Flash 动画。

第 5 章

教育信息资源整合与发布

【学习目标】
1. 说明下列概念的含义：概念图、电子书、专题学习网站。
2. 了解演示文稿结构。
3. 学会演示文稿的设计制作。
4. 学会概念图的设计制作。
5. 学会电子书的设计制作。
6. 掌握专题学习网站的设计。
7. 知道专题学习网站的开发。
8. 了解专题学习网站的实现技术和途径。

5.1 教育信息资源的整合

5.1.1 基于演示文稿的资源整合

1. 演示文稿结构

演示文稿是办公软件重要组件之一，利用演示文稿软件制作的演示文稿，可通过不同的方式播放，也可将演示文稿打印成一页一页的幻灯片，使用幻灯片机或投影仪播放。演示文稿通常有线性、树形、网状三种结构，每种结构一般包括封页、目录页、子页、尾页。①封页一般包括题目、作者、单位、制作时间等。封页题目醒目，可用动画表现，以吸引学生的注意。②目录页是演示文稿的总纲，表现线性、树形、网状结构。通过目录页，学习者可纵览教学内容的主要章节标题或呈现教学设计的活动和过程的序列，目录页可用热区、连接等手段来实现。当目录较多时可设计子目录页，子目录页是把内容较多的主目录项细化后形成的新目录页。③子页是课件的教学实质内容，承载重要的教学信息。④尾页一般是总结、说明、致谢等内容。在设计制作演示文稿前，要根据表现的内容，考虑设定页面间的结构关系。

1) 线性结构

线性结构是最常见的一种结构形式，线性结构的演示文稿前后页内容有很强的顺序关系，一般是按照幻灯片的编号顺序播放。它具有结构简洁、可扩展等特点，演讲者可根据自己的需要随时转换到相应页面，如图 5-1 所示。

图 5-1 线性演示文稿

2）树形结构

树形结构要求内容具有清晰的层次结构，上下级层次之间有较强的隶属关系或包含关系。此类演示文稿至少由两层以上构成，层次越多，演示文稿的结构就越复杂，树形结构演示文稿通过超链接改变页面的播放顺序，调整页面的结构。如图 5-2 所示。

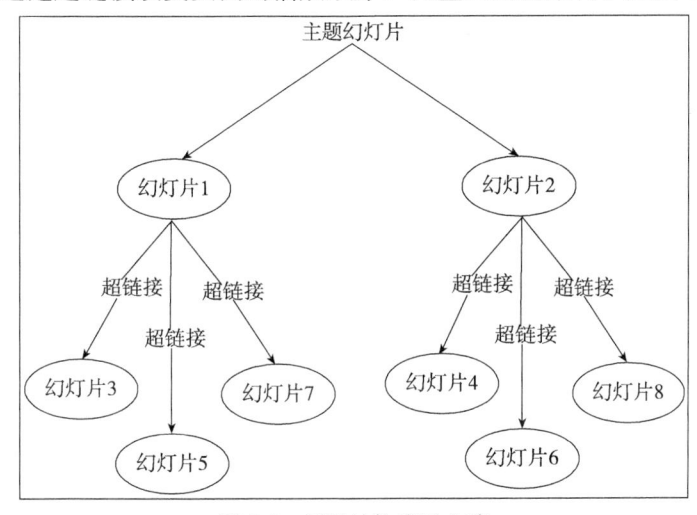

图 5-2 树形结构演示文稿

3）网状结构

网状结构一般有一个核心主题或概念，整个演示文稿是围绕这个主题或概念进行的，结构简单明了，没有复杂的层级关系，没有线性结构播放的顺序性，在任何页面都可跳转到其他相应的模块中，如图 5-3 所示。

2. 演示文稿的设计制作

1）和谐统一的主题风格

一个优秀的演示文稿，在设计之前应就不同的授课目的，采用不同的设计方案。这就要求设计者在把握授课内容的同时，设计出和谐统一的演示文稿主题风格。影响演示文稿主题风格的因素一般包括色彩、布局和模板。

（1）色彩。演示文稿具有一定的主题性，演示文稿的色彩语言总是围绕着演示文稿的主题而进行，色彩中的视觉主题总是能迅速地表达其文稿的内容。色彩设计是对幻灯片的色彩基调、色彩对比、整体风格等做协调安排，其主要功能是衬托气氛、突出主题、增加界面艺术性。例如，以教育为主题的演示文稿，应使用中性的颜色，这样可以给学生一种祥和感；以服务为主题的演示文稿，则应选用暖色调的颜色。一个演示文稿中使用的颜色一般不要超过四种，而且最好使用同一色系的颜色。"选择颜色时一般应注意

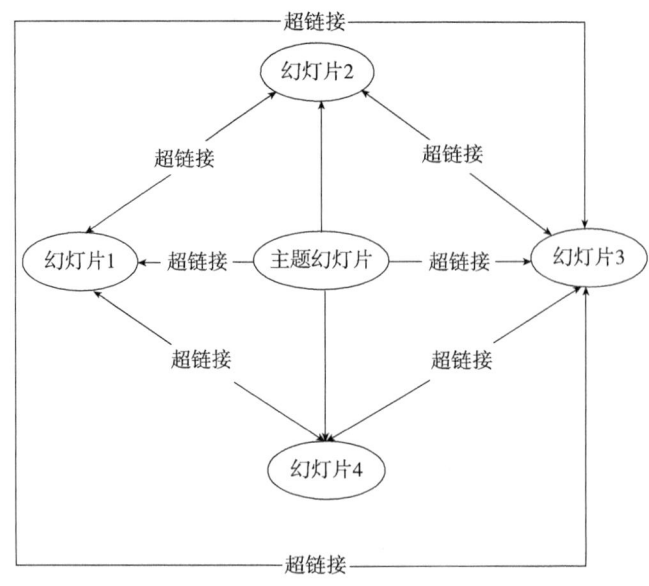

图 5-3　网状结构演示文稿

以下几点策略：选择整体和谐的色彩基调；同页面中颜色数不宜过多，色彩的配置要简洁、新颖；所有页基调色要和谐统一；在阶段性变化的演示文稿中使用渐变效果可以表现出各种丰富的变化。"[1]

部分颜色组合具有高对比度以便于阅读，下列背景色和文字颜色的组合就很合适：紫色背景绿色文字、黑色背景白色文字、黄色背景紫红色文字以及红色背景蓝绿色文字等。

在演示文稿中使用图片时，选择图片中的一种或多种颜色用于文字颜色。颜色组合将起到关联幻灯片中元素的作用，使幻灯片产生协调的效果。

> **小提示**
>
> 为了更好地制作出优质的演示文稿，下面为一些配色方案：
>
> 在选择好背景色的基础上选择其他三种文字颜色以获得最强的对比效果。同时使用背景色和纹理，有时具有恰当纹理的淡色背景比纯色背景具有更好的效果。如果使用多种背景色，应使用近似色，近似色的颜色可柔和过渡并不会影响前景文字的显示，也可以通过使用补色进一步突出前景文字。
>
> 使用不同颜色可表明内容间的关系，表达特定的信息或进行强调。一些颜色有其惯用的涵义，如红色表示警告，而绿色表示认可。可使用这些相关颜色表达自己的观点，有不同颜色的相同信息可能也表达不同的含义。
>
> 在选取颜色时尽量避免使用红色绿色的对比来突出显示内容，避免仅依靠颜色来表示信息内容，应做到让所有用户都能获取演示文稿中的所有信息。

（2）布局。布局是为了追求视觉上的平衡，每个演示文稿都由一张张幻灯片组成，课件的合理布局决定着这个演示文稿的好坏。布局在给人稳定感觉的同时，也体现了整个演示文稿的设计风格。布局一般应注意网格、格式、页边距等因素。设定网格可以使

---

[1] 神龙工作室．新手学 PowerPoint 精美演示文稿制作［M］．北京：人民邮电出版社，2009：84

文本页面具有一致性；格式即为幻灯片的大小和方向，以及必要的幻灯片个数；在设计幻灯片的过程中，幻灯片的大小、方向和数量都是需要考虑的问题，页边距提供视觉舒适感和安全感，制作幻灯片时，不应使文本和图像充满整个幻灯片页面，应保留适当的页边距，这样浏览幻灯片时才会感觉到舒适。图 5-4 列出了演示文稿软件所提供的布局。设计者可选用合适的版式来设计幻灯片。在设计布局时应注意以下几点：突出主体，条理分明，主题内容占核心地位；清晰明了的界面；科学合理的内容布设，科学的分配信息在页面中的呈现位置。

图 5-4　幻灯片布局

（3）模板。模板是整个演示文稿的外观显示，它已设置好背景、颜色、字体、对象等，开发者需要按照自己需求再合理改动。演示文稿提供许多模板，开发者也可在网络上下载第三方模板，简单地对第三方模板稍加改动即可生成一个完整的演示文稿。在选择第三方模板时，应选取和自己主题风格类似的模板类型，否则修改模板结构会浪费大量的精力。设计模板时一般对背景图形、字体、配色、文本结构进行设计，在使用第三方模板时可将第三方模板中的一张或者几张幻灯片插入自己的演示文稿中，不一定全部采取别人的模板来开发演示文稿，可以将其中和自己风格相近的用在自己的文稿里。

练习

在制作演示文稿时，我们往往需要对第三方模板的内部元素进行修改，用一些自己的信息去替换它们，以达到个人的目的。但有时下载的第三方模板并不能完全满足我们的要求，这时我们需要在第三方模板的基础上自己设计演示文稿，具体的设计开发自己的演示文稿的方法如下：

（1）打开下载的第三方模板，在幻灯片母版试图中，选取一张图片作为背景。

（2）调整幻灯片的布局，使之看上去美观大方。背景和字体的颜色选择黑色和白底，这样具有很强的对比度。

（3）在每个幻灯片的主体部位，加入个人需要的内容，并添加媒体元素。在添加媒体元素的时候，不宜添加过多，否则会导致浏览者的混乱。

（4）调整修改幻灯片，保存幻灯片。

2) 清晰明了的结构设计

结构清晰的演示文稿能使学生更容易接受，演示文稿的结构设计是对知识体系和教学活动的总体框架规划。教师要精心设计教学过程，梳理知识体系和结构，设计出清晰明了的演示文稿结构，使学生把握整体知识要点，明确知识点之间的关系，避免因结构混乱而找不到下一张幻灯片，增强知识的可理解性和可记忆性，进而提高学生的学习效果。在制作演示文稿的时候，要致力于刺激学生观览的兴趣，合理地设计演示文稿的结构，在一张幻灯片中不应加入过多内容，否则会导致无法将学生的视线集中起来。清晰明了的演示文稿结构设计总结起来有以下几点策略：①短小精炼的目录页；②脉络清晰的超链接或热区设置；③统一科学的编号和项目符号；④分析确定演示文稿的逻辑结构关系，制作页之间的逻辑连接；⑤页面内容不宜过多，过多内容的页面应拆分为几张页面呈现。

3) 适量的媒体元素及交互

演示文稿中加入媒体元素及交互可使演示文稿真实、可信、形象、直观、表现力强，且可使教师和学生很好地在课堂互动。许多教师在设计演示文稿时，缺乏对教学信息用恰当的媒体元素来表现，未能添加媒体元素以达到图文并茂、形象直观地表现所讲内容，或者是滥用媒体元素承载信息，以歪曲化的抽象为直观，或在不该出现交互的地方出现互动，使得演示文稿的结构杂乱无章。设计演示文稿时，媒体元素和交互最好是按需采用，在设计媒体元素和交互时应注意以下几点策略：

第一，字体和字号的设置。选择醒目、规范、优美、易读的字体，大多数情况下选择宋体显得正式，在需要突出的地方可以加粗、加黑。字号要适中，字号的大小决定文字的地位、作用和层次以及每页文字的多少，每下一级标题一般采用小1号或者小2号的字号，这样可以体现出层次感，不容易混乱。内容的字号应该可以让学生看的清楚，避免设置的太小。如图5-5所示，大小标题和正文之间的字号不一样，这样可以很清晰地了解幻灯片的主体结构。

第二，适量的图表、动画。图表可以很形象、直观地表达文稿所要表达的意思，正所谓"一图胜千言"，图表可将大量的内容简洁化、生动化。动画可带给学生大量信息，也可吸引学生的注意力。但在演示文稿中过多的图表、动画又会造成学生审美疲劳，甚至使其产生厌烦的心理，在设计时应注意这点，如物理实验幻灯片采用图标分析的方法，让学生容易理解，也简化了物理实验繁琐的步骤，如图5-6所示。

第三，"交互设计要有效适量"①。通过超链接、动作按钮、热区、动作设置来实现课件交互主界面，实现不同幻灯片间的灵活跳转，改变线性的播放。交互设计要连接准确，但在有限的课堂时间中应注意不宜采取过多的交互，避免影响整个教学过程。

---

① 张红卓，杨晓宏，张继军. 优质 PowerPoint 教学演示文稿的设计与制作策略研究 [J]. 中国教育信息化，2011，(4)：3

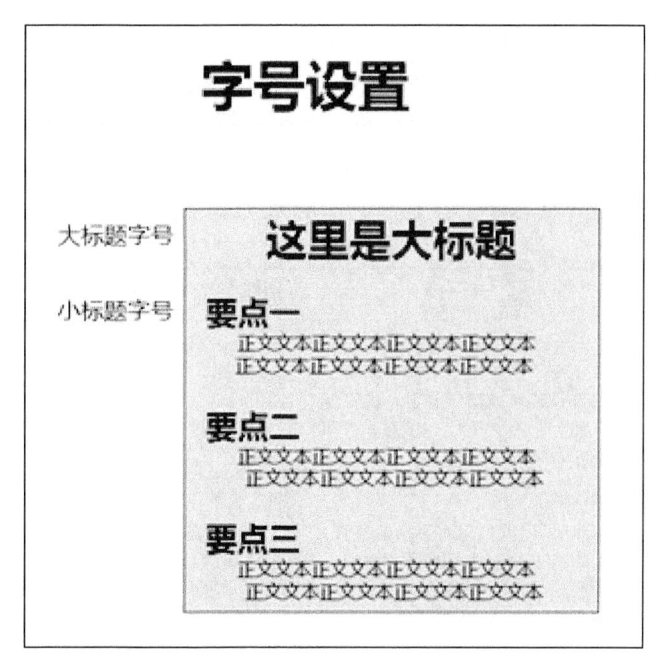

图 5-5　字号大小

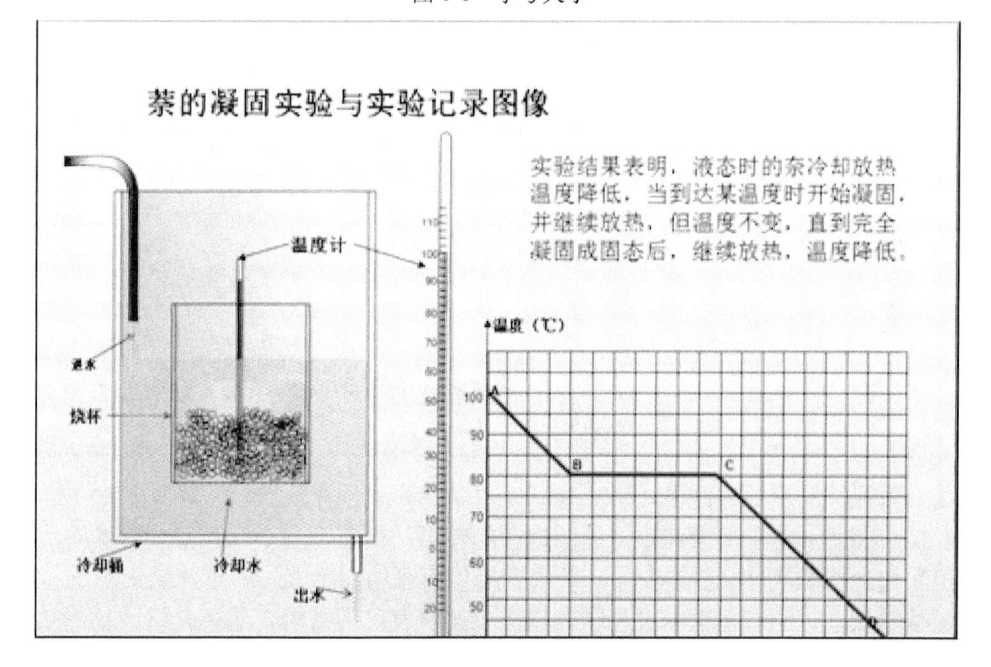

图 5-6　物理实验分析 PPT

5.1.2　基于概念图的资源整合

1. 认识概念图

1）概念图的含义

概念图是某个主题的概念及其关系的图形化表示，它是一种用来组织与表征知识的工具,利用概念图可以构建概念体系和拓展思维。它通常将某一主题的有关概念置于圆圈或方框之中,然后用连线将相关的概念和命题连接,连线上标明两个概念之间的意义关系。

2)常用概念图软件

概念图软件很多,如何选择一款更适合于教学的软件是教师需要考虑的问题。表5-1介绍了几种最常用的概念图制作软件的功能与特点。

表 5-1 常用概念图设计软件

概念图制作软件	功能与特点
Inspiration	Inspiration 是 Inspiration 软件公司开发的一种专用概念构图软件。它提供图表和大纲两种工作环境,主要特点是操作简便、容易掌握基本的操作、提供丰富的图标库。该软件支持插入音频和视频(需要本机安装 QuickTime),可以对某一个节点内容直接进行讲解录音。它主要服务于教育领域,尤其广泛应用于中小学,帮助师生组织和管理知识概念、命题和各类教学信息
X-mind	X-Mind 是一款易用性很强的软件,可以随时开展头脑风暴,快速理清思路。X-Mind 以结构化的方式来展示具体的内容,它绘制的思维导图、鱼骨图、二维图、树形图、逻辑图、组织结构图等以结构化的方式来展示具体的教学内容,在教学过程中可帮助提高师生的学习效率。X-Mind 具备跨平台运行的性质,支持插件,通过插件可以扩展系统定义好的扩展点
MindManager	MindManager 是由 Mindjet 公司开发的功能强大的概念构图软件,用于个人知识的管理。该软件界面直观、操作简单、容易上手,为用户提供了丰富的素材库,包括基本几何图形和数字等多种图形符号。构图方便,可以很方便快捷地进行头脑风暴,也有很好的集成性,具有强大的资料整理和文章写作功能,在教学过程中能够帮助师生有序地组织思维和资源,使头脑风暴和工作计划更加快捷有效
MindMapper	MindMapper 是一款专业的可视化概念图实现、用于信息管理和处理工作流程的智能工具软件,支持流程图、组织图、鱼骨图等,可对个人知识进行管理,还提供与其他文档软件链接,其 2008 版本已经整合了 MS 的 Office 2007,操作比较简单
Free mind	Free mind 提供了一个汇集的灵感、创意的场所,简单易用,满足多样化的绘制,具有一键"展开/折叠"功能以及"链接"跟随操作,可以方便地拖拽子节点,跨平台性能良好。Free mind 是以 Java 程式编写的思维管理绘制软件,操作简单,使用方便,但师生在使用时必须安装 Java 支持运作

在上面几款概念图软件中,Inspiration 主要服务于教育领域,尤其对于中小学教师而言,操作简便、易于掌握和丰富的图标库等特点使得它在中小学教学中有着广泛的应用。但从概念构图教学来看,Inspiration 只提供概念构图功能,并不能全面地支持概念构图的教学活动,所以在教学过程中,用户应按照自己的需求,选择合适的软件工具开发概念图。

2. 概念图的设计制作

1)概念图的设计

(1)概念图主题结构设计。在设计概念图之前应确定自己希望利用概念图理解的问题焦点、知识或概念,并用这个焦点主题作为导引,找出与中心主题相关的概念,并罗列出来,这就需要事先设置概念图的主题风格。主题风格设计包括对概念图结构、颜色的布设。

概念图结构设置一般把最抽象和最具涵盖性的概念放在最高位置，确定中心主题后将其余的概念按层级排放在列表上。一般把次级概念放在二层位置上，二层的位置通常只会有 2~3 个概括性的概念，随后将下面的三、四、五层的子概念放置在概念图上并将概念用画线连接，在连接线上写上合适的连接词。连接词必须清晰表达两个概念之间的关系，使之成为简单、有效的命题。当把大量相关的概念连接起来并形成层次后，可以清楚地看到对应某一知识、命题、中心主题的意义架构。在各个节点上也可适量的用一些醒目的颜色做标记，以引起学生的注意。表 5-2 是关于神经系统的组成概念图的主题结构设计。

表 5-2 神经系统的组成概念图主题结构设计

主题概念	一级概念	二级概念	三级概念
神经系统	中枢神经系统	脑	大脑 小脑 脑干
		脊髓	
	中枢神经系统	脑神经	
		脊神经	

在颜色设计上应符合这个概念图的整体风格。对于主题概念、次级概念可用不同的颜色来标记，不同的颜色可清晰地表达出概念图之间的区别和联系。概念图设计软件提供大量的颜色供设计者选择，在设计时，主题概念应选择和其他概念不同的、比较醒目的颜色，在次级概念颜色选择上应选择比较暗淡的颜色，这样整个概念图会给学生很清晰的层次结构感。

（2）概念图内容结构设计。概念图由四个图标特征和三个图表要素构成。四个图标特征包括概念、命题、交叉连接和层级结构。概念是感知到的事物的规则属性，通常用专有名词或符号进行标记；命题是对事物现象、结构和规则的陈述，在概念图中，命题是两个概念之间通过某个连接词而形成的意义关系；交叉连接表示不同知识领域概念之间的相互关系；层级结构包括两个方面：一是指同一知识领域内的结构，即同一知识领域中的概念依据其概括性水平不同分层排列，概括性最强、最一般的概念处于图的最上层，从属的放在其下，具体的内容例位于图的最下层；二是指不同知识领域间的结构，即不同知识领域的概念图之间可以进行超链接。某一知识还可以考虑通过超链接的形式提供相关的文献资料和背景知识。

三个图表要素包括节点、链接和文字标注。节点由几何图形、图案、文字等表示某个概念，每个节点表示一个概念，一般同一层级的概念用同样的符号（图形）标识。链接表示不同节点间的有意义的关系，常用各种形式的线链接不同节点，这表达了构图者对概念的理解程度。文字标注可以是表示不同节点上的概念的关系，也可以是对节点上的概念详细阐述，还可以是对整幅图的有关说明。

在概念图中，由方形、圆形表示概念。概念间的关系则以标名的箭头线段连接，箭头的方向表示往下发展的层次。概念图将人们某一领域内的知识元素按其内在特征联系起来，并用外化的可视图表达出来，使知识的内在理解与建构外显化；概念图通过图形直观地表达人们头脑中的信息、思想等，把隐形的知识外显化，形象地反映出概念间关系的意义联系。概念图清晰地反映知识的层次性和系统性，在教学过程中，教师可以利用概念图作为教学计划的工具，对课程内容进行组织、规划等；学生可将概念图作为学习的工具，对知识进行整理、反思、创作等。图 5-7 是整个神经系统组成概念图的内容结构。

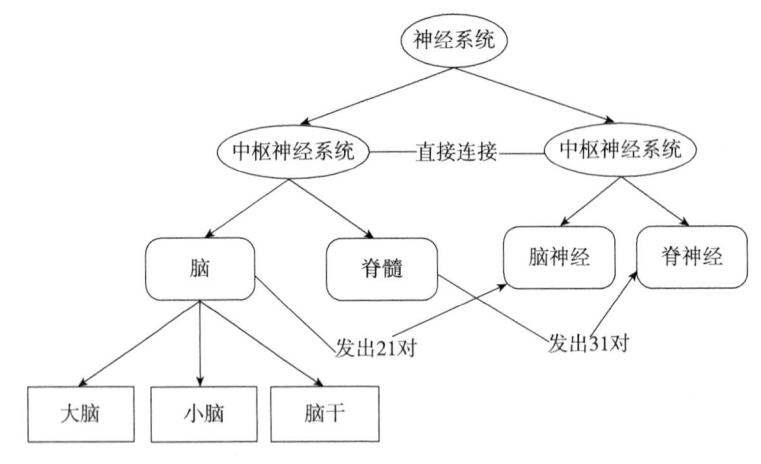

图 5-7　神经系统的组成概念图

2）制作概念图

我们以生物课《神经系统的组成》为内容，制作概念图。

第一步，输入主题内容。

主题概念是制作概念图的起点，也是引出其他概念的主节点，同时还是该概念图的默认文件名。当打开 Inspiration 时，在工作区中央就显示出一个符号框图，默认状态下里面写着"Main Idea"字样，如图 5-8 所示。

练习

根据以上步骤，完成以下任务：

下载相关神经系统资源。

运行 Inspiration。

在工作区域"Main Idea"文本框中输入主题概念"神经系统"。

保存概念图"神经系统的组成"。

图 5-8　主题内容输入

这就是开始主题，单击符合框图，选择符号控制面板中的符号，输入有关主题内容为"神经系统"。在"Main Idea"概念框图中输入相应的概念，如输入"神经系统"，然后在空白处单击鼠标。

第二步，创建分支概念。

在概念图中可以用文本框、图框和图片文件作为概念图的节点，用带箭头的连线连接概念，由概念节点和连线形成分支，从而使概念之间有层级关系。用"创建"工具（Create tool）形成二级概念，在画板空白处输入三级和四级概念，利用"创建"工具增加已经互相连接的符合框图是一种简单的方法，利用这种方法可以直接进行选择。在符号控制面板中选择一种符号框图，图表工具条上的"Create"按钮处于可操作状态，当鼠标移到按钮上面，指向任何一点时，该点改变颜色，即可直接增加相应方向的新符号框图。也可将鼠标移到空白的某一位置，假设该位置是下一个概念框图的位置，然后单击鼠标（这步操作暂称为"确定概念框图位置"，下同），出现"十"字形状，此时通过键盘输入"中枢神经系统"，便能够再建立一个概念框图。

点击"图标工具"中的"Link"按钮（链接按钮），将鼠标移到"神经系统"框图上并单击，不松开鼠标，拖动到"中枢神经系统"上再放开鼠标，就建立了两个概念间的联系线条，同样也可以建立其他概念间的联系线条。如图5-9所示，用户可以在连线上出现的方框中写入表示概念间关系的简短关键词。

练习

根据以上步骤，完成以下任务：

用创建工具形成二级概念，如"中枢神经系统"。

在工作区域空白位置输入三级和四级概念，如"脑"、"脑干"。

用"Link"按钮将各级概念连接。

点击连线，在出现的方框中输入简短的关系关键词。

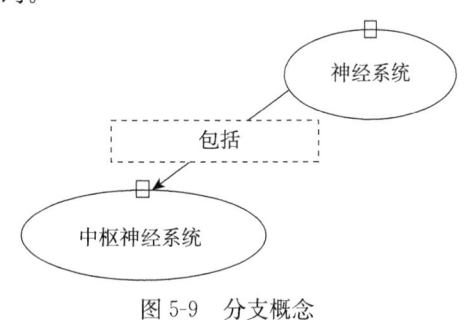

图 5-9　分支概念

第三步，添加注解。

在图表视图中，为每个符号框图加入注释是非常有用的。这些注释允许拓展自己的思想，并且当能够坚持用这种可视化方式思考时，事实上加入注释就是写作过程的开始。作为呈现概念的文本框不宜输入大量的文字，但是对于一些重点概念需要通过大量的文字信息进行解释，注释功能可以很好地满足这一需要。为概念增加注释，选择一个概念，如选中"脑干"，然后用鼠标单击工具中的"Note"按钮（注释按钮），即弹出一个文字输入框，在其中可以输入文字，也可以通过复制粘贴的方式插入图片，其中的文字仍然可以按照前面的方法进行编辑，如图5-10所示。

第四步，插入超链接。

为了扩展概念图组织教学资源的能力，一些概念节点调用外部文件和网页作为教学资源。带有超链接外部文件的概念图在其他场合应用时，需要完整地将整个概念图和被包含的外部文件一起拷贝，而且播放用的计算机要安装能够打开链接文件的相应软件。在插入超链接时选中某概念框图或者注释中的文字，点击工具中的"Hyperlink"，弹出对话框，可以进行选择，链接其他文件，选择主题概念"神经系统"进行超链接，可以和网页、电子邮件或者其他任何文件链接，如图5-11所示。

第五步，优化概念图。

选择某个线条，鼠标选中并单击右键，在快捷菜单中可以对线条的粗细、类型、颜色、方向等进行编辑。制作《神经系统的组成》概念图时线条颜色为蓝色，可将它修改为黑色。

选中某个框图后，通过点击"符号标记面板"中的框图符号编辑，还可以通过下面

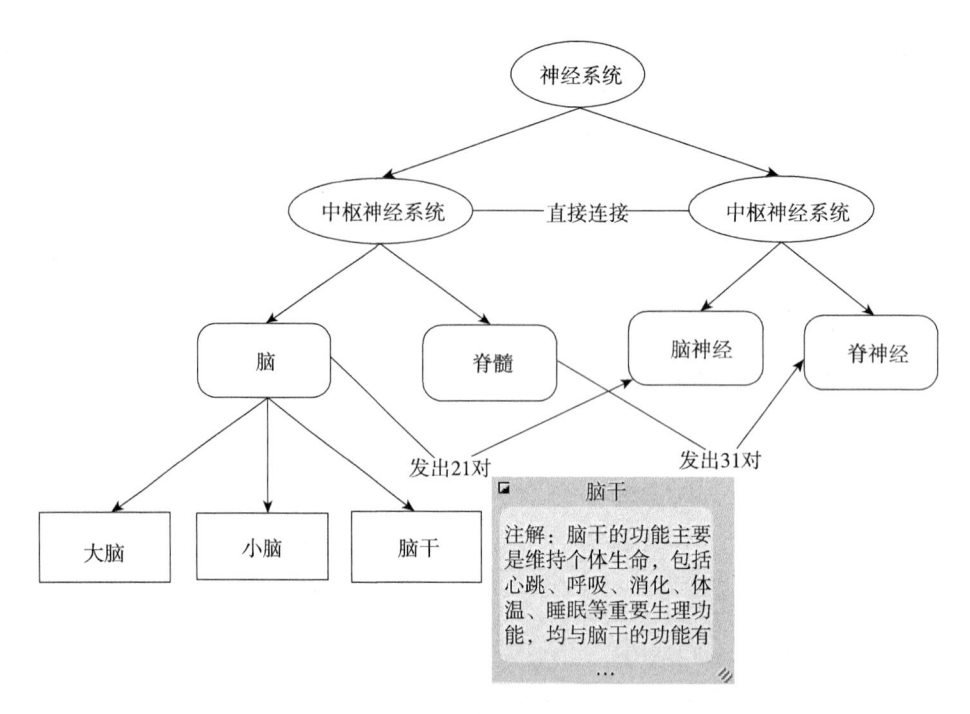

图 5-10 概念图注解

图 5-11 概念图超链接设置

的"文本编辑工具"编辑选中框图中的文字和框图的颜色等。

> **练习**
> 根据以上步骤，完成以下任务：
> 点击"神经系统的组成"各概念间的线条为黑色。
> 点击"神经系统的组成"方形、圆形概念，修改边框颜色为黑色。
> 调整文字颜色和各级概念在工作区域的位置，使其美观。

第六步，保存作品。

制作完成概念图之后可以将它保存为概念图格式（isf 格式），还可以输出为其他格式的文件，如可将它输出为 Word 文档，Inspiration 还可以将制作的概念图存储为图片文件格式。

> 练习
>
> 　　根据以上步骤，完成以下任务：
> 　　保存为概念图.isf 格式
> 　　将制作好的概念图导出为 Word 或者图片格式，如 gif、jpg、bmp 等。

5.1.3　基于电子书的资源整合

1. 认识电子书

1）电子书的含义

电子书通俗来讲一般是指"电子书籍"，即数字化的出版物，可理解为以 pdf、doc、ceb、txt 或者图片格式存在的书籍，也可理解为是数字化的文字内容。电子书起初源于"电子杂志"，"电子杂志"是一种非常好的媒体表现形式，它在继承与发展纸质杂志的基础上借助信息技术聚合多媒体元素，实现演示并改善阅读的电子出版物。电子杂志融入了图像、文字、声音、视频、游戏、超链接、及时互动等元素动态呈现给读者，是一种互动性很强的阅读方式。

电子书经历了三个发展阶段：第一阶段是传统杂志简单的数字和网络化，第二阶段是用数字媒体技术将主题内容以杂志的形式发布，第三阶段即现在的电子书发展时期。如今，电子书具有互动性强、多媒性、虚拟技术等特点，注重多媒体间的相互组合，以创新为主导，选择合适的技术，声图并茂地展示信息。以下是一些典型电子杂志网站，我们可以通过访问以下网站欣赏电子书。

（1）电子杂志第一门户，http://www.iebook.cn；
（2）Xplus 喜悦网，http://www.xplus.com.cn；
（3）Zoom 电子杂志，http://www.zcoom.com；
（4）Poco 电子杂志，http://read.poco.cn。

> 练习
>
> 　　通过欣赏电子书，你如何看待以下几个问题：
> 　　电子书课件与传统课件有哪些区别？
> 　　电子书对教学过程有怎样的影响？
> 　　电子书对教师和学生学习带来哪些变化？

2）常用电子书软件

设计电子书之前，面对众多的电子书制作软件，到底选择哪一款软件作为开发工具呢，哪一款软件在教学中更具有优势？表 5-3 介绍了常用电子书软件的功能和特点。

表 5-3　常用电子书设计软件

电子书制作软件	功能和特点
Iebook 超级精灵 2010	Iebook 是一款互动电子杂志平台软件，以影音互动方式的全新数字内容为表现形式，集多种功能于一身，简单易学。在教学中，教师容易掌握且不需要专业的技术支持。教师制作好后可独立生成 exe 文件或者直接发布 Web 在线版本直接浏览，学生可直接观看
Zmaker 杂志制作大师	Zmaker 是一款以全民制作杂志为目的的电子杂志制作软件，该软件具有简洁的按钮、直观的操作提示、即选即得的图片显示效果，并支持任意大小数码相片，提供丰富的资源。教师在设计电子书时通过设置对象显示的位置、超链接可以轻松地设计出图文并茂的电子杂志
PocoMaker	PocoMaker（魅客）是一款完全免费的傻瓜式电子相册、电子杂志、电子读物快速制作工具。它支持模板替换，可生成出千姿百态的电子相册或电子杂志，不需要任何辅助浏览工具
Zinemaker 2007	Zinemaker 是一款专业的电子杂志合成软件，适合专业的电子杂志制作公司或者个人使用。杂志不需要任何阅读器就可直接观看，操作简单，可迅速掌握使用。它支持最新的 Flash 文件格式，自带多套精美 Flash 动画模板和大量的 Flash 页面特效，提供全新在线发布功能，可简单地将杂志发布到网上在线观看。此款软件需要具有一定制作基础的教师选用，因此制作出的电子书更专业
PChome 电子杂志制作工具	PChome 操作界面简约、设计风格独特、操作简单，自带多套精美 Flash 动画模板和大量的 Flash 页面特效，让更多普通用户也能一起制作属于自己的电子杂志，提供全新在线发布功能，可简单地将杂志发布到网上在线观看

2. 电子书的设计制作

1）电子书的设计

第一，电子书主题结构设计。设计电子书之前，需要大量搜集资料和素材，通过主题内容来确定电子书的整体风格。因此，内容编辑也是整个设计过程中的重要环节。在搜集大量资料的基础上，就可以考虑电子书的整体结构设计，主要包括封面、封底、徽标 logo、颜色选择等多方面的元素。

设计封面时，可以选择 CorelDraw、Photoshop 等专业图像软件。封面图片应体现出电子书的内容，以《安徒生童话》电子书为例，该封面包含多个设计元素，在设计的过程中，通过软件自带的模板等效果，制作出书脊的风格，在封面图片的设计上，用安徒生童话故事人物做封面内容，突出电子书的主题，封面也包含电子书主题的 logo、专题名称等。在颜色选择上，应符合所设计的电子书的内容风格。《安徒生童话》采用了暖色调，体现"童话"特色。设计封底时，选择与内容一致的背景图片。《安徒生童话》继续采用了童话人物作为页面内容，选取安徒生童话故事里面的一个故事作为封底图片，采用与封面相同类型的颜色，同时，在封底还加上了"安徒生（Hans Christian Andersen）"的名字，封底风格与封面遥相呼应，突出其整体风格的一致性，如表 5-4 所示。

表 5-4　《安徒生童话》电子书主题设计

	内容	布局设计
电子书	封面/封底	以安徒生故事做背景
	徽章 logo	安徒生名字
	颜色	暖色调

第二，电子书内容页面设计。电子书内容的设计一般包括目录页和内容页的设计。

目录页是电子书中很重要的一个部分。在电子书制作中，一个清晰的目录结构能让读者在检索、阅读电子书时觉得方便、舒服。设计目录页需将电子书每个页面的内容做总结提炼，编辑每一页面的目录，通过点击目录页相应的目录，可以直接链接到该页面进行浏览。在确定电子书的目录层次后，目录的显示位置和频率可以根据电子书的栏目设置和整体布局加以控制，这样，用户就能够方便地找到自己所需要的内容。制作目录中的图标时，可以使用 Photoshop 进行制作。目录的个数可以在模板属性中设置相关的变量。

电子书内容的设计与相应的教学资源有关，通过对所要呈现的教学资源的规划，用户可以将资源信息添加到电子书设计好的内容框架中。添加内容页面中，包含了"图文模板"、"图片展示"、"视频模板"等类型。有些场合，通过自己独立设计的 Flash 页面可以达到意想不到的效果，通过 Flash 的补充能够增加电子书的趣味。运用类似的方法，可以完成电子书主题内容的制作。因此，内容的作用在这个环节就显得非常重要。

表 5-5　《安徒生童话》电子书内容结构

页面	页面内容	素材
封面/封底	封面/封底	安徒生故事图片
目录	5 页面链接	5 个版面文字
版面 1	安徒生介绍	安徒生本人介绍
版面 2	丑小鸭	丑小鸭故事和图片
版面 3	海的女儿	海的女儿故事和图片
版面 4	皇帝的新装	皇帝的新装故事和图片
版面 5	野天鹅	野天鹅故事和图片

2）制作电子书

我们选取《安徒生童话》里的四则经典故事来制作《安徒生童话》电子书。具体制作步骤如下。

第一步，电子书项目创建。

新建的文件称为一个电子书项目，项目的扩展名为"iebk"。一个新建的电子书项目包含标准组件、封面、版面和封底四个元素，如图 5-12 所示。打开 Iebook 软件，新建文件，将电子书命名为"安徒生童话.iebk"，定义电子书大小为 750×550 像素。

图 5-12　安徒生童话.iebk

> **练习**
>
> 根据以上步骤，完成以下任务：
> 下载电子书 Iebook 软件和相关素材。
> 定义电子书大小为 750×550 像素。
> 保存并命名电子书为"安徒生童话.iebk"。

第二步，电子书目录制作。

目录是电子书内容的纲领，摘录全书各章节标题，表示全书的层次，方便读者检索。通过目录，读者可以控制、选择阅读内容，以更好地选择阅读。可以说，目录是联系电子书与读者的桥梁，是电子书内容的缩影。要发挥目录的提示作用，就要选择目录模板，合理布局目录。在制作目录时一般选择具有热区响应的目录模板，对读者起到清晰导航的作用。

电子书"目录模板"标题前面的数字表示单击标题时跳转到对应的电子书页面，然后在目录元素属性列表中进行相应的链接设置，如图 5-13 所示。

图 5-13　电子书目录元素属性属性设置

> **练习**
>
> 根据以上步骤，完成以下任务：
> 选择目录模板。
> 插入目录 1～目录 5。
> 添加"目录"、"安徒生简介"等 5 个页面的内容标题。
> 为每个目录加入超链接。

第三步，封面与封底制作。

电子书封面往往表达了该杂志的内容主题，每本杂志都会有较强吸引力的封面，因此，封面对杂志的重要性不可小觑。电子杂志也一样，封面是吸引读者的第一要素，自己设计或者用喜欢的图片作为电子杂志的封面，这对 Iebook 超级精灵的用户来说非常简便。选择好的封面，能更好地确定电子书的主题格调，而为了和封面保持一致，设计封底时也应该和封面采取相似的风格。在制作《安徒生童话》电子书封面、封底时，选择以童话故事人物做背景的图片作为封面，突出本电子书的主题，用"安徒生"名字作为封底背景，与封面相呼应。在制作封面、封底时，分别选择 Iebook 软件右边标准组件中的封面、封底进行制作，选中后在封面、封底的属性栏中添加相应的图片即可，如图 5-14 所示。

属性	值
页面背景	使用背景文件
背景值	
左版面硬风格	false
右版面硬风格	false
页面遮罩	true
显示进度条	false
显示页码	false

图 5-14　封面、封底属性设置

练习
　　根据以上步骤，完成以下任务：
　　为电子书添加封面图片"安徒生童话封面.jpg"。
　　为电子书添加封面图片"安徒生童话封底.jpg"。

第四步，电子书页面制作。

《安徒生童话》电子书共涉及 5 个页面，页面 1 安徒生介绍的设计，以概述的手法插入四张图片，让读者明确电子书的内容设置，在背景按钮中插入文字对安徒生进行介绍。该页面的设计方法如下：插入 Iebook 中的 Flash 模板；插入模板后，点击版面 1，会弹出许多子项目，在图片栏中插入相应的图片；然后选择版面 1；创建文本，在新建的文本框中输入安徒生介绍即可。

页面 2 丑小鸭故事的设计，选择以书本作为页面背景，给读者一种真实感，丑小鸭页面分为左右栏，左面以图片形式介绍本故事，选取了本故事中的五张图片。右面以文本形式讲述丑小鸭的故事，读者可通过文本框的下拉和上翻来读完这个故事。该页面的设计方法如下：在"插入"栏中插入背景模板；插入后右边会出现刚插入的模板，选中刚插入的模板，对其进行重命名；点击模板会弹出子栏目，对里面的图片栏目进行修改；双击会弹出图片编辑，在图片编辑中插入丑小鸭故事图片保存即可，双击选中文本框，将里面的文字换成丑小鸭的故事，然后进行保存，即完成了丑小鸭页面的制作。

其余三个页面设计方法和丑小鸭故事页面设计方法相同，在相应页面设计时，将图片和文本文字换成相应的故事主题即可，如图 5-15 所示。

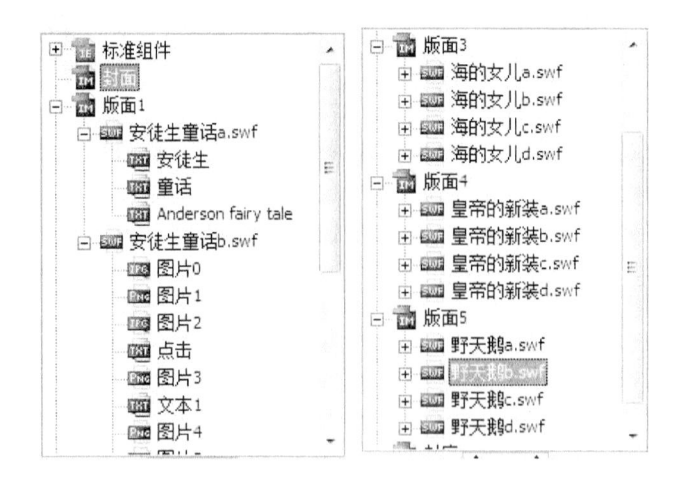

图 5-15　安徒生童话页面

练习

根据以上步骤，完成以下任务：

（1）添加新页面——丑小鸭页面。

为页面添加丑小鸭图片背景、文字等。

（2）添加新页面——海的女儿页面。

为页面添加海的女儿图片背景、文字等。

（3）添加新页面——皇帝的新装页面。

为页面添加皇帝的新装图片背景、文字等。

（4）添加新页面——野天鹅页面。

为页面添加野天鹅图片背景、文字等。

第五步，电子书的生成。

电子书制作完成后需将它生成为 exe 的可执行文件，这样才可以在任意一个电脑上打开使用。在生成之前需对它进行设置，在 Iebook 软件生成菜单中，可以看到杂志设置，生成 exe 杂志和发布 Swf 在线杂志按钮。杂志设置是对保存路径，标题以及对版权信息的设置，可通过生成设置栏写入相关的信息，最后点击确认即可。在生成 exe 文件和发布电子书时，在 Iebook 生成菜单中直接单击生成 exe 杂志，会自动编译电子书，编辑结束后可直接打开电子书进行欣赏，在生成按钮中点击发布 Swf 在线杂志，可弹出相应的发布信息设置，根据自己的需要，可选择将电子书发布在 Iebook 服务器、指定服务器或本地计算机上，然后根据提示进行下一步操作，即可完成对电子书的发布。如图 5-16～图 5-18 所示。

图 5-16　封面、封底属性设置

图 5-17　生成设置

图 5-18　在线发布

5.2　教育信息资源的发布——以专题学习网站为例

5.2.1　认识专题学习网站

1. 专题学习网站的含义

专题学习网站是指在互联网环境支持下，围绕某项专题或多项专题学习进行较为深入研究的资源学习型网站。它依靠网络学习环境，向学习者提供专题学习资源、相关的协作学习和交流工具，让学习者自己选择想要研究的课题或项目，通过自己收集、分析并筛选有用的信息资料，应用相关知识，解决实际问题。读者可根据自己熟悉的学科，浏览以下专题学习网站：

（1）大禹治水，http：//ct.pte.sh.cn/dyzsh。

（2）桥，http：//www.gaopeng.com/bridge/。

（3）中华诗词网，http：//www.zhsc.net。

（4）西北师范大学专题学习网站教学平台，http：//202.201.93.24/zhuantinew/。

1) 专题学习网站的构成

专题学习网站实质上是一个基于网络资源下的专题研究、协作式学习系统。它通常包括四个基本组成部分，如图 5-19 所示。

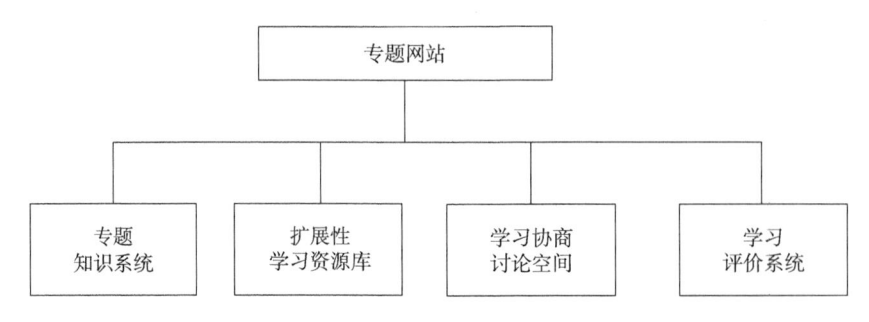

图 5-19 专题学习网站的组成

（1）专题知识系统。自己收集整理、建设与本专题相关的文本、图片、音频、视频等教学媒体，按制定的教学策略组织分类，以网页文本的形式制作的交互性的专题网络教学课件，本部分展示与专题学习相关的结构化知识，并对与课程内容相关的文本、图片、图像、动画等知识进行结构化重组。

（2）扩展性学习资源库。此类学习资源包含与专题相关的学科知识，及一些可供学习者使用到的工具软件，如学习素材资源字典、词典、计算工具、作图工具、虚拟实验室等，扩展性资源还应包含良好的上传、下载、资源维护、资源检索、资源应用等管理与应用功能。

（3）学习协商讨论空间。根据学习专题构建的网上协商讨论区，讨论区进行答疑指导和远程讨论。协商讨论区包括"论坛"、"留言板"、"BBS"、"聊天室"等方式互相讨论交流，为教师与学生之间搭建沟通的桥梁。

（4）学习评价系统。收集与学习专题相关的思考性问题、形成性练习和总结性考查的评测资料，并设计成基础性强、覆盖面广、难度适宜的题库，让学习者能进行网上自我测试和学习评价。

2) 专题学习网站的功能

专题学习网站的功能主要包括教学功能和资源整合功能。

专题学习网站提供网络学习环境，为学生的知识学习创造良好条件，以专题学习网站为依托，为学生开展研究性、创新性学习提供环境，便于学生开展协作性学习。

专题学习网站融合了大量与专题主旨内容相关的资源，这些资源包括文字、视频、音频、动画等，它们一起构成专题学习网站的学习环境。这些资源并不是简单地放在一起，而是参与到学习过程中，为学生所利用、添加、修改，从而实现专题学习网站的资源整合功能。

2. 专题学习网站设计软件

随着互联网的普及以及 HTML 技术的不断发展和完善，产生了众多网页编辑器。网页编辑器基本可以分为"所见即所得"网页编辑器和"非所见即所得"网页编辑器（即源代码编辑器）两类，表 5-6 是二者的比较。

表 5-6 专题学习网站设计软件

学习网站设计软件	功能和特点
FrontPage	FrontPage 是用来制作网页最流行、功能最强大的软件之一，它是微软公司专门开发的网页制作专业工具，可以非常简单而且直观地实现 HTML 几乎所有的功能，它同时是 Web 站点发布管理的强有力的工具，可以方便地进行文件夹管理、报表管理、导航管理、超链接管理、任务管理等多项管理功能，而且可以实现"所见即所得"的强大功能，方便用户在制作网页过程中，随时观察制作效果，师生不需要专业的技术就可以简单地做出"所见即所得"的网页
Dreamweaver	Dreamweaver 是 Macromedia 公司推出的主页编辑工具，它也是"所见即所得"网页编辑器，支持最新的 XHTML 和 CSS 标准。Dreamweaver 采用了多种先进技术，能够快速高效地创建极具表现力和动感效果的网页，使网页创作过程变得非常简单。同样可以对 Web 站点、Web 页和 Web 应用程序进行设计、编码和开发。利用 Dreamweaver 的可视化编辑功能，用户可以快速地创建页面而无须编写任何代码。Dreamweaver 在教学应用中需掌握部分技术，如服务器语言（ASP、ASP.NET、ColdFusion 标记语言、JSP 和 PHP），通过代码书写可生成支持动态数据库的 Web 应用程序

5.2.2 专题学习网站的设计与开发

1. 专题学习网站的设计

1) 专题学习网站设计流程

专题学习网站包括选题、内容设计和系统设计三个步骤，如图 5-20 所示。专题学习网站设计科学系统，内容围绕确定主题展开，收集关于此专题学科或多门学科的相关知识，合理地筛选教学资源，并在系统中有机的组合。同时，专题学习网站提供丰富的可扩展资源库和多种学习工具，为教师和学生提供一个可协作交流的网络学习平台。

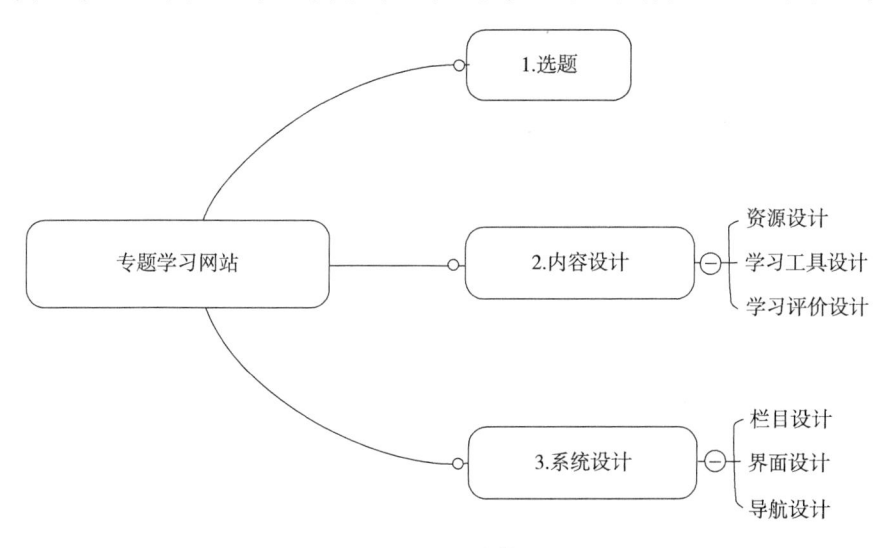

图 5-20 网站设计使用流程

2) 专题学习网站选题

网站选题时要体现该专题的特点，可以涉及与中小学学习有关的学科、人文社会、自然科学等多方面的知识。专题学习网站内容设计须相对具体，根据确定好的主题针对一项具体的知识设计内容。因此，选题就显得尤为突出。设计时应注意以下原则：

（1）科学性。专题选择要符合学习对象的特点，突出学习重点；选题内容要具有教育意义，培养学生的思维动手能力；选题逻辑严谨，科学合理，层次清晰，扩展资源内容健康、突出专题。

（2）整合性。各相关知识点应围绕专题设立，不仅仅局限于本学科内容，可在专题涉及的范围内融合其他相关学科的知识。

（3）准确实用性。专题定位要准确，在设计内容时要有针对性；题材涉及面要广，内容设计要精，内容旨在让学生解决实际问题，以实用性为主。

（4）选题独特、新颖。往往独特新颖的选题会给学生留下深刻的印象，吸引学生的注意力，欣赏《大禹治水》专题学习网站。

《大禹治水》专题学习网站（http://ct.pte.sh.cn/dyzsh）设计的目的在于帮助学生更好地了解这一节的内容，网站明确设计目标，搜集关于水的素材和故事来支持自己的学习网站。《大禹治水》专题学习网站选取比较清新、愉快的色彩为主题风格，内容丰富，涉及面广；《大禹治水》专题学习网站对水资源多方面的诠释，让学生懂得水的

珍贵；选题内容新颖独特，涵盖多学科的知识、精而实用。

3）专题学习网站内容设计

对于不同年龄段的学生，专题内容的选取应具有针对性，如低年级学生须激发、培养他们的学习兴趣、积极性和主动性，所以应选择一些形式多样、有趣的内容，而高年级学生，由于他们的自主性和自控能力较强，须培养他们的分析解决实际问题的能力，因此选取的内容应侧重探究性，将理论与实践相结合。

（1）资源设计。在专题学习网站的设计中，要根据学习对象的实际情况对信息资源的表现形式进行合理的选择。首先，必须明确学习目标，细化知识内容（即通过已经确定的课程学习目标和知识内容结构，细化教学内容，组织学习资源等）；其次，依据媒体的选择确定教学资源，按照专题内容的类型和学习者的特征，选择最合适的形式来表现专题内容。

专题学习网站除了展示结构化的知识，还必须发挥网络的优势，提供与知识相关的资源，也可以根据专题所体现的学科特点，提供有助于知识学习和知识构建的工具，如字典、词典、计算器、制图工具、绘画工具、网页开发制作工具、虚拟实验室等，使专题学习网站成为学习者探索研究的知识宝库。

（2）学习工具设计。专题学习网站为学习者提供多种网络交流的工具，如 BBS、ICQ、电子邮件、Chat Room、Internet Phone 等，让学习者在学习过程中实现相互之间的交流、讨论协商，实现学习者之间、学习者和教师之间的互动。

（3）学习评价设计。网络在线学习，强调利用网络作为自我评价的工具，常见的评价工具包括在线测验、试题库、学习日志等。专题学习网站必须为学习者提供适当的评价方式。

传统评价难以及时有效地反映学习者的学习状况，专题学习网站的学习评价设计，利用网络作为自我评价的工具，依据学习者的学习需求和特征差异，给出不同程度的测验评价，并及时给出反馈信息，做到评价和反馈的动态性。

4）专题学习网站的系统设计

（1）栏目设计。栏目是一个网站的索引，应将网站的主体明确显示出来。网站的内容越多，浏览者越容易迷失，栏目能为浏览者提供清晰直观的指引，帮助学习者方便地浏览网站的所有页面。专题学习网站栏目的设计，其实也是对网站内容的高度提炼，专题学习网站需要用多个栏目来组成一个完整的体系，每一个独立的栏目都包含不同的页面信息。专题学习网站确定主题后，将主题按一定的方法分类并将它们作为专题学习网站的主栏目，这样，网站才会主题突出，容易给人留下深刻印象。

（2）界面设计。网站界面是网站灵魂的外在表现，一个友好美观的界面会给人带来舒适的视觉享受。界面风格设计可以确定网站的整体色调、界面形式、跳转或链接方式等；设计界面风格应简约大方、内容清晰，符合学生的视觉心理。

图片、文字、动画、色彩等元素构成了网站界面的主要内容，专题学习网站要体现学习功能，需要运用较多的媒体元素来充实网站的学习资源，对网站 logo、背景、栏目图标等设计时要注意网站的整体风格。

（3）导航设计。导航在设计中有重要的作用，一个好的导航设计，是优秀专题学习网站系统设计的体现。导航设计要明确、简单、完整，考虑学习者的认知水平与实践能力，只有这样，导航才能指引学习者浏览网站，不会迷航，轻松地在网站内寻找、浏览自己想要的资源；才能方便地应用网站进行研究学习和协作交流，解决实际问题。

2. 专题学习网站的开发——以西北师范大学专题学习网站平台为例

1) 专题学习网站选题的开发

"专题的选取必须遵循教育性、科学性原则，可以涉及自然科学、人文科学、文物古迹等多方面。内容必须立足于解决实际的教学问题，选题来源于课程标准所规定的内容，是某门课程或多门课程中具有相关知识特征的知识点的集合和延伸，既包括学生必须掌握的教学内容又包含扩展性知识。其目的是为了让学生通过专题学习网站的学习，达到课程标准的要求，完成教学任务，拓宽知识面，培养自主探究解决问题和协作学习的能力。"[1] 设计开发专题学习网站之前应对专题学习网站的需求进行分析，广泛收集材料，对当前存在的专题学习网站进行仔细调查，分析优缺点和发展趋势，从而确定建立专题学习网站的可行性和必要性。对专题学习网站的网络教学功能定位要清楚，专题学习网站应提供协作交流讨论区，教师与学生、学生与学生之间协商研讨，根据专题设计评价体系提供在线自评系统，及时检测反馈。

西北师范大学专题学习网站平台提供一个建立专题学习网站的模板，通过注册，用户可根据网站系统的提示，逐步建立自己的学习网站，同时，西北师范大学专题学习网站平台提供相应的学科模板，通过对模板的设置、内容的添加，用户可简单地设计出自己的专题学习网站。在建立自己的专题学习网站之前，通过确定好的目标，建立网站，如图 5-21 所示。通过西北师范大学专题学习网站平台可在线生成自己的专题学习网站，按照页面提示要求完成页面设置，确定建站的目标及网站描述。西北师范大学专题学习网站平台网址：zt.etsupport.cn，以下通过西北师范大学专题学习网站平台开发《电子书教学》专题学习网站，添加专题学习网站。

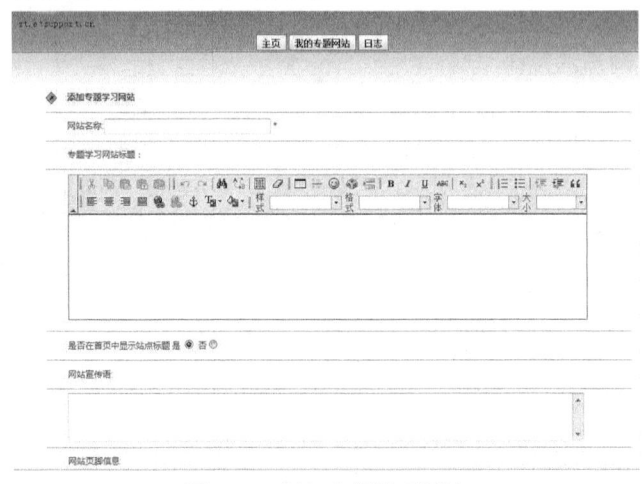

图 5-21 添加专题学习网站

---

[1] 谢幼如，尹睿. 专题学习网站的教学设计[J]. 电化教育研究，2003，(1)：4

> **练习**
>
> 根据以上步骤，完成以下任务：
> 注册西北师范大学专题学习网站用户。
> 根据提示选题建立自己的专题学习网站，如《电子书教学》专题学习网站。
> 设置专题学习网站。

2) 专题学习网站内容结构的开发

(1) 学习资源模块开发，素材制作与资料收集。《电子书教学》专题学习网站的目标是让学习者熟悉电子书在教学过程中的应用及一些电子书工具的使用，素材应包含相关优秀的电子书欣赏、电子书应用、相关制作工具的使用和在线交流等，设计专题学习网站之前，应搜集和整理电子书相关知识，另有一些素材可根据学科教师的建议制作。整个《电子书教学》资源设计如表 5-7 所示。

表 5-7 《电子书教学》学习资源

网站栏目	页面内容	所需资源
基础知识	电子书的定义	文本、图片
	电子书的构成	
	电子书的类型	
教学应用	电子书教学功能	文本、图片、视频
	电子书在教学中的应用	
软件教程	几款电子书制作软件教程	文本教程
拓展资源	教学案例	设计教程
交流平台	论坛	开放平台

(2) 学习工具模块开发。西北师范大学专题学习网站平台融合了 BBS 论坛功能，在建设《电子书教学》专题学习网站时，可勾选论坛选项来开启 BBS 交流平台，实现学习者之间、学习者和教师之间的互动，如图 5-22 所示。

开启论坛功能后，在网站管理站点的论坛选项中可创建话题，学习者和教师之间通过申请加入本专题站点即可在话题中发表自己的观点和评论。

> **练习**
>
> 根据以上步骤，完成以下任务：
> 登陆西北师范大学专题学习网站。在西北师范大学专题学习网站平台左栏"网站登录"模块中，用户可在这里登录网站后台，用户在正确登录以后，可对本网站栏目、内容进行管理。管理员有最高权限，其余用户第一次须注册，通过管理员认证方可登录后台，登录成功后可对自己的专题学习网站进行设置更改，具体设置如图 5-23 所示。

收集制作相关专题素材。
设置学习网站的基本信息。
开启专题学习网站论坛和资料馆功能。

图 5-22　学习工具设计

图 5-23　网站后台登录

3）专题学习网站系统结构的开发

（1）栏目开发。完成网站学习资源和学习工具设计后，就可以确定网站的主题栏目，此时可根据网站内容结构进行简单的开发制作。《电子书教学》专题学习网站一级和二级栏目，如图 5-24 所示。

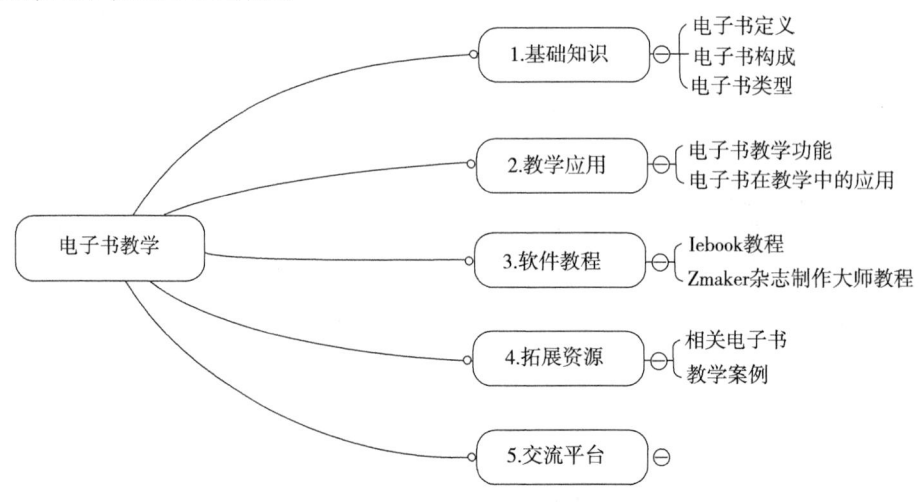

图 5-24　《电子书教学》专题学习网站栏目

(2) 界面开发。

第一，主页开发。主页是网站的门面，网站设计是否精彩，是否具有吸引力，很大程度上取决于主页的设计。一般而言，设计主页主要考虑以下问题，即内容的合理布局、清晰的导航、色彩的正确搭配以及媒体元素的设计。

《电子书教学》专题学习网站选取比较清新、愉快的色彩为主题风格，吸引和保持学习者的学习兴趣。网站采用两栏式设计，顶部为网站的 logo，左右栏为网页相关栏目，中间为网站文本显示，以白色为主色调，背景应用平台提供的模板。

图 5-25 是《电子书教学》专题学习网站。可以看到，该页面主要划分了三个区域：上面是栏目区，包含了该网站具有主要功能的超链接，为学习者提供清晰的导航；左右栏是相关导航，其实也是超链接，分别对应相关知识页面。

图 5-25　《电子书教学》专题学习网站

《电子书教学》专题学习网站主页的主要任务是为学习者进行网络学习提供一个清晰的知识框架，考虑到这是一个专题学习网站，所以并没有像其他网站那样堆砌过多的无关元素，也没有过于追求动感，所以整个画面显得较为朴素。

在设计导航按钮时，其位置的选择颇为关键。该网站的页面，导航分布在左栏，分类导航用红色背景衬托，学生能很快地找到导航按钮，通过超链接找到自己要找的内容。

图片、文字、动画与色彩的搭配也是颇具匠心的，媒体元素构成了网站的主要内容，专题学习网站要体现学习功能，需要运用较多的媒体元素来充实网站的学习资源。在网站设计时，logo、网站背景、栏目图标等要注意与网站的整体风格协调。《电子书教学》专题学习网站主页的开发采用系统自带的模板，制作者也可在页面内容开发页中上传自己需要的媒体元素，如图片、动画等。

第二，二级和三级页面的设计。设计专题学习网站时，次级页面不宜过多，一般不应超过三级，否则容易导致学习者迷航。在《电子书教学》专题学习网站的设计中，共设计了三级页面。

《电子书教学》整个页面是通过超链接来实现页面间的跳转，点击网站的六个子栏目可以跳转到相应的二级子页面中学习知识，在二级子页面中，涵盖多个有关的知识点，通过点击超链接可跳转到三级页面进行学习。为了减少页面层数，在每个页面中，可通过位置导航直接转入三级页面。

图 5-25 是《电子书教学》的二级页面，在基础教程页面，该页面的导航很清楚，上中部显示学习者所经过的途径；网页的中间部分是主体内容，将每个知识点列出，通过对它的点击可进行知识点的学习。知识点可在网站管理页面中添加，添加完成后自动在中间部位生成。

专题学习网站三级页面的内容，和首页内容添加类似，在西北师范大学专题学习网站内容管理页面中添加内容页，点击编辑内容页可在编辑区域加入文字、图片等媒体元素，如图 5-26 所示。

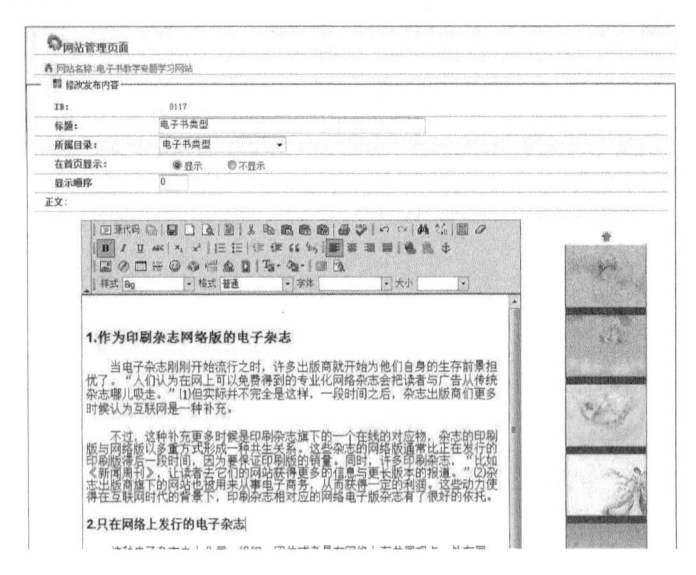

图 5-26　网页添加内容

（3）导航开发。网站界面设计完成之后，基本就确定了网站所采用的导航策略。通过对各个知识点的链接，学习者可以轻松地通过链接完成自己所需内容的学习。在《电子书教学》专题学习网站中主要有分类导航、知识点导航和线索导航，导航栏目如图 5-27 所示。

在页面的六个子栏目下又细分为知识点导航，学习者要学习某部分知识点可通过点击相应的知识点导航。知识点导航是学习者选择学习路径的主要依据，知识点导航可使学习者根据自己的学习目标、个人兴趣自主地学习。

线索导航是对学习者到达当前位置所经过的路径的呈现，避免学习者在网站中迷航。线索导航在每个页面导航栏的下部用黑色字显示。

添加所有的导航到管理页面中，添加完成后各导航会根据不同的模板出现不同的效果，制作者也可以自行设计。

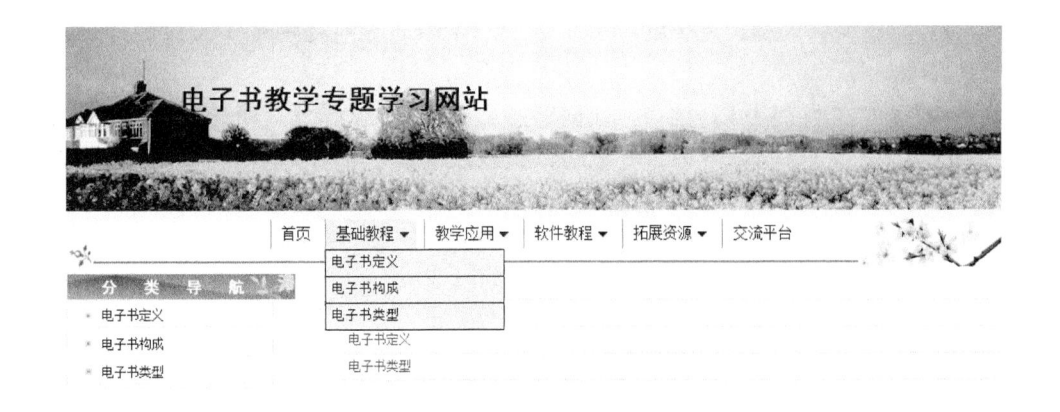

图 5-27　导航栏目

练习

根据以上步骤，完成以下任务：

网站管理页面挑选模板作为自己网站的主题。

网站添加专题栏目。

网站添加导航栏。

开发制作主页面，并设为显示。

开发制作二级页面，添加相关信息。

浏览修改页面内容。

5.3　专题学习网站的测试发布

5.3.1 专题学习网站的实现技术和途径

网站开发中需要用到的关键技术主要有以下三种：

（1）静态网页制作技术。静态网页制作技术为用户提供一种简单的网页设计技术，用户无须懂得编程，只要将相关的网页元素内容插入到页面中，就可以制作出比较满意的网页。常见的静态网页制作工具有 FrontPage、Dreamweaver 等。

（2）动态网页制作技术。动态网页制作技术是指基于客户端与服务器端的一种交互技术，这种技术相对于静态网页需掌握部分编程知识，此类网站更具有专业性，用户在网页中可以得到网站的及时反馈和完美互动。常用的动态网页发布技术有 CGI、ASP、JSP、PHP 等。

(3) 数据库技术。网站开发中，数据库技术主要用来支持实现协作学习平台，在线测评等动态网页部分数据的存取。专题学习网站数据库不可少，学习过程涉及的教学资源和评价工具都需要数据库的支持。

专题学习网站实现途径一般分为三类：第一类，教师可以利用可视化开发软件制作的静态网页来实现，如"大禹治水"专题学习网站；第二类，教师可以利用软件开发的成品——专题网站开发系统来实现，如西北师范大学专题学习网站开发系统；第三类，教师可利用文章发布系统或者论坛的形式来改造实现。

5.3.2　专题学习网站的测试发布

专题学习网站设计完成后，必须进行测试，主要查看网站是否正常，内容、超链接是否准确。测试完成后，上传至服务器发布即可。西北师范大学专题学习网站提供设计好的模板，将整个网站做好后，即可浏览，并在个人网站管理页面对各个子项目和页面进行修改，如图 5-28 所示。

图 5-28　网站发布设置

设置好相应的栏目便可以对网站进行测试。这里测试的网站已经在服务器上，所以不需要再进行上传等操作，如果有问题，可以对它进行修改；如果没有任何问题，通过点击主页便可观看自己的专题学习网站。

综合实践活动

1. 利用 PowerPoint 设计制作一个树形结构的演示文稿，要求色彩搭配合理、条理清晰。

2. 选择一种常用的概念图设计软件，为本书主要教学内容设计制作概念图。

3. 选择某一学习主题，利用 Iebook 设计制作相应电子书表达该学习主题。

第 6 章 信息化教学设计

【学习目标】
1. 说明下列概念的含义：信息化教学设计、学习风格、初始能力、信息能力。
2. 能够比较信息化教学设计与传统教学设计。
3. 知道信息化教学设计过程模式。
4. 能够进行教学内容分析、教学目标分析、学习者特征分析、学习任务设计、学习情境创设、学习资源设计、学习活动过程设计、多元评价设计。
5. 知道三维教学目标体系。
6. 熟练掌握三维目标的编写。

6.1 信息化教学设计概述

6.1.1 信息化教学设计与传统教学设计的比较

为了便于理解信息化教学设计，我们从一些关键要素方面将其与传统教学设计做了比较，见表 6-1。

表 6-1 信息化教学设计与传统教学设计的比较

关键要素	传统教学设计	信息化教学设计
理论基础	行为主义理论	建构主义理论、混合学习理论
教学策略	教师主导	学生主体、教师主导
讲授方式	说教性讲授	交互性指导
学习内容	单学科独立模块	带逼真任务的多学科延伸模块
作业方式	个体作业	协同作业
教师角色	教师作为知识施与者	教师作为帮助者、指导者
分组方式	同质分组（按能力）	异质分组
教学评价	针对事实性知识和离散技能的终结性评价	基于绩效的过程性评价
设计核心	教学内容设计，以课件开发为中心	教学活动设计，重视学习资源的利用

续表

关键要素	传统教学设计	信息化教学设计
教学方法	讲授/辅导	探究学习
	模拟演示	协作学习
	操练练习	自主学习
教学周期	以课时为单位	以单元为单位（短至一星期，长至一学期或一学年）

6.1.2 信息化教学设计的概念

信息化教学是与传统教学相对而言的现代教学的一种表现形态，它是在现代教学理念的指导下，以注重现代信息技术的支持为显著特征的一种教学设计方法。

信息化教学设计以现代教学理论为指导，运用系统的方法，在信息化教学环境的支持下充分利用信息技术和信息资源，科学地安排教与学过程的各个环节和要素，以实现教学过程的最优化。在进行信息化教学设计时，应注意以下几点：

（1）信息化教学设计既强调学生的主体地位、注重学习者学习能力的培养，又重视教师的主导作用，倡导教师应作为学生学习的促进者、指导者，帮助、引导和评价学生的学习进程。

（2）信息化教学设计强调充分利用信息技术和各种信息资源来支持学习者的学习。

（3）信息化教学设计强调以"任务驱动"和"问题解决"作为学习和研究活动的主线，在相关的有实际意义的情境中教授学习策略和技能。

（4）信息化教学设计强调"协作学习"。这种协作学习不仅仅是生生之间、师生之间、师师之间的面对面协作，也包括更大范围的网络交流与协作。

（5）信息化教学设计强调针对学习过程和学习资源的多元化评价。

6.2 信息化教学设计过程

6.2.1 信息化教学设计过程模式

信息化教学设计是在信息化教学环境的支持下，依次完成教学内容分析、教学目标分析、学习者特征分析、学习任务设计、学习情境创设、学习资源的设计、学习活动过程的设计、多元评价的设计等，并通过教学实施及评价反馈对设计方案进行修改完善的过程。本小节内容的组织是依据信息化教学设计过程模式的要素展开阐述的。信息化教学设计过程模式如图6-1所示。

6.2.2 教学内容分析

"教学内容是指为了实现教学目标，要求学习者系统学习的知识、技能和行为规范的总和。"[①] 分析教学内容的基本步骤是明确所需学习的知识内容、分析教学内容的类

---

① 何克抗，郑永柏，谢幼如. 教学系统设计[M]. 北京：北京师范大学出版社，2002：102

```
                    ┌─────────────────┐
                    │  教学内容分析   │◄──────┐
                    └────────┬────────┘       │
                             ▼                │
                    ┌─────────────────┐       │
                    │  教学目标分析   │       │
                    └────────┬────────┘       │
                             ▼                │
         信        ┌─────────────────┐   信   │
         息        │  学习者特征分析 │   息   │
         化        └────────┬────────┘   化   │
         教                 ▼            教   │
         学        ┌─────────────────┐   学  ┌──┐
         环        │  学习任务设计   │   环  │修│
         境        └────────┬────────┘   境  │改│
                             ▼                └──┘
                    ┌─────────────────┐       │
                    │  学习情境创设   │       │
                    └────────┬────────┘       │
                             ▼                │
                    ┌─────────────────┐       │
                    │  学习资源的设计 │       │
                    └────────┬────────┘       │
                             ▼                │
                    ┌─────────────────┐       │
                    │ 学习活动过程的设计│     │
                    └────────┬────────┘       │
                             ▼                │
                    ┌─────────────────┐       │
                    │  多元评价的设计 │       │
                    └────────┬────────┘       │
                             ▼                │
                    ┌─────────────────┐       │
                    │   实施、反馈    │───────┘
                    └─────────────────┘
```

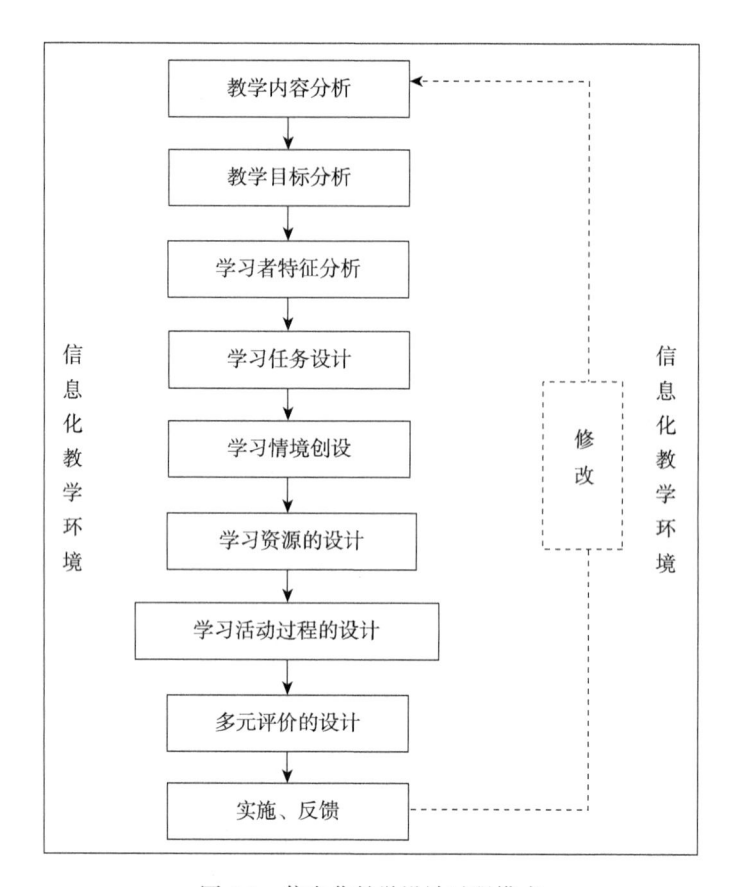

图 6-1　信息化教学设计过程模式

别和教学内容的结构之间的关系。

1. 分析知识点

1) 知识点

教材内容有一定的结构体系，对一本教科书的内容，通常可划分为章、节、目、点等不同层次。因此，对选定的教材内容进行分析、组织和安排时，可将教学内容划分为课程、单元和知识点等层次。通常一门课程由若干单元构成，一个单元又由若干知识点组成。

教师一般按单元组织课堂教学。每个单元可能由几章或几课组成，有时一章就是一个单元；单元下面设章、节（课），在节（课）下面，一般分设知识点。知识点有时和教材中的"目"重合，需要认真分析、研究教学内容，将组成单元学习内容的若干知识点一一列出。

2) 教学重点

教学重点是指教学内容中最基本、最主要的知识技能，在整个教学内容中占有核心的地位，是对以后的学习有重要的基础作用或被广泛运用的内容；是有利于培养学生智力，提高学生能力的知识或技能。通常，教学重点多集中在基本概念、基本理论和基本方法上。

教学重点的确定是有针对性的，主要依据教学内容，同时也要注意学生接受该部分内容的基础和条件。

3）教学难点

教学难点是指教学内容中学生较难理解和掌握的部分，是学生学习中感到阻力较大或难度较高的内容，或者是教师难以处理的内容或难以解决的问题。一般来说，凡是涉及较多基础知识、论证方法复杂或抽象层次较高的知识内容，就不容易掌握和理解，这些内容就是教学的难点。难点既与教学内容相关，也与学习者特征相关。

突破难点的方法一般是分散难点、各个击破、逐步渡过难关；加强有目的、有梯度、有层次的训练；在运用中逐步内化、理解和掌握知识与技能。

重点和难点有时是一致的，有时也不一定，而且不是每节课的内容都有难点。教师应在深入分析教学内容的基础上确定教学重点和难点，并利用教学策略突出重点、化解难点。

2. 教学内容的分类

我国的教学实践中，许多一线教师在利用教学设计的理论和方法设计课堂教学的过程中，概括、总结了教学内容的类别，提出将教学内容分为五类，即事实类内容、概念类内容、技能类内容、原理类内容和问题解决类内容。

（1）事实类内容指一些术语，如姓名、时间、地点、可以确定的事件名称等；还包括言语符号信息，如逻辑符号、文字符号、数学符号等，相当于广义知识分类中的陈述性知识。这是最为简单的一类教学内容，是学习其他类别内容的基础。

（2）概念类内容指用来表征具有同样特征的事物的属性及名称的名词。这类内容是学科内容中的重要组成部分，可分为具体概念和定义概念。

（3）技能类内容指各种心智的或身体的行动以及对观念、事物和人所做的反应，包括心智技能和动作技能两大类内容。学习者在习得某一技能内容之后，以行为的协调、连贯、迅速为表现方式。它和知识的重要区别在于知识带有"有或无"的性质，技能则是随经验和练习逐渐培养的。

（4）原理类内容指将若干个概念组合在一起，用来指导行动或解释变化的规则，包括了自然原理、行动原理和规则系统三个方面。自然原理是处理周围环境中各要素关系的原则，是可以观察到的各种规律。行动原理是制约主体行为的规则，是指人们拥有对特定的情境做出适当行动或反应的知识，可用来指导在问题解决情境中的行为。规则可以组合为相关的事实系统、概念系统、规则系统。规则系统指的是离散的事实、概念，它反映了概念间的关系，还可以是专门化的理论和假设。

（5）问题解决类内容指的是运用已掌握的知识和技能，通过思索去探究问题答案的一类教学内容。它是最复杂的教学内容，是高级思维学习的内容。

3. 教学内容的结构关系

教学内容各个部分之间，存在着一定的逻辑关系，只有正确揭示这种关系，使教学内容具有一定的系统性或整体性，才有利于学习的顺利进行。一般情况下，在一门课程中，各教学内容之间的关系有三种形式，分别是：①并列型结构，各单元相对独立，各单元在顺序上可以互换位置，先学习哪一单元或后学习哪一单元都可以；②顺序型结构，各单元教学内容之间的顺序是固定的，前一单元的学习将构成后一单元的基础；③综合型结构，兼有并列型和顺序型的特点。

在进行教学内容的组织和安排时要注意由整体到部分、由一般到个别，不断分化，确保从已知到未知，按事物发展的规律排列，注意教学内容之间的横向联系。

➢【案例一】

"使用燃料对环境的影响"的教学内容分析

"使用燃料对环境的影响"是人教版新课标教材九年级《化学》上册第七单元课题3的内容。本课题内容知识点主要有两个：一是燃料燃烧对空气的影响，二是使用和开发新的燃料及能源。本课题的教学重点是知道化石燃料燃烧对环境产生影响的原因，懂得选择对环境污染较小的燃料；难点是说明使用清洁燃料和开发新能源对保护环境的重要性。

两个知识内容分别是原理类内容和问题解决类内容。

本课题的知识内容是顺序型结构的关系。首先，学生要知道煤和石油等化石燃料燃烧对环境产生影响的主要原因；其次，学生要知道燃料的选用依据；最后，学生要了解新能源的利用和开发。前一知识内容是后一知识内容的基础，必须依次学习，因此构成了顺序型结构关系。

➢【案例二】

"昌盛的秦汉文化（一）"的教学内容分析

"昌盛的秦汉文化（一）"是人教版新课标教材《中国历史》七年级上册第三单元《统一国家的建立》的第16课。本课题内容知识点主要有四个，即造纸术的发明和改进、《九章算术》、地动仪、张仲景和华佗等秦汉时期的科学技术成就和医学成就。本课题的教学重点是：①造纸术的发明和改进。造纸术是我国古代的四大发明之一，是中华民族对世界文化的伟大贡献。②地动仪。地动仪是世界公认的最早的能测定地震方向的仪器，它表现了我国古代科学家非凡的创造力。本课题的难点是地动仪，其涉及科技名词和物理学原理，而初一学生没有学过物理，对于利用物体惯性来拾取地震波进行远距离测量的原理，学生难以理解。四个知识内容都是事实类内容。

本课题的知识内容是并列结构的关系。造纸术的发明和改进、《九章算术》、地动仪、张仲景和华佗，各知识内容相对独立，在顺序上可以互换位置，各内容先学习或后学习都可以，因此构成了并列型结构关系。

6.2.3 教学目标分析

教学目标是一个有计划的教学程序的意向，是希望学生在学习之后行为、情感、思维得以变化的结果描述。教学目标是整个信息化教学设计的出发点，也是学生进行学习活动的依据。教师在设计教学目标时，必须转变以往以知识掌握为主要、唯一目标的观念，要以全面发展学生的学习能力、知识的意义建构为最终目的。

1. 三维目标体系

国内学者从我国的国情出发，顺应教学改革的趋势提出了三维目标体系，即知识与技能目标、过程与方法目标、情感态度与价值观目标三个维度，简称三维目标。三维目标比较全面地概括了教学活动的整体目标，有利于学生的全面发展，反映了素质教育的核心观点。

1) 知识与技能目标（一维）

知识目标主要指学生要学习的学科知识（教材中的间接知识）、意会知识（生活经验和社会经验等）、信息知识（通过多种信息渠道而获得的知识）。技能目标是指通过练习而形成的对完成某种任务所必需的活动方式。技能目标可分为基本技能、智力技能、动作技能、自我认知技能（即认知活动的自我调节和监控技能）。

2) 过程与方法目标（二维）

过程目标的本质是以学生认知为基础的知、情、意、行的培养和发展过程，是以智育为基础的德、智、体全面培养和发展的过程，是学生的兴趣、能力、性格、气质等个性品质全面培养和发展的过程。方法是指学生在学习过程中采用并学会的方法。

3) 情感态度与价值观目标（三维）

情感是指人的社会性需要是否得到满足时所产生的态度体验。人的情感表现状态有情绪、热情、兴趣、动机、求知欲和道德体验及美的体验。态度是指学习态度和对学习的责任，还包括乐观的生活态度、求实的科学态度、宽容的人生态度等。

价值观本指对问题的价值取向的认识，这里可以指学生对教学中问题的价值取向或看法。价值观不仅强调个人的价值，更强调个人价值与社会价值的统一；不仅强调科学的价值，更强调科学价值与人文价值的统一；不仅强调人类的价值，更强调人类价值与自然价值的统一，从而使学生从内心确立起对真、善、美的价值追求及人与自然和谐、可持续发展的理念。

总之，在落实三维目标的过程中，要以"知识与技能目标"为主线，渗透"情感态度与价值观"，并充分体现在学习探究的"过程与方法"中。

2. 三维目标的编写

传统教学设计中的目标设计侧重于认知领域，关注学习者对知识的掌握程度，三维目标的设计则本着促进学生全面发展的原则，立足素质教育，有利于培养学生的创新能力。

1) 设计三维目标的原则

（1）目标主体是学生而非教师。目标设计的着眼点不是指导教师怎样教，而是直接指导学生怎样学；不是以教师为中心，而是以学生为主体。

（2）目标要问题化而非结论化。教师所制订的教学目标应当是提问题，而不是作答案；是启迪思路，而不是灌输知识；是活跃思维，让学生带着问题去思索、去探求、去发现、去领悟，而不是给学生以现成的公式、定理、定则、原理、规律、结论，让学生复述、记忆或寻找一些例证。

（3）目标要可操作化。用外显行为动词表述教学目标，如"标出"、"排列"、"说明"、"说出"、"辨析"等，这些动词因为有外显的动作要求，既便于学生动作，又便于评价落实，学生看到这些动词立刻就明白要做什么，应该怎样去做。

（4）目标要过程化。教学目标着力点放在学生活动的开展和学习空间的拓展上，每一项目标不仅隐含着一个活动过程,而且还给出明确的活动过程指导,同时又注意到把具体的操作或探究细节过程交给学生,让学生参与到教学活动中,在过程化的目标引导下,学生自己思考、自主探究、自行解决问题,使学生真正成为"学习的主人"。知识的汲取、方法的获得以及情感的体验,尽在潜移默化之中。

(5) 目标要有序化。目标有序化,就是要求在设计教学目标时,要根据学生的认知特点和知识发生、发展的规律,从有利于三维目标的融合出发,对各项教学目标进行有序的深化组合。

(6) 目标要一体化。简而言之,就是要将三个维度的目标有机地融为一体,三个维度是互相渗透、水乳交融的统一体,而非各自分立或强行捆绑的联合体。

2) 三维目标的描述类型

三维目标编写有两种描述类型:一是采用结果性目标的方式,即明确告诉学生通过学习后应达到的学习结果是什么,所采用的行为动词要求明确、可测量、可评价,如"能够分别举例说明共点力和非共点力的情形"、"能画出岩石圈的物质循环过程"等。二是采用体验性或表现性目标的方式,即描述学生自己的心理感受、体验或明确安排学生表现的机会,所采用的行为动词往往是体验性的、过程性的,这种方式指向无需结果化的或难以结果化的课程目标,主要应用于"情感态度与价值观"维度,也可用于"过程与方法"维度,如"能够通过实验和练习归纳出应用力的平衡条件解决实际问题的基本步骤和基本方法"、"体会到科学实验需要正确地表达、需要与人交流和合作"、"在用实验得出结论的过程中,逐步树立严谨科学的实验态度和正确的认识观"。

3) 三维目标编写常用行为动词

(1) 用于表述知识水平的行为动词。

了解:知道、说出、背诵、复述、描述、列举、列出、熟悉……

理解:解释、阐明、比较、区别、概括、判断、检索、识别、调查……

迁移应用:使用、设计、撰写、总结、证明、评价、分析、制订、探讨、选择、画出、发现、归纳、判断……

(2) 用于表述技能水平的行为动词。

模仿:模拟、再现、例证、临摹、类推、编写、演示、调试……

独立操作:完成、制定、解决、拟定、安装、绘制、测量、尝试、试验……

熟练操作:熟练操作、熟练使用、有效使用、合乎规范地使用、创作、举一反三、灵活应用、触类旁通……

(3) 用于"过程与方法"、"情感态度与价值观"目标的行为动词。

经历(感受):经历、感受、参与、参加、讨论、交流、访问、考察……

反映(认同):遵守、拒绝、认可、认同、承认、反对、欣赏、关心、珍惜……

领悟(内化):形成、养成、具有、热爱、建立、坚持、确立、追求、确立、树立、构建、增强、提升、保持……

> 【案例】

"昌盛的秦汉文化(一)"的教学目标分析

"昌盛的秦汉文化(一)"源自人教版新课标教材《中国历史》七年级上册第三单元

《统一国家的建立》的第 16 课。其教学目标分析如下。

1. 知识与能力

(1) 说出秦汉时期的科技发明，包括造纸术和地动仪等。

(2) 说出秦汉时期的医学成就，能列举张仲景、华佗等代表人物。

(3) 说出秦汉时期的数学成就，能列举当时的代表著作，如《九章算术》。

2. 过程与方法

(1) 通过观察汉代造纸图，引导学生说出汉代造纸的主要流程，从而初步掌握识读历史图片的基本技能。

(2) 通过引导学生依据地动仪剖面图，分析其原理，培养学生观察想象能力。

3. 情感态度与价值观

(1) 通过丰富的历史史料阅读，增强对历史的学习兴趣。

(2) 通过学习秦汉时期的科学技术，对学生进行初步的科技史教育，使学生认识到当时我国科学技术在世界的领先地位和中华民族对人类文明的巨大贡献，增强民族自豪感，同时，清楚中国古代的文明已成为历史，若要再创辉煌，就要敢于探索、敢于创新。

6.2.4 学习者特征分析

分析学习者特征的主要目的是设计适合学生能力与知识水平的学习问题，提供适当的学习资源和教师的帮助与指导，设计适合学生个性的学习任务、学习情境和学习活动。信息化教学设计中学生是学习的主体，是意义的主动建构者，因此学习者特征的分析需要涉及学生的一般特征分析、学习风格分析、初始能力分析和信息能力分析四个方面。

1. 一般特征分析

学习者的一般特征是指学习者的遗传素质与环境、教育相互作用下形成的，对学习产生影响的生理、心理以及社会等方面的特点。它涉及学习者的年龄、性别、心理发展水平、学习动机、人格因素、生活经验以及社会背景等诸多方面，它们虽不直接介入学习，但对学习的效果间接地产生影响。

每一个学习者的发展过程在其不同的年龄阶段会有不同阶段的表现，每个年龄阶段中学习者又有共同的表现特征。因此，分析学习者一般特征要求教师在教学设计时既要分析每个年龄段学生的共性特征，又要分析每个学生呈现出的个体差异。分析时可以从学生的思维能力、观察能力、记忆能力、道德意识、自我意识、社会关系等方面进行。

2. 学习风格分析

"学习风格是学习者持续一贯的带有个性特征的学习方式，是学习策略和学习倾向的综合，学习策略指学习方法，而学习倾向指的是学习者的情绪、态度、动机、坚持以及对学习环境、学习内容等方面的偏爱。"[1] 有些学习策略和学习倾向会随着学习任务、学习环境的不同而变化，而有些则表现出一贯性，成为一种相对稳定的个性特征。那些

---

[1] 何克抗，郑永柏，谢幼如. 教学系统设计 [M]. 北京：北京师范大学出版社，2002：62

持续稳定表现出来的学习策略和学习倾向就构成了学习者所具有的学习风格。

分析学习风格是因材施教的前提和根本,其目的是在承认和尊重学习者学习风格差异的前提下,使教学媒体的选择和教学活动的设计能够最大限度地适应学习者的学习风格。为此,教师可本着以匹配策略为主,失配策略为辅的原则进行教学。匹配策略是针对学习者的长处与偏爱,采取有利于发挥学习者优势的方式方法匹配学习活动。而针对学习者的短处,可采取有意识的失配策略加以弥补。匹配策略与失配策略的交替使用能使学习者通过采取"扬长补短"的措施全面发展。

3. 初始能力分析

"初始能力是学习者从事特定学科内容的学习时,已经具备的有关知识和技能的基础,以及对有关教学内容的认识与态度。"[①]

了解学生初始能力的目的在于能够确定正确的学习起点。因为当学习起点高于学生的初始能力时,由于学生已经掌握的知识、技能与新的知识、技能之间存在着差距,学生学起来就会感到有障碍;而当学习起点低于学生的初始能力时,学习内容就会出现重复,这样既浪费了时间与精力,又容易引起学生的厌烦情绪。

传统教学中教师根据课程标准的要求设定教学起点,但这并不应该成为实际的教学起点,在具体的课堂教学设计中,实际的教学起点应是学生学习的起点,它是由学习者实际的初始能力水平决定的。

4. 信息能力分析

信息能力是指人们有效利用信息技术和信息资源获取信息、加工处理信息以及创造新信息的能力,是信息社会人类生存的最基本能力。信息能力主要包括八种,即运用信息工具能力、获取信息能力、处理信息能力、生成信息能力、创造信息能力、发挥信息效益能力、信息协作能力和信息免疫能力。

分析学生信息能力的目的是教师基于学生信息能力水平设计出适宜的信息化教学活动。

> 【案例】

"空中飞行的动物"的学习者特征分析

教师在进行人教版八年级上册第五单元第一章第三节"空中飞行的动物"第一课教学时对学习者特征分析如下:

八年级学生思维活跃、好奇心强,但对知识的理解常常限于表面,需要感性经验的直接支持,这就需要依靠教师适当的指引、及时的鼓励和设计学生喜爱的活动,使其学习热情能长时间保持,提高学习效率。同时,这一年龄段的学生好表现,乐意表达自己的观点,这就需要给学生提供一个自由发展的空间,让学生的思维方式不受限制,充分发挥其主体作用,全面提高学生自主学习的能力。

学生在前一单元学习了人体结构和生理的内容,在探究鸟类的结构和生理的内容时,容易实现知识迁移。而且之前学生进行了探究"水中生活的动物"和"陆地生活的

---

① 南国农. 信息化教育概论 [M]. 北京:高等教育出版社,2004:88

动物"适应其环境特征的活动，为本课的探究学习提供了基础。

通过七年级的学习，他们已具备一定的探究学习能力和网络信息搜索能力。

6.2.5　学习任务设计

学习任务是指对学习者要完成的具体学习活动的目标、内容、形式、操作流程和结果的描述。学习任务可以是一个问题、案例、项目或是观点分歧，它们都代表连续性的复杂问题，能够在学习的时间和空间维度上展开，均要求采用在主动的、建构的、真实的情境下的学习。

设计学习任务是教师对教学内容、学生特征和教学目标分析的基础上，以确定当前必须学习与掌握的知识"主题"，即与基本概念、基本原理、基本方法或基本过程有关的知识内容，再将主题分解成许多问题来解决，问题再进一步具体化为可操作的任务。

信息化教学设计中任务的确定非常重要，在设计学习任务时，应充分考虑如下原则[①]。

1. "任务"设计要有明确的目标要求

教师要在学习总体目标的框架上，把总目标细化为一个个的小目标，在教学目标分析的基础之上提出一系列的问题。这些问题可分为主问题和子问题，子问题的解决是主问题解决的充分条件，同理，下层子问题的解决是上层子问题解决的充分条件，这样就形成一个树状谱系图，为学生解决问题提供不同的路径。

学习任务设计要涵盖三维教学目标的要求，任务设计只能更加复杂，不能更简单，任务的活动内容应能引发学习者高级思维活动。学习任务陈述时应该使学生明确任务所要达到的目标以及完成任务的一些基本要求。

2. "任务"的解决要具有可操作性

信息化教学是实践性非常强的学习活动，教学中，学生亲自动手实践远比听教师讲、看教师示范有效得多。教师通过创设真实的问题情境，让学生不仅能发现问题，还能通过实践去把握真知、掌握方法。因此，教师在设计学习任务时，要注意让学生能够通过自己的实践解决问题，要将大问题、大任务进行分解，以便于学生能够通过解决一个个子问题、完成各个子任务，以逐步解决大问题、完成大任务。

3. "任务"设计要符合学生特点

设计学习任务要符合学习者的特征，要在学生的最近发展区，不能超越学习者知识能力过多，要从学生实际出发，充分考虑学生现有的文化知识、认知能力、年龄、兴趣等特点，遵循由浅入深、由表及里、循序渐进等原则。所设计的任务应有趣味性，易引发学生的学习兴趣；应有新异悬念性，易引导学生自主探究；应有疑惑陷阱性，易激发学生的学习积极性；应有综合性，可以是单一学科的，也可以涵盖多学科的学习主题，易发展学生的发散性思维。

4. "任务"设计要注重渗透方法，培养学生能力

设计任务时，要注意引导学生从各个方向去解决问题，用多种方法来解决同一个问

---

① 余胜泉，吴娟．信息技术与课程整合[M]．上海：上海教育出版社，2005：106

题，防止思维的绝对化和僵硬化。因此，教学中让学生完成的任务，要注重讲清思路，理清来龙去脉，在不知不觉中渗透处理问题的基本方法。让学生在掌握了基本方法后，能够触类旁通，举一反三，开阔思路，增加完成类似任务的能力，能够尽可能多地产生学习迁移。

5. "任务"设计要注意自主学习、探究学习与协作学习的统一

对于自主学习的"任务"，让学生采用不同的方法、工具来独立完成，培养学生的独立自主能力。对于探究学习的任务，可以引导学生自己发现问题、提出假设、收集资料、得出结论，培养学生的探究创新能力。对于协作学习的"任务"，则要求由学习小组协作完成，使学生在相互交流中不断增长知识技能，促进学生形成良好的人际合作关系，进一步培养学生的协作精神。因此，任务设计可以依据培养学生能力的侧重点进行设计，但必须协调统一。

6. "任务"设计要具有开放性

要设计开放性的问题，解决问题的目的不是期望学生一定要给出完美的答案，而是鼓励学生参与，使其了解这个领域；强调学习者解决问题的体验，而不仅仅是关注解决问题的结果。所设计的任务不应是简单的、轻而易举可以找到答案的，也不应是确定的事实知识，而应该是有一定的难度、和现实生活有着密切联系的、需要学生付出努力才能找到解决方法的实际问题或开放性研究任务。

总之，教师进行任务设计时，要仔细推敲每个知识点、统筹兼顾，为学生设计、构造出一系列典型的操作性任务，让学生在完成任务中掌握知识与技能、体验过程与方法、培养情感态度与价值观。

> 【案例】

初中地理"我们一起来设计农业园区"的学习任务设计

按照因地制宜的原则，不同的地区农业生产的发展方式是不一样的。在教师给出的需要进行规划设计的地形图（教师出示五张典型地区的地形图）中，以小组为单位，选择组员共同感兴趣的一个地区，选取适合当地自然条件的农业生产方式，设计种植粮食作物和经济作物，规划、设计该地区的农业园区。将设计好的农业园区规划图用演示文稿向全班演示，说明你们小组的设计理念，并回答其他小组同学和教师的疑问。

6.2.6 学习情境创设

情境即学习的环境，是指与学习过程直接相关的社会文化背景。学习总是与一定的社会文化背景（即情境）相联系的，创设情境可以帮助学生建立新旧知识之间的联系，促进学生思维的发展，是学生进行意义建构的必要环境。

1. 学习情境的创设方法

学习情境是指为学生的学习提供一个完整真实的问题背景，以此为支撑物启动教学，使学生产生学习的需要，促进学生之间的互动、交流。在信息化教学设计中，创设与当前学习主题相关的、尽可能真实的学习情境，引导学习者带着真实的"任务"进入学习情境，使学生的学习直观性和形象化，对于学生来说，可以实现积极的意义建构。因此，在"任务"设计中，教师要充分发挥信息技术的综合处理图形、图像、动画、视

频以及声音、文字和语言、符号等多种信息的功能，从声音、色彩、形象、情节、过程等方面，设计出具有某种"情境"的学习"任务"，使学生在这种"情境"中探索实践，激发学生联想、判断，从而加深对问题的理解。

情境创设应分两种情况：一种是学科内容有严谨结构的情况（数学、物理、化学等理科内容皆具有这种结构），这时要求创设有丰富资源的学习情境，其中应包含许多不同情境的应用实例和有关的信息资料，以便学习者根据自己的兴趣、爱好去主动发现、主动探索。另一种是学科内容不具有严谨结构的情况（语文、外语、历史等文科内容一般具有这种结构），这时应创设接近真实情境的学习情境，应能仿真实际情境，从而激发学生参与交互式学习的积极性。

2. 常用的学习情境类型

情境认知理论要求学习要在具体的情境中进行，常用的学习情境类型主要有问题情境、真实情境、模拟情境、虚拟情境等。

1）问题情境

将问题镶嵌在真实事件或故事中，就形成了问题情境。信息化教学设计是基于问题的学习，提出问题是重要的环节，并且要以问题情境的形式出现，这样设计的目的就是要增加问题的真实性、趣味性和挑战性，激发学生解决问题的动机。问题的设计要和学科内容有联系，可将教学内容转化为问题，根据维果斯基的"最近发展区"的理论选择问题的难度，在问题与学生的水平之间制造一种"不协调"，把学生引入与问题有关情境的过程，即问题情境的创设过程。将生活中的情境融入课堂，借助技术的支持得以实现，在问题情境中应有复杂的线索和解决问题的脉络。

2）真实情境

在自然环境、社会环境、文化环境等真实的环境中，学生可以学习到许多知识，并能利用知识解决实际生活中的问题，这种现实生活的具体场景即为真实的学习情境。真实的情境可以是工厂的车间、农村的田间地头、建筑工地等生活与工作的场景。

3）模拟情境

对于一些不能亲眼所见的、带有危险性的学习内容，运用信息技术的特点将其模拟出来，虽说学生看到的不是事物本身，但是通过媒体的再现，感知到事物发展变化的过程，这种模拟的情境在学习中能解决传统教学中难以解决的问题。例如，对于微观世界的模拟，细胞的结构、分裂过程，原子结构、分子之间的结合、变化规律等均可用模拟的方法表现出来，还有像地震、火山喷发、泥石流、海啸、龙卷风等通过模拟情境可以再现真实。

4）虚拟情境

运用虚拟的技术，可以在计算机空间中，通过与其交互，得到身临其境般感觉的情境，如虚拟物理实验室，可以直观地研究重力、惯性等物理现象，学生可以做有关万有引力定律等的各种实验，学生可以控制、观察由于重力的大小、方向的改变而产生的种种现象以及对加速度的影响，可以获得感性经验，从而对物理概念、物理定律有较深刻的认识。还有已研制成功的分子运动的虚拟现实系统，学习者戴上数据手套、头盔进行反馈控制，可以使分子以某种方式结合在一起。虚拟情境创造了操作、体验的学习机会，学生在计算机空间获得真实的感受。

> 【案例】

初中地理"我们一起来设计农业园区"的学习情境创设

教师在课堂导入时播放"我们一起来设计农业园区"专题学习网站→多媒体资源→新兴现代农业形式→江南水乡农业园风景的视频，告知学生"目前国家农业部正在征集我国优秀农业园区的设计规划图，如有被选中的优秀作品的作者，将获得赴欧洲旅游、参观生态农业园的机会，大家想不想试一试呢？"教师创设真实的问题情境，激发学生的设计兴趣。

6.2.7 学习资源的设计

学习资源是指所有用来帮助学习者学习的有形和无形资源的总和，包括支撑学习过程的软件资源和硬件系统。学习资源的设计是为学习者提供与学习任务和解决问题相关的各种信息资源和学习工具。

1. 信息资源的设计

信息资源是指以文字、图形、图像、声音、动画和视频等形式储存在一定的载体上并可供利用的信息。具体来讲，信息资源表现为书籍、报刊、杂志、媒体素材类资源、课件类资源、案例类资源、试题类资源、网络课程、专题学习网站、资源目录索引、电子图书、工具软件以及互联网上的各类信息资源。

获取信息资源可以帮助学习者完成学习任务或达成学习目标。教师应指导学习者学会获取有关信息资源的途径和方法。为了避免无关信息的干扰，教师可事先筛选出相关度高的学习资源，同时学习者也要善于应用搜索工具。对获得的信息资源要进行甄别和选择，确定有效信息和关键信息，删去冗余信息，对所获得的信息进行分类和储存，对信息进行加工和处理，利用所得的信息解决问题，并将结果与大家一起交流和分享。

教师设计资源时应首先考虑获取的信息资源若有满足学习需要的，可以直接使用，不再重复开发；若存在相近的信息资源，经过简单修改后能够使用，对其进行二次开发；若没有满足需求的信息资源，才进行全新的开发。要尽量利用现有的资源，避免重复建设。

2. 学习工具的设计

学习工具是指有利于学习者查找、获取和处理信息，以及交流协作、建构知识、评价学习效果的中介。从传统学习工具到信息技术工具，学习工具的种类很多。在信息化教学设计中，应注重利用信息技术进行学习工具的设计与应用。

学习工具的设计主要根据学习者已有的认知和信息技术水平，结合学科的特点以及教学目标的要求选择恰当的学习工具，并在学习中逐步渗透使用这些工具的知识，提高学习者的信息素养。

学习工具是支持学习过程的必要手段，通常有认知工具、效能工具、交流工具、评价工具等类别。它们能促进学习者有效地认知发展，对知识意义的建构具有重要作用，学习工具主要用来帮助和促进学习者的认知过程，学习者可以使用它们进行信息与资源的获取、处理、编辑等工作，还可以用来表征自己的思想和成果。

学习工具实现了许多智能功能，其可以帮助学习者实现与学习环境的交互；帮助学习者运用自己的语言、文字表达自己的思想和观点，形成个性化的知识结构。利用交流工具，组织协商活动，可以培养学习者合作学习的精神。借助信息工具平台，尝试创造性实践，可以培养学习者信息加工处理和表达交流的能力，信息搜索工具可以帮助学习者搜集解决问题所需要的重要信息。利用评价工具，学习者可以进行自我评价，调整学习的起点和路径。通过认知工具，可以完成一些底层任务或者代替学习者完成一些任务，从而减轻教师和学习者的负担。常用的学习工具如表6-2所示。

表6-2 学习工具的种类、功能与实例

种类	功能	实例
认知工具	提供认知支持，促进学习者认知、思维过程发展	数据库、电子报表、语义网络工具、专家系统外壳、计算机化通信工具、超媒体工具等
交流工具	支持师生之间和生生之间的交流、协商、对话	利用异步交流工具（如电子邮件，BBS等）实现非实时交流讨论；用同步交流工具（如QQ、MSN等）进行实时交流讨论
效能工具	提高学习效率	文字处理软件、作图工具、数据处理工具、计算机辅助设计软件等
搜索工具	查找、获取资源	搜索引擎、搜索工具等
评价工具	记录、评价学习者的学习过程，展示学习成果，支持反思、经验总结，监控学习过程	电子绩效评估系统、电子评价量规、电子档案袋、学习日志等

> 【案例】

"我们一起来设计农业园区"的学习资源设计

初中地理"我们一起来设计农业园区"教学过程中教师提供的学习资源主要有人民教育电子音像出版社出版发行的专题学习网站"我们一起来设计农业园区"，该专题学习网站资源丰富、内容全面、图文并茂、形象生动。网站主要由探究活动建议方案、多媒体资料、探究学习案例和相关帮助等模块构成。其中，多媒体资源模块包括，我国不同地区农业景观、中国主要农作物分布、新兴现代农业形式、影响中国农业生产的主要因素等方面的内容，有文档、图片、视频、动画等媒体形式，相关帮助模块包括多种形式的资源拓展内容，这些可以为学生设计农业园区提供丰富的资源支持。

6.2.8 学习活动过程的设计

学习活动是指在信息化教学环境中，为达到学习目标，学生和教师需要完成的各种操作的总和。学习活动的设计通过规定学习者所要完成的任务目标、成果形式、活动内容、活动策略、活动方法和步骤来引发学习者内部的认知加工和思维，从而达到发展学习者心理机能的目的。其核心是发挥学生学习的主动性、积极性，充分体现学生的认知主体作用。学习活动可以细化为感觉阶段、知觉阶段、内化阶段和外显阶段四个具体的活动过程来设计。

1. 感觉阶段的活动设计

感知阶段的学习活动是指学习者在教师的指导下，分析和理解即将开展的学习主题，并将学习任务进行分解。这个阶段必须让每位学习者都清楚地了解自己以及所在小组需要完成的学习任务。

在设计感知阶段学习活动时，教师可以采用情境创设、情境角色扮演等教学策略，吸引学习者的注意力，将学习者置身于问题解决的模拟真实情境中，扮演其中的角色（如植物学家、环境学家等），营造一种身临其境的气氛，让学习者能设身处地去体验学习主题、理解完成任务的工作需求。

在学习者角色扮演感知学习任务时，教师应当对学习者做出适当的引导，指导学习者从所扮演的角色角度出发，思考任务完成所需的基本操作步骤，即将任务分解、细化。

> 【案例】

高中历史"巴以冲突何时了"的感觉阶段的活动设计

高中历史"巴以冲突何时了"是教师为了培养和提高学生分析问题的能力、客观认识历史事件的能力，结合真实事件 2008 年 12 月的巴以战争，多方面、跨学科地分析巴以冲突而专门设计的一节课。下面是感觉阶段的活动设计：

自从第二次世界大战结束以后，中东地区就成为全世界的弹药中心了，从第二次世界大战后到今天先后爆发了 5 次中东战争，巴以之争更是连年不断。中东问题成为世界最敏感的政治问题，而巴以冲突始终是中东的核心问题。2008 年 12 月 27 日巴以之间的战火再度燃起，引起了全球各国的高度关注。

播放 2008 年 12 月的巴以战争的新闻片断，创设真实情境。

创设任务情境：今天我们这些同学受甘肃日报社和兰州市教育局的委托作为兰州市中学生代表，以战地记者的身份前往一线调查巴以战争，主要目的是调查这次巴以战争，搜集巴以冲突产生的原因，提出自己的观点为尽早结束巴以冲突、争取世界和平献计献策，回来以后向全兰州市的中学生做巡回报告。

为了成功完成这次的调查任务，全面了解巴以冲突的原因，我们要归纳一些问题前往调查，做到有的放矢。例如，为什么巴以冲突会愈演愈烈？犹太人与阿拉伯人究竟谁是巴勒斯坦地区的主人？巴以之怨又是如何产生的呢？巴以双方的命运到底由谁来掌握？巴以冲突何时了等等。

要调查这些问题，需要分别从历史、地理、政治、民族宗教等角度研究关于巴以争端的由来，我们需要扮演历史学家、地理学家、政治学家、民族宗教学家，也就是需要分成四个小组从不同的方面收集、整理和研究。并将自己收集到的资料综合整理为演示文稿，以便巡回作报告时展示讲演。

2. 知觉阶段的活动设计

知觉阶段的学习活动是指通过学习资源或实地搜索、查找并收集与主题相关的信息，并对搜集的信息进行分析和评价。

教师应该鼓励学习者通过多种途径获取与主题相关的信息，寻求问题解决和任务完成的方法。可以到图书馆查阅与主题相关的报刊、书籍，也可以利用互联网的搜索引擎和检索技巧查找，还可以选择与主题相关的对象进行调查和访谈。

教师在设计知觉阶段的学习活动时，需要考虑对学习者的信息收集活动给予适当的提示和指导。学习者查找书刊信息时，为学习者提供与主题相关的信息检索范围、信息检索关键词、信息检索技巧、信息甄别和筛选技巧等；学习者对主题相关的对象展开调查和访谈时，指导学习者制定访谈提纲和调查表。

在完成信息收集活动后，教师应当指导学习者对所收集信息的有效性进行分析、取舍和评价。一般以小组讨论的形式开展，组员在小组长的带领下对本小组或是其他小组收集的信息资料进行点评和分析，论证哪些信息具有参考价值，哪些信息存在疑问，哪些信息需要删除等，此时，教师对小组讨论应当进行适当的引导和指正。

➢【案例】
高中历史"巴以冲突何时了"的知觉阶段的活动设计

教师依据各组的不同任务，组织了相应的网络资源，按历史、地理、政治、民族宗教四个方面提供给学生，以期对学生有所帮助。

3. 内化阶段的活动设计

内化阶段是将知觉阶段认知的信息结果（概念、观念）与个体原有的认知结构建立内在的联系（同化、顺应），内化为行为准则的建构过程，即学习者将收集的有用信息转化为问题解决实践操作的系列活动。这是学习者知识建构的过程。

从知识内化的心理机制来看，内化阶段的学习活动是一个复杂的过程，这一过程至少包括了三个层面相互联系的心理活动。一是个体心理层面，其是一个从发现和意识到困惑、做出假设和检验、积极构建、到产生新的问题和困惑的过程；二是在与他人的协作和对话的过程中，受到他人启发，借助他人经验和合作活动，不断建构意义和探索问题解决途径的过程；三是个体不断对认知活动进行积极监控和调节的元认知活动过程。从外部来看，内化阶段的学习活动表现为提出问题、建立假设、设计解决问题方案、实施方案、验证假设，同时在各个环节中贯穿表达和交流。这些学习活动都是以小组协作的形式开展，贯穿小组交流和讨论。

➢【案例】
高中历史"巴以冲突何时了"的内化阶段的活动设计

（1）提出问题

全班共分为四组，每个小组需要选出组长，组内要做出明确的分工，如负责收集文字资料、负责图片收集、负责整理资料、负责设计排版、负责报告发言等，也可以一人身兼多职。小组成员共同讨论确定探究子课题，提出本组探究的具体问题，如地理学家组需要搜寻巴以两国的地理环境并进行比较，从地理的角度探寻巴以冲突的原因。

（2）依据提出的问题制定本组工作方案

（3）实施方案

借助互联网查找资料，也可以通过其他途径，如报纸、杂志、图书等。注意小组成员之间的协作交流。当遇到困难时，可以随时求助同学和老师。把查找到的资料在组内分享，对有价值的资料进行分类整理。最后协商进行信息的筛选、汇总。

4. 外显阶段的活动设计

外显阶段的学习活动是形成理论、生成作品阶段。学习者要运用收集的证据进行合理的分析和整理，在对结果进行描述与解释的过程中形成结论，并对形成的结论进行表达与交流，最后生成作品，以作品的形式将内化的知识外显化。

当学习者对结果进行描述、解释的时候，教师要给予必要的指导，同时还应当引导学习者对自己或他人的解释做出批判性的思考。学习者形成结论、生成作品的表达方式是多样化的，可以是语言、文字、图表、表演等，让结论和作品的表现形式更加丰富多样，如制作幻灯片或网页，以实现图文并茂。

> 【案例】

高中历史"巴以冲突何时了"的外显阶段的活动设计

（1）形成结论

各组依据筛选的资料，提炼出本组的观点。并且要认识到历史不是单一的学科，而是联系政治、经济、军事、外交、宗教和社会学等多种问题的综合性学科，因此对历史问题的认识不应只局限在历史这一个学科上，而是应该联系地、整体地看待和分析问题。

（2）生成作品

各组将综合整理出的结论制作成演示文稿。

6.2.9 多元评价的设计

多元评价的宗旨是在对学生的学习进行评价时不能仅采用标准化测验的方式，而应采用多种途径在非结构化的情境中，评价学生学习过程和结果的一系列教学评价方法。教师可以利用信息技术建立的动态、多元、全面的评价体系，客观、准确地评价学生的学习效果，培养学生的反省能力和自我调控能力。多元评价除沿用以往传统评价中常用的测验、调查、观察等评价方法外，还发展了一些新的评价方法，如电子档案袋评价、概念图评价等让学生进行自我评价和相互评价的方法。具体的多元评价的设计请参阅第9章。

综合实践活动

1. 依据三维目标的编写方法，选择中小学某一学习内容，编写相应的三维目标。

2. 结合自己的学科专业，选择中小学某一学习内容，完成学习活动过程的设计，要求体现信息化教学设计的理念。

第 7 章

信息化课堂教学技能

【学习目标】
1. 说明教学技能的含义。
2. 熟练掌握信息技术支持的导入技能。
3. 熟练掌握信息技术支持的讲解技能。
4. 熟练掌握信息技术支持的活动组织技能。
5. 熟练掌握信息技术支持的交流技能。

教学技能是教师基本素质的组成部分，直接影响着教学质量的提高和学生的发展，是教师必备的一项基本技能。我国学者将教学技能定义为，"教学技能是教师在课堂教学中，依据教学理论、运用专业知识和教学经验等，使学生掌握学科基础知识、基本技能并受到思想教育等所采用的一系列教学行为方式"[1]。随着信息技术的发展和广泛应用，媒体在现代教育教学活动中起着越来越重要的作用，课堂教学的方式也因此而发生了很大的变化。信息技术支持的课堂教学中，教师可以利用信息技术，借助现代教学媒体，将教学信息以文本、图像、动画、视频、音频等多种形式传达给学生，刺激学生多种感官感知信息，吸引学生对学习新知识的注意力；也可以将重点内容以不同的媒体表现形式重复地进行呈现，帮助学生记忆、巩固所学知识，加深学生对所学知识的印象，达到提高教学效果的作用。

7.1 信息技术支持的导入技能

导入是课堂教学的起始环节，也是一堂课成败的第一关。所谓导入，也就是在一堂课开始的时候，教师引导学生进入学习的行为方式。在信息技术的支持下，教师在课堂教学开始时，"通过创设一种情境，或提供一种线索将学生引入教学主题。利用媒体技术进行导入可以生动形象地呈现知识内容，有利于学生直观地感知、理解教学内容，建

---

[1] 郭友. 新课程下的教师教学技能与培训［M］. 北京：首都师范大学出版社，2010：2

立知识与经验之间的联系，形成表象，激发学生联想和想象，有效降低认知的难度，吸引学生的注意"[1]。而且在情感教育方面，该种方式的导入又有不可替代的作用，通过创设育人的情境，实现以景激情、以情激趣、以情明理、情理相融的教学效果。由此可见，新颖而富有启发性的导入不仅可以引发学生的学习动机和求知欲，还能培养他们的创造性思维和发散性思维，为下一阶段的学习打好基础，使教学达到事半功倍的效果。

虽然运用信息技术进行课堂导入的方式更加多样化、丰富化，但是在导入的过程中，教师也需要注意一些问题：首先，在进行课堂导入之前，应根据需要做好充分的准备工作，检查好演示教具，如图像清晰明亮、色彩逼人、声音清楚、音量适度等。其次，导入新课一定要紧扣教学内容，不能为了追求导入的新颖、有趣而忽略教学内容，若导入设计的不恰当，极有可能会把学生的注意力吸引到其他方面。因此，导入的设计要体现教材的内容和要求，要服务于整堂课的教学任务。最后，导入的时间不宜过长，要在短时间内起到导入新课的作用，若导入过程占用过多时间，就会喧宾夺主，淡化学习的重难点。因此，导入的设计一定要精心考虑，使其具有针对性、趣味性、启发性，最大限度地调动学生学习的主动性和积极性。

7.1.1 沟通师生情感的导入

师生情感在整个教学过程中起着举足轻重的作用，良好的师生情感能够增加双方之间的感情，减少误解，提高课堂教学效率，达到事半功倍的教学效果。

在课堂教学的过程中，课堂导入是师生建立良好情感的第一道桥梁。因此，在课堂教学伊始，教师要有意识地创设师生情感交流的机会来进行教学内容的导入，导入内容不应只限于课本知识的交流，应该把与学科相关的背景知识、热点新闻等引入课堂，通过给学生提供一组图片、一段视频或一首歌曲来引起学生共鸣或利用教学环境中的有利因素为学生创设一个生动形象的场景，激起学生的情绪，使学生对教师讲课的接受建立在期待、信赖、尊重、理解的基础上。另外，亲切而朴实的导语能让学生在轻松、愉快的教学环境中接受知识，这样一来，师生之间就会搭起一座信任的桥梁，情感也就在导课的过程中潜移默化地得到升华，为教学之间的信息交流、情绪反馈打好基础。例如，在初中语文"看云识天气"的教学中，教师在讲解课文时，播放舒缓的音乐，创设情境，激发学生对优美文字的品读，并加深对文章的理解。

> **【案例】**

胡同文化

教师在讲胡同文化之前，首先给大家演示了一组关于北京胡同的图片，让同学们感受浓浓的北京风情，领略老北京特有的韵味。其次，教师又播放了一首北京城里的"胡同歌"，同学们在悠悠的歌声里走进北京，领略胡同深处传唱的北京民风。

京韵大鼓："不唱那辉煌的故宫，也不唱那雄伟的长城，单唱这北京城里的小胡同啊，有名的胡同三千六，无名的胡同数不清，横胡同竖胡同，半截胡同斜胡同，就像那

---

[1] 张筱兰，郭绍青. 信息化教学 [M]. 北京：高等教育出版社，2010：92

棋牌布在北京啊，砖塔胡同年代最久，交民巷它最长可分西东，七拐八拐是九道弯哪，钱市胡同两个人相遇，您哪，要侧身行……"优美的图片配上悠扬的歌谣，让学生走进北京，走进北京胡同。紧接着，教师进行了提问："看了图片，听了歌谣，大家有何感受？"学生发言，谈自己的感受……。最后，教师听完同学们的发言后说道：胡同中充满了浓浓北京风情，歌声中唱出的是往昔悠悠的岁月，如今的北京沧桑巨变，很多北京市民走出狭小的胡同、拥挤的四合院，住进了高楼大厦。老北京胡同大都已经落寞了，甚至有些胡同已经消失了。在北京胡同里住了40多年的汪曾祺先生，对于胡同的落寞是中怎么想的？今天我们来学习汪曾祺先生为摄影艺术集《胡同之末》写的序言《胡同文化》，让我们跟着汪老先生走进北京胡同，走进胡同文化。

资料来源：转引自张筱兰，郭绍青. 信息化教学［M］. 北京：高等教育出版社，2010

案例分析：著名教育实践家和教育理论家苏霍姆林斯基说："任何一种教育现象，孩子们越少感到教育的意图，它的教育效果就越大。我们把这条规律看成是教育技巧的核心"。该案例中，教师从教学内容出发，精心组织，巧妙构思，开篇就利用媒体技术创设一种文化味很浓的课堂情境，让学生在京味十足的歌声中欣赏老北京的胡同，让学生很自然地走进北京胡同，感受到胡同散发出来浓浓的文化韵味。这样形象而富有新意的导入使学生身临其境，感同身受，有利于培养师生之间的情感。

7.1.2 激发学习兴趣的导入

兴趣是最好的老师。美国著名心理学家布鲁诺说过："学习的最好刺激乃是对所学知识的兴趣。"课堂导入的最终目标是让学生能够对接下来所学习的内容感兴趣，调动学生学习的积极性，彻底掌握学习内容。由此可见，激发学生的学习兴趣，唤起他们对新知识学习的动机是提高课堂效率的一个关键因素。信息技术可以为学习者提供多重刺激，直接作用于学生的视觉、听觉等感觉器官，增加学习和记忆的效果，使得学习者在学习的过程中具有更大的积极性和主动性，而且信息技术的介入使得课堂导入的方式更具生动性和丰富性，教师通过选择恰当的技术进行正确而巧妙的导入，能使学生产生浓厚的学习兴趣和强烈的求知欲望，进而积极主动地学习。因此，教师在导入新课时应根据学生的身心特点和学习内容，恰当运用信息技术，从一开始就紧紧抓住学生的注意力，引发学生对所学知识的兴趣及热爱，使之主动愉快地进行学习。

▶ 【案例】

新春乐

教师：同学们好，我们听一支曲子怎么样？
学生：好。
教师：放一段音乐《新春乐》。
教师：听完了曲子你想说点啥？
学生：这支曲子很欢快。
学生：节奏很鲜明。
学生：有唢呐的声音。
教师：你知道唢呐什么样吗？

学生：我在电视里见过。

（教师放了一段吹唢呐的视频）

教师：好不好？

学生：（齐声）好！

学生：我还听出了二胡的声音。

（教师又放了一段拉二胡的视频）

教师：你们听一遍曲子就有这么大的收获，值得祝贺。

学生：我没听出来啥，再听一遍好吗？

（教师又放一遍曲子）

教师：谁来谈谈你在听这首曲子时想到了什么？

学生：在听乐曲时我想到了小鸟在枝头歌唱。

学生：我想到了小朋友在做游戏。

学生：听了唢呐的声音，我想到了过春节，扭秧歌，非常欢快。

教师：很好！你们从听乐曲到想乐曲，说明你们对乐曲的感受发生了质的变化。你们都喜欢这支曲子，能不能根据对这支曲子的理解，给这支曲子起个名？

学生：欢乐的春天。

学生：迎春曲。

学生：春光曲。

（学生又谈了许多和春天和欢乐有关的名字）

教师：你们太棒了，对这支曲子的理解是那么深刻。你们就是这节课的小小音乐家。你们想知道这支曲子的作者给它起的名字吗？

（教师用演示文稿展示出"新春乐"三个字，因为和学生的命名接近，学生一片欢呼）

资料来源：转引自陈利平，王仲杰，范希运．等新课程背景下的教师课堂语言［M］．北京：高等教育出版社，2005：106

案例分析：该案例中，教师通过向学生创设一种情境，让学生自己感受音乐。正如案例中所体现的那样，音乐教育不同于其他学科教育，它需要提供一种恰当的情境来激发学生的灵感，而信息技术在教学中的应用正为该种方式的教学提供了条件。该教师让学生在享受音乐的过程中，使用提问的方式逐步引导学生理解所提出的问题，激发了学生的兴趣与灵感，使学生产生强烈好奇心和探究心理，自觉地将整个身心投入到学习中来，为接下来的学习打好了基础。

7.1.3 明确学习任务的导入

有效的课堂导入应该与该堂课所教的新内容紧密联系，否则，即使导入再有创意，再能激发学生的学习兴趣与动机，也是徒劳无功的，更严重的是，还会将学生的注意力引到其他问题中去，整堂课也将会以失败而告终。因此，教师可以借助信息技术将学习内容以图片、实物、演示文稿、提纲、动画、视频等直观演示的形式揭示将要学习的新内容，使学生初步了解新知识，获得感性认识。运用该种方式进行导入可以使学习目的更加明确、条理更加清晰，思维很快就会被导入到正确的轨道上来，为下一步深入全面学习打下基础。需要注意的是，教师在设计导入时要思路清晰，使学生在学习新课的开始，就能把握教材的重点，明确学习的任务。例如，教师可以将需要重点掌握的知识或知识之间的关系以概念图的方式直观地呈现给学生，让学生在一开始就确定学习的目标和方向，而具体知识的讲解则是通过教师引导由学生自己建构，有助于学生高级思维能力的发展。

▶【案例】

种子的结构

有位教师在讲植物"种子的结构"时，首先拿出几种植物种子让学生辨认（将学生学习的积极性调动起来），学生回答完毕后，该教师又讲到："刚才同学们所观察的种子大小、形状、颜色都不一样，但是植物的种子。世界上绿色开花植物有20多万种，都是由种子发育而来的。现在我们看到的只是其中几种。非洲东部塞舌尔有一种椰子树，一个椰子，也就是一个种子的直径达到50厘米，重量15千克，可算是世界上最大的种子（幻灯片展示该种子的图片）。还有一种叫班叶兰的植物，它的种子一亿粒才重50克，可以说是世界上最小的种子（幻灯片展示该种子的图片）。尽管这些种子的大小、形状、颜色各不相同，但把它们种在适宜的环境里，都能长成一棵新的植物体。这是为什么呢？（停顿）因为它们的结果基本上是相同的。今天我们就通过观察常见的菜豆种子和玉米种子来学习种子的结构。"说完后将本节课的学习任务以概念图的形式呈现在教学屏幕上，使学生对该节课的学习有一个清楚的方向和明确的目标。

资料来源：转引自郭友. 新课程下的教师教学技能与培训［M］. 北京：首都师范大学出版社，2010：119

案例分析：教师首先就通过实物展示的方式让学生辨认几种常见的植物种子，将学生的积极性调动起来，使学生产生强烈的学习欲望；其次，将几种特殊的植物种子做了简要的介绍，并将其以图片的形式进行展示，启发他们从不同的角度去思考问题、探索问题，让学生的知识面得到进一步的拓展；最后，以概念图的形式将本节课要完成的学习任务呈现给大家，使学生能够清晰、直观地看到需要学习的知识，整体把握知识之间的联系，不但可以培养学生思维的灵活性和创造性，而且明确了学习任务，为接下来的学习做好了铺垫。

7.2 信息技术支持的讲解技能

"讲解技能是指教师系统地向学生传授知识、启发思路、温故知新的技能。也可以说是教师运用语言及各种直观手段，引导学生对教学内容的基本概念、原理和规律等进行分析、综合、抽象、概括、巩固、应用的行为方式。"[①] 由于讲解是整个课堂教学的关键环节，因此学生对所学知识的掌握程度、理解水平以及应用情况，在很大程度上取

---

① 蔡敷斌. 课堂讲解技能的探讨［J］. 北京教育学院学报，1994，(3)：91

决于教师对课堂教学讲解技能的运用。教师在讲解时要条理清晰、层次分明，所讲内容既要全面系统，又要重点突出。讲解不只是一味地向学生灌输知识，而是引导学生逐步理解教学内容，要善于向学生提出各种有价值的问题，让学生根据教师提出的问题进行独立思考，以此拓展他们的思维空间。与此同时，教师还要尽量将新知识与学生已有的知识经验联系起来，让学生在已有知识储备的基础上启发他们的思维，帮助他们理解新的知识。而对于一些较抽象、发展过程较为缓慢、危险性较强的内容，教师在讲解的过程中，可以将语言表达与媒体演示结合起来。多媒体给学生带来了图文并茂、声像并举的数字化信息，使学生在听到的同时也能看到所学的事物和现象，能有效调动学生学习的积极性、主动性，引导学生积极思考、独立思考，促进学生思维的发展。另外，信息技术的支持可以节省繁复的板书时间，加大课堂教学信息量，使学生在相同的时间内得到更多的知识，不但丰富了学生获得知识的形式，而且也大大降低了学习难度。

信息技术对课堂讲解有很好的辅助作用，但在讲解过程中教师仍然需要注意一些问题：首先，对于不同类型的知识内容，教师要选择恰当的媒体进行辅助，如一些动态的发展过程可以选择用视频表现，一些需要通过仔细观察而获得线索的事物可以选择用图片来呈现；其次，要对运用信息技术进行讲解的方式和步骤考虑周到，教师在讲解的过程中应该巧妙地运用信息技术，是先讲解还是先演示、或者边讲边演示，进行演示的时间要多长最为合适以及哪些内容需要重复演示；最后，要选择正确的应用方式，信息技术的支持不是为了吸引学生的注意而追求花哨空洞、形式主义，因此，我们不能无目的、装饰性地运用它，而应该将教学内容、教学目标等作为选择依据，根据不同形式的教学内容，选择不同的讲解方式，如需要提出问题让学生思考时，可以选用在演示的过程中设置悬疑。

7.2.1 事实类内容的讲解

所谓事实类学习内容，主要指一些术语，如姓名、时间、地点，可以确定事件名称等；它是根据知识的结构要素或顺序要素来阐明事实，常用于描述事物结构、层次关系及要素间联系，还包括言语符号信息，如逻辑符号、文字符号、数学符号等。对于一些自然科学现象，如化学、物理、生物、地理等课程中的现象发生、发展过程与生产过程、物质结构等的讲解，教师要对过程的顺序、事物之间的联系做具体的交代，最后要总结归纳，以达到学生对事件、现象建立整体认识的目标。

对于一些不能亲眼所见、带有危险性的学习内容（如一些物理现象与事实，生物的生长过程，细胞结构、分裂过程，化学实验现象、历史事件等），教师可以运用媒体的特长将其进行演示，虽然学生看到的不是事物本身，但是通过媒体的再现，能感知到事物发展变化的过程，在此基础上达到对该部分知识比较全面、正确的理解。例如，在历史课中讲到某个历史事件时，可以通过对当时历史事件回顾的视频重新呈现整个事件的发展过程，让学生通过观察、分析对所讲事件有一个更加深刻的了解和认识。

> 【案例】

戊戌变法

有位教师在讲戊戌变法这段历史时，刚进教室，教师就通过投影仪向学生展示了

"……美哉,我少年中国,与天不老!壮哉,我少年中国,与国无疆!……","我自横刀向天笑,去留肝胆两昆仑!"等相关诗句,紧接着,他就问学生,大家知道这些诗句都来自哪段历史吗?学生答:戊戌变法。教师满意地点点头,然后,他又向学生呈现了几张有关戊戌变法的图片和相应的问题,如戊戌六君子以及戊戌变法发生的时间、地点、原因等。接着,该教师又大致讲了维新派实行变法,顽固派发动政变,再列举史实着力描述谭嗣同拒绝出走、慷慨就义的壮烈情景。一番生动、形象的语言描述之后,这段历史和人物充满了一种神秘感,顿时让学生产生强烈的学习兴趣和求知欲望。就在大家注意力都高度集中时,教师又播放一段有关戊戌变法的视频,此时,整个课堂的学习气氛已达到高潮,大家好像完全进入了那个时期,脸上的表情时而紧张、时而愤慨。视频播放完毕后,教师与学生对戊戌变法这段历史又进行了讨论,并对谭嗣同慷慨就义,为了国家的强盛献出宝贵的生命这一壮举进行总结与评价。

资料来源:转引自梁杏.教师课堂教学的十大技能[M].长春:吉林大学出版社,2007:71

案例分析:通过这个案例我们可以发现,该教师首先利用信息技术向学生展示一些和戊戌变法相关的诗句引起学生的学习动机,然后又以图片的形式激发学生强烈的学习兴趣。通过对历史事件、历史人物的相关特征、环境的描述之后,学生对这段历史具有一定的了解,但对许多情节的发生仍然存在一些疑问,因此,教师播放相关视频,再现过去的历史映像,顿时让学生有一种"如临其境"、"如见其人"的真切感受,对这段历史事件的掌握也更加深刻。

7.2.2 概念类内容的讲解

概念类学习内容是指将具有同样特征的事物,用来表征这种事物的属性及名称的名词。也就是说,"当事物的本质属性被揭示之后,要对事物的共同的本质特征进行概括和抽象,概括抽象所得到的结论就是概念或定义"[①],如物理学科中一些术语、常数,语文学科中一些词语、句子等。由于概念类学习内容需要对事物的一些特征进行归纳、概括,所以在讲解的过程中,教师必须注意语言的简练、清晰、易懂,而且最主要的是对概念或定义要进行准确的描述。

信息技术支持下的课堂教学为概念类学习内容提供了很好的条件,对于一些难以用语言表述的概念,我们可以通过观察图像、图表、音频或视频资源等来帮助学生理解其内容、实际意义或功能,使学生获得对事物的本质认识。通过演示,教师可以使抽象化的概念以具体化的形式呈现给学生,学生对概念的理解不再是一种雾里看花的感觉。学生认识到具体事物后,再引导他们进行进一步分析,发现事物之间的区别与共同特征,以达到认识事物的基本属性和本质特征的目标,最终形成概念。例如,在对"根系"进行讲解时,主要是让学生明确"直根系"和"须根系"这两个概念,学生对直根、侧根和不定根的特征是否有清楚的认识直接影响对根系的理解,因此,在讲解时,教师可以利用投影将直根、侧根与不定根的图片演示给大家,通过观察直根、侧根与不定根的特征概括出"直根系"与"须根系"的概念。

---

① 郭友.新课程下的教师教学技能与培训[M].北京:首都师范大学出版社,2010:95

> 【案例】

简易方程的概念

在对"简易方程"的概念进行讲解时,教师首先打开投影幻灯,银幕上出现天平的画面。提问:"这是什么?"(学生答:"这是天平")。教师在天平左边放两个砝码,每个50克;右边放一个100克的砝码。教师让学生看明白,介绍清楚以后,连续提出几个问题,让学生逐一回答。

现在天平怎么样?说明了什么?(学生答:天平平衡,说明天平左右两边的重量相等。)

谁能用算式表示出左右相等的关系?(50+50=100)

谁能用乘法表示出左右相等的关系?(50×2=100)

教师小结:像这样表示左右相等的算式,我们称它为等式。要求学生再举出含有减法、除法运算的等式。

教师再次打开投影幻灯片,银幕上出现前面的画面。接着教师拿走天平左边的两个砝码,放上一个梨。天平向右倾斜。教师提出问题:"现在天平平衡吗?说明什么?"("现在天平不平衡,说明左右两边不相等。")随后教师在天平左边放上一个50克的砝码,天平又恢复了平衡。

问:"天平为什么由不平衡到平衡?"("您放了一个砝码")"梨的重量我们知道吗?"("不知道")教师指出,由于梨的重量我们不知道,是个未知数,用字母"x"来表示。

教师演示另一个天平由不平衡到平衡的现象,引导学生列出一个新的等式:$30=10+x$。

提问:$50x=100$,$30=10+x$ 与前边的等式比较,有什么相同?有什么不同?学生回答后,教师讲解:像 $50+x=100$ 和 $30=10+x$ 这样的等式叫做方程。方程有两个条件,缺一不可。这两个条件是:①它必须是等式;②它必须含有未知数。

资料来源:转引自梁杏.教师课堂教学的十大技能[M].长春:吉林大学出版社,2007:75

案例分析:通过该案例我们发现,教师在进行概念类内容的讲解时,可以根据教学的需要,利用恰当的信息技术让学生通过观察获得形象而生动的感性认识,再对事物进行分析,找出共性,最后进行综合概括,得出结论。该案例中,教师通过利用投影仪演示天平的平衡与不平衡现象引出方程,使学生根据自己已有的生活经验对抽象的概念有更明确的认识,而且使原本枯燥的讲解变得生动、形象,另外,根据实例的特点说明概念的外延和内涵,再经过强调,使学生进一步明确概念。

7.2.3 技能类内容的讲解

技能类学习内容是指各种心智的或身体的行动以及对观念、事物和人所做的反应,包括动作技能和智力技能两大类内容。我国教育心理学家根据现代认知心理学的研究,将动作技能定义为:在练习的基础上形成的,按照某种规则或程序顺利完成身体协调任务的能力。由此可见,动作技能是一种有目的、有意识的活动能力,是一种通过练习而获得的能力,如开车、游泳、打球、写字、骑自行车等都属于动作技能。智力技能是指人借助于内部言语在头脑中实现的认识活动方式，它包括感知、记忆、想象和思维等认知因素，其中抽象思维因素占据着首要地位，如观察、写作、构思、分析问题、实验设计等都属于智力技能。

学生在学习的过程中主要通过练习形成技能，无论是动作技能，还是智力技能，教师在讲解时都必须向学生说明练习的方法、要求、操作的要领以及所要达到的目标等，以便学生能够进行顺利地练习。若不讲解清楚，学生的练习不但达不到预期的效果，甚至会阻碍教学活动的进行。信息技术对技能类教学内容的讲解发挥着很大的作用，在信息技术的辅助下，各种行为动作的标准范型可以科学、客观地呈现给学生，有利于学生进行正确的模仿和练习。例如，对于一些含有实验操作或模拟为主的学科教学，可以将录像或视频资源引用到课堂上来，由于视频资源能够将整个过程直观、清楚、形象地呈现给学生，使学生既能够听其声、观其形，又能清楚地掌握操作过程和动作要领。

▶【案例】

电压的测量

《电压》是八年级的电学内容，电压的测量是继电流的测量之后的又一节注重实践的科学课，电压的基础知识较为简单，学生容易把握，但电压表的特点以及使用方法却是一个教学难点。因此，教师在讲电压的测量时，首先要让学生对照电压表实物自己认识结构、量程、读数练习，并与电流表进行比较；其次，在学生对电压表有一定了解的基础上，教师播放 Flash 让学生对如何正确使用电压表、常见的电压表及电压表的结构、量程、读数练习有更加清楚的认识与理解。为了加深学生对电压表的理解和应用，教师给学生布置任务：用电压表测小灯泡的电压，并播放一段用电压表测一节、二节、三节干电池电压的视频片段。学生观看正确的演示过程后，对电压表有以下认识。

（1）电压表的两个量程：0～3 伏和 0～15 伏（最小刻度值分别为 0.1 伏和 0.5 伏）。

（2）在电压表的使用过程中须注意以下几点：①必须把电压表并联在被测电路的两端；②把电压表的正接线柱接在跟电源正极相连的那端；③被测电压不能超过电压表的量程；④允许电压表直接连入电源两极上测电源电压。

然后，由学生亲自动手操作，将电流表、电压表、小灯泡串联入电路观察实验过程中出现的情况。通过亲自动手，学生对电压及电压表的理解和应用更加深刻。最后，教师通过对学生应用电压表的过程进行观察、分析，做出补充、总结。

案例分析：通过该案例，我们了解到在课堂上进行一些示范性动作的讲解时，利用信息技术进行演示可以使该部分知识具有更高的准确性和严谨性。上述案例中，教师通过演示正确的操作过程，使每个学生在参与电压表的使用设计和实验过程后，能清楚地掌握整个实验过程的操作规范及标准。另外，信息技术呈现信息的形象性和直观性能够调动学生多种感官感知信息，引起学生强烈的好奇心和求知欲，加之教师合理的引导，推动学生将好奇心转化为学习的内动力，调动学生的学习热情，让学生在探究中去发现知识，可以达到更好的教学效果。

7.2.4 原理类内容的讲解

原理类学习内容是指将若干个概念组合在一起，用来指导行动或解释变化的规则，包括了自然原理、行动原理和规则系统三个方面，如语文学科中的逻辑、修辞，物理学科中的定律、定则、定理等。也就是说，先通过有目的的定向性事实讨论开始，然后对一般概念进行论证、推导而得出概括性结论。

原理类学习内容一般具有高度抽象性与概括性，在讲解的过程中，教师若只是对事物的表面现象，也就是事物的非本质现象进行叙述或者描述，必然导致学生对事物的本质认识不清，甚至产生错误的理解。因此，在讲解过程中要充分利用信息技术的优势将事物发生、发展、变化的完整过程，或者是变化微小、呈现时间不足、需要反复观察的动态现象清楚、具体地呈现给学生，使学生对学习内容有一个更加直观、清晰的认识。由此可见，信息技术的辅助有利于强化重点、化解难点，顺利实现教学目标。例如，在高中物理"电阻定律"的教学中，教师为了让学生对金属的电阻率与温度之间的关系有一个更加清楚的理解和认识，通过播放Flash动画，将此现象直观、形象地呈现给学生，使学生了解到金属导体的电阻率随温度升高而增大。

➤【案例】

藻类、苔藓和蕨类植物对生物圈的作用和与人类的关系

初中生物"藻类、苔藓和蕨类植物"的教学中，三类植物对生物圈的作用和与人类的关系属于原理类内容。通过播放藻类植物对生物圈作用和与人类关系的视频片段，教师提出思考问题，启发学生分析这些问题，既为学生提供了发散思维、思考问题的空间，又引发学生进一步探究藻类植物在生物圈中的作用及与人类关系的兴趣。

藻类植物对生物圈的作用和与人类的关系的教学过程。

教师播放有关藻类植物在生物圈中的作用及与人类关系的视频片段，为学生了解这部分内容提供信息，引导学生进一步思考关于藻类植物在生物圈中的作用及与人类的关系。

由于藻类植物比陆地上的植物分布范围大、数量多，藻类植物通过光合作用释放的氧气占空气中氧气的95%，那么，藻类植物在生物圈中起什么作用？与人类有什么关系呢？

学生根据视频资料和课前搜集的有关资料发表自己的见解：藻类植物提供氧气、可供鱼类饵料、可供食用……

教师补充总结，使学生对藻类植物有更全面的了解，培养学生关注生物圈中各种各样绿色植物的情感。

资料来源：转引自张筱兰，郭绍青.信息化教学［M］.北京：高等教育出版社，2010：103

案例分析：通过该案例，我们可以发现，在教学的过程中，教师首先播放了藻类植物对生物圈作用和与人类关系的视频片段，将其过程直观、形象地展示给学生，使学生更加清楚地了解它们之间的关系及相互作用，将会有利于学生对该部分内容的深入学习；其次，教师又根据视频资料和学生已有的知识背景提出相关问题，引导和启发学生进行进一步的思考；最后，教师进行补充总结，使学生对该部分的知识有更加深刻、全

面的理解。

7.2.5 问题解决类内容的讲解

问题解决类学习内容是指运用已掌握的知识和技能，通过思索去探究问题答案的一类学习内容。它是以解答问题为中心的讲解方法，以实际中的事实材料为背景，解答从未知到已知的认知过程。也就是在日常的生活中通过实验方法、数学方法、逻辑方法等解决实际问题的能力。这种讲解技能适合于习题及带有实际意义的课题，一般具有一定的探究性，对启发学生思维、培养解决问题等方面的能力大有裨益。

对于问题解决类内容的讲解，教师应该充分利用信息技术进行问题的引出或问题情境的创设，通过给学生提供一真实的问题背景，使学生产生学习的需要，激发学生进一步进行探索的学习热情。问题情境的真实性、趣味性和挑战性不但可以激发学生解决问题的动机，也可以充分调动学生学习的积极性和主动性，有利于思维的启发和拓展。例如，引导学生对"影响小麦产量的主要原因是什么"这个问题进行探讨时，可以利用视频片段进行问题情境的创设，录像中主持人在田埂中拿着麦株已被吃光，仅剩麦穗的麦苗，解说道："影响小麦低产的主要原因有气候条件、栽培制度和天敌等，现在我们来认识一下它们是怎样影响小麦的产量的"，通过视频片段为学生展示了问题所处的环境，创设了问题情境。

> **【案例】**

野生动植物资源与自然保护区

"野生动植物资源与自然保护区"是由广东佛山汾江中学洪梅老师设计并执教的案例。洪老师通过精心设计的一系列问题，如"在地球的生物圈里，生活着各种各样的野生动植物，它们的分布现状怎样呢？"、"为什么我国华南虎会由 40 年前的 2000 多只减少到目前仅剩几十只"等，让学生浏览相关网站，如中科院野生动物、珍稀植物和野生动物网站，了解我国野生动物、水生动植物资源的概况和分布状况、野生动植物保护破坏现状和我国加入国际"人与生物圈"计划的自然保护区的主要生态类型。学生在查阅网上资源后，不仅完成老师布置的填图任务，而且互相讨论就我国野生动植物濒临灭绝的原因进行分析，最后教师点评和总结学生的讨论，动员学生自觉地成为生物保护的拥护者、宣传者和力行者。

资料来源：教育部教学改革重点课题"学科'四结合'教学改革实验"案例[1]

案例分析：在上述案例中，教师通过向学生提出问题、布置相应的学习任务，让学生带着问题自主阅读并查阅有关野生动植物的相关信息，培养学生自主学习和探究学习的能力。与此同时，教师向学生提供一些与问题相关的信息资源供学生在解决问题的过程中查阅，学生通过利用丰富的网络知识，不仅解答了老师提出的问题，完成相应的任务，而且获得了大量的信息和资源，拓宽了知识面。另外，学生在完成学科教学任务的同时也增强了他们关注地球、保护野生动植物的意识与责任感。

---

[1] 转引自何克抗，郑永柏，谢幼如. 教学系统设计 [M]. 北京：北京师范大学出版社，2002

7.3 信息技术支持的活动组织技能

著名心理学家皮亚杰主张从活动中学，他认为，"认识来源于活动，认识是从活动开始的，活动是思维发展的基础"。因此，一个组织良好的课堂活动不仅有利于培养学生探究知识的能力、获取信息的能力和自主学习的能力，还有利于发挥学生的创造力和想象力，对活跃课堂气氛，提升学习效率起到很大的作用。信息技术的支持下，教师要充分运用各种资源精心设计、策划学习活动，为学生在课堂中的学习做好准备，课堂活动的表现形式也因技术的介入变得更加多样化。其可以是个体自主的，也可以使团体协作的。在活动过程中，教师可以通过控制台及时指导学生或组织学生进行相互交流，充分发挥学生的主体作用。另外，在线学习资源的丰富性使学习个体或活动小组在遇到困难时能自己解决，增强学习者学习的积极性，有利于课堂活动顺利、高效的进行。

信息技术的支持使课堂活动的形式和内容更加新颖、丰富，在运用信息技术进行活动的组织时，首先，教师应根据教学内容的特征，结合信息技术的支持，正确选择课堂活动的方式（如讨论、竞争、辩论等）。其次，教师应该清楚地认识自己的作用，尽管信息化环境下的师生角色发生了很大的转变，但教师的引导作用依然很重要，信息的丰富性以及课堂活动的自主性和灵活性会导致一些学生思想混乱，教师应及时进行监督和引导。最后，活动应该制定一个明确的目标，使学生在活动过程中始终围绕该目标进行，就不会导致偏离目标的问题。

7.3.1 学习气氛调节

学习气氛是学生在课堂上对学习的情绪和情感状态的表现，只有积极的学习气氛才符合学生求知欲的心理特点。所谓积极的学习气氛，就是在一种师生之间、生生之间的关系融洽、和谐、平等的课堂氛围中，学生对于学习具有更多的自主性、参与性和积极性，最终能够促进学生的学习和思维的拓展。因此，教师可以根据学习者的不同特征采用不同的形式开展活动，调动学生学习的积极性，营造良好的课堂学习气氛。在信息技术的支持下，丰富的在线学习资源有利于学习活动的开展，各种方法与策略的支持和引导使活动中的学习者既因为面临各种挑战而保持着高度的热情和求知欲，又不会因为在学习的过程中遇到困难而退缩，失去兴趣与自信。例如，教师将学生进行分组后，让他们观看环境污染、土地沙漠化等与环境保护相关的影视片，并就此而展开讨论，通过创设一种真实的学习情境，使学生产生学习的需要，进而促进相互之间的互动、交流。

> 【案例】
>
> **胡同与四合院 VS 大街与高楼——北京传统居住文化的现代命运**
>
> 在讲《胡同与四合院 VS 大街与高楼——北京传统居住文化的现代命运》的时候，教师通过以展示图片、播放视频的方式让大家对现代化北京的建筑与老北京胡同、四合院有所了解后，按照同学们对胡同和四合院的命运（胡同和四合院是消失、保留、改造还是发展）将同学们进行分组后，同学们利用丰富的网络资源对北京现代化建筑与胡同、四合院进行多方面的比较，同学们通过自己搜寻资料重点从结构方面、方便程度、

利用率、文化内涵、国家特色等方面对胡同、四合院和大街高楼进行对比分析，汇报成果后，同学们就各方观点展开小组之间的辩论，坚持四合院消失的一方从四合院的利用率、占地面积、生活便利程度等方面考虑认为高楼大厦居住的人多，生活便利程度高，而四合院造价昂贵而且占地面积大，所以建议拆除；坚持四合院保留的一方从历史意义、文化内涵、旅游等方面考虑认为四合院是北京特有的建筑，我们应该保留祖先留下的文化，而不能为了经济而抛开民族文化，更不能让独特的文化消失。由于网络资源的丰富性，同学们掌握的资料就更充足，辩论进行的越来越激烈，课堂学习气氛也越来越浓厚。最后，由教师对辩论话题进行总结。

资料来源：转引自张筱兰，郭绍青，信息化教学［M］．北京：高等教育出版社，2010

案例分析：该案例中，教师通过合理运用信息技术引起学生强烈的好奇心，并借助信息技术对内容知识进行讲解后将同学进行分组，提出辩论的主题，同学们通过网络搜寻各自需要的知识，确定自己的观点，展开激烈的辩论。网络资源的丰富性使课堂学习气氛高潮迭起。由此可见，信息技术的引入使同学们在遇到困难时及时得到解决，在降低学习难度的同时增加知识储备量，学生学习的积极性得到提高，课堂学习气氛自然而然变得浓厚，有利于学生学习质量和教师教学效率的提高。

7.3.2 活动秩序维护

一个有秩序的课堂环境对于提高课堂教学效率有着很重要的作用，而对于课堂活动来说，秩序的维护显得尤为重要。在信息技术介入课堂教学的今天，人们向往的课堂不再是一个令人感到压抑的场所，课堂活动秩序也不仅仅只靠课堂纪律来维护，一些在课堂上出现的常见问题，如交头接耳、东张西望、思想混乱等注意力不集中问题，对于处在现代教育观念下的教师而言，除了启发诱导之外，可以借助多媒体技术来引起学生学习的兴趣和注意，利用技术来呈现信息正好符合学生好奇的心理特征，学生的好奇心一旦被调动起来，就会积极地投入到活动中去，有利于课堂活动秩序的维护。因此，将活动内容通过信息技术直观地呈现给学生，使学生的注意力集中到课堂上，不失为一种调动学生学习积极性、维护良好活动秩序的好办法。另外，在维护秩序的过程中，教师除了布置一定的任务以外，还可以利用一些监控系统来提高课堂教学质量。例如，教师可以利用网络教室软件的"广播"功能将内容广播给学生或锁定他们的屏幕，监看每个学生的学习情况，以便提出及时的指导与帮助，也可以将一些学生的优秀作品播放给其他学生，达到互相学习的目的。

➤【案例】

虎门销烟

有位教师在讲虎门销烟这段历史的时候，为了达到活跃课堂学习气氛、发展合作精神，取得"乐中学，学有得"的效果，他想通过分组讨论的方式来进行，首先，他将学生通过合理的方式进行分组，并对虎门销烟这段历史做了一个大致的讲解；其次，该教师让同学根据自己的理解对虎门销烟以及林则徐的相关事迹展开讨论，5分钟后，他发现很多学生将讨论当做一种放松的方式，大家东张西望、说说笑笑，整个课堂活动秩序乱成一团。此时,他并没有大声斥责学生,而是保持冷静,利用媒体技术播放了一段虎门销烟的视频,随着音乐的响起,整个课堂从刚才混乱的状态渐渐转为安静,视频中人们看到鸦片销毁的那一瞬间拍手称快、欢呼雀跃的情景使学生对林则徐的钦佩之情溢于言表,大家深深体会到了当时外国侵略者和鸦片对整个中国的残害。视频播放完毕之后,教师继续让学生讨论观看视频之后自己的感想,此时,大家已完全沉浸在历史事件中,整个课堂的讨论活而不乱,达到了预期的效果。

案例分析:该案例中,教师本来是想通过讨论加深学生对该段历史的了解,引导学生体会这段历史对当时国家和人民的残害,但没想到学生却将该过程视为放松的一种方式,从而导致了课堂活动秩序的混乱。但是,该教师并没有因此而放弃活动的进行,他将该段历史以视频的方式播放给大家,通过观看视频,大家真切地认识到该段历史对整个国家的影响,并且对民族英雄的崇拜之情油然而生,此时课堂活动的气氛热烈而不失秩序,不但达到了预期的教学目标,而且增强了同学们爱国的热情与意识。

7.3.3 突发状况处理

无论课堂纪律制定的多么完美,课前准备得多么充分,教师多么耐心地进行诱导启发,媒体技术多么吸引学生注意,还是有一些违反课堂规则、妨碍及干扰课堂活动的正常进行或影响教学效率的行为发生,对于这些突发情况,教师应该以一种遇事不慌的心态来对待、处理。课堂环境是影响活动进行的一个重要因素,若课堂环境本身死气沉沉,学生的学习积极性就会降低,甚至会产生厌倦的学习情绪,最终导致学习者对活动失去兴趣、思想混乱,对于这些突发状况,我们除了启发诱导外,还可以创设情境,即适当创设一些活动情境,让学生参与一些活动,通过不断变换刺激角度,集中学生的注意力,即可避免这类问题的发生;对于学生在课堂中突然提出、教师自己又准备不充分的问题,可以将该问题发布到平台上面让学生进行讨论或针对别人的意见互相进行交流,教师在此刻可以通过网络资源来找到解决方案,做出正确的解答。另外,对于一些运用传统教学手段难以表达清楚的内容,特别是一些学生从未经历、难以建立共同经验的知识内容,教师就可以利用信息技术进行直观的演示,帮助学生及时解决疑难点,让学生对学习内容有一个更加深刻的认识。

> 【案例】

胚胎发育

在讲动物的胚胎发育时,教师讲到:胚胎发育一般分为胚前发育、胚胎发育和胚后发育三个阶段。胚前发育主要是指生殖细胞(配子)发生和形成的过程。胚胎发育是指自卵受精开始经卵裂、囊胚期、原肠期、胚层分化、组织器官发生、直至幼体形成。胚后发育为幼体形成后的生长发育过程。有的动物幼体出生后,除生殖器官尚未发育成熟外,其形态与成体大致相同,可逐渐直接发育成为成体,这称为直接发育,即无幼虫期。有些动物的幼体与成体有着明显的差异,生活习性和形态结构与成体不同,需经过一段体制上发生很大变化的时期,才可发育成为成体,此称间接发育,即有幼虫期。其幼体到成体的变化过程称为变态(metamorphosis)。之后,教师将同学进行分组后,让学生通过互相讨论进一步加深对胚胎发育的了解。尽管教师的讲解很认真、清楚,由于无法直观地看到发育的整个过程,个别同学对于胚前发育、胚胎发育和胚后发育的区别、过程还是不能清楚地理解。此时,教师可以利用丰富的网络资源搜索到与胚胎发育相关的视频和图片进行演示,并且在演示的过程中对每个步骤又加以详细的讲解,揭示了动物个体从受精卵到幼体的结构变化,使学生对整个过程一目了然,对生命现象的认识更加深刻、全面。

在教学过程中,有些抽象的知识很难凭空想象出来,教师的口头讲解又无法将该部分知识直观呈现给学生,导致学生对该类知识的掌握程度受到影响,而信息技术的支持则可以使这些问题迎刃而解。教师通过利用图片演示、音频或视频播放等技术来解决一些需要听其声、观其形的难题(如上面案例中的过程演示等),就会巧妙地处理这些意外情况。

7.4 信息技术支持的交流技能

交流在课堂教学中也有着特殊的意义,它不仅是教与学过程的核心,还是教师与学生之间进行知识传递、情感互动的重要桥梁,由此可见,课堂交流就是在课堂教学的过程中所进行的信息传递。信息技术支持的课堂教学中,学生可以通过互联网来搜寻自己需要的知识,还可以与教室以外的学习者进行交流,充分利用网络的优势资源。教学信息的传递不仅仅是教师讲授、学生听讲的单一方式,教师还可以通过各种现代教学媒体向学生传递教学信息,学生也可以通过教学媒体与教师进行沟通。另外,信息技术的支持对学生的学习还能给予科学、客观、及时的评价与反馈。由此可见,信息技术支持下的课堂交流更加多样化、自主化、灵活化,有利于学习效率的提高。

信息技术支持下的课堂交流更具趣味性,若教师能巧妙地运用好信息技术,则可以达到事半功倍的效果。因此,教师应该根据教学内容的特征,选择不同的方式组织学生进行交流。由于信息技术支持下的交流信息不仅是文字,还可以是图像、声音、视频等其他媒体信息,在交流的过程中,学生的注意力可能会被这些媒体信息所吸引,所以,教师要针对这些问题进行及时、恰当的处理。另外,学习者在利用网络工具进行交流时,教师要做好监视和指导工作,若学生在平台上交流教学内容以外的主题,应及时加以阻止,若交流过程中偏离教学内容或纠缠于枝节问题时,要及时予以正确的引导。总之,在整个交流过程中,教师的角色是参与者、指导者、监视者。

7.4.1 情感交流

情感交流就是指教师要尊重每个学生的个性特点,有意识地以积极的情感去教育、激励和感染学生,让学生处在一种自由、轻松的学习环境中,在最佳的状态下掌握学习内容。信息技术支持的课堂教学中,教师是在现代教育思想与观念的影响下进行教学的,教学过程不仅是传授知识的过程,更是师生、生生之间情感互动的过程,教师要以自己真挚的爱唤起学生的共鸣,不以权威、监督者的形象出现在学生面前。例如,在教学中,教师可以建立一个班级论坛,学生有什么学习问题、生活问题,都可以在上面发表帖子进行留言，教师应该及时解答学生的疑惑，由于帖子具有很好的保密性，久而久之，师生之间就架起一座信任的桥梁，师生之间的情感也自然得到了升华。另外，学生是否乐于接受教师所传授的信息，关键在于这些信息能否满足学生情感需要，教师可以采取一些学生乐于接受知识的方式来讲授，对于一些年龄较小、生活阅历较少的学习者而言，他们的思维和表现信息能力较薄弱，对教材中情感内容的把握与发挥也较为困难，若在此时，教师能够适当地利用媒体技术来呈现教学内容，也就是说借助图像或声音来进行讲解，学生就会发挥他们的主观能动性，积极参与、踊跃发言，完全沉浸在情感的交流过程中，整个课堂的教学也会达到事半功倍的效果。

➤【案例】

以"祖国在我心中"为主题的课堂讨论

教育学生热爱祖国是思想政治课教学的起点。热爱祖国，不是一句空洞的口号，而是具体的、生动的、需要一种实际的行动去表现。我们的学生都是些思想活跃、可塑性强、视野开阔的现代青年，他们中绝大多数人都懂得"国家兴亡，匹夫有责"的道理，但对具体怎么去做，仍不十分清楚。为了明确热爱祖国的内涵，一位教师以政治课堂为阵地，开展了一次生动活泼的课堂讨论。他先给学生们介绍了周恩来同志在少年时代就立下了要"为中华之崛起而读书"的壮志，把个人的命运与祖国的命运紧紧地连在了一起，并播放了一段介绍周恩来的视频，还播放了许多科学家在祖国建设最困难的时刻，毅然放弃国外舒适优越的环境和条件，踏上了回国的征途，参加祖国的社会主义建设，奉献了自己的一生的视频。他们共同的一句话就是："我是中国人。"加上音乐的渲染，学生似乎都被带到那个年代，表情严肃而庄重。之后，让学生以各种不同的形式，热情讴歌了我们祖国灿烂的历史文化和伟大的爱国志士。同时也辛辣地批判了社会上存在的一些崇洋媚外的现象。有一位学生在发言中深情地讲到："中国有句古话叫'子不嫌母丑'。我国由于历史的原因，与西方发达国家的物质文明相比有一定的距离，也就是说，我们的祖国比较落后。但是，中华民族历来就是一个坚强、勇敢、智慧的民族，只要我们努力了，距离是会缩短的，改革开放后的实践已雄辩地证明了这个事实。我们现在的任务就是要为中华民族的振兴努力学习和掌握科学文化知识，并将它无私地奉献给我们祖国的建设事业，只有这样，才能无愧于我们这个时代。"热烈的掌声表达了同学们对热爱祖国已有更深的理解。

资料来源：转引自余惠. 情感交流在思想政治课中的作用及方式[J]. 温州大学学报，1999，(2)：5

案例分析：该案例中教师通过利用视频播放和音乐渲染创设一种情境，让学生对所学内容的理解更加深刻，并有一种如临其境的感觉，当学生产生了一定的情感认识及相应的情感共鸣时，教师再加以一定的情感点拨，引导学生进行抽象和概括，在明理的基础上激发情感，理中有情，情中有理，情理交融，势必产生良好的教学效果。这种方式的交流不但拉近了师生之间的距离，而且也激起了学生热爱祖国的深厚感情。

7.4.2 言语交流

言语交流主要是指师生、生生之间通过言语进行教学内容交互的过程，也是教学中最基础的信息传播过程。言语交流直接、明确的特点使它成为一种最基础、最常见的交流形式,无论是在以前还是现在,教学领域还是其他领域,言语交流都成为我们进行交流的不二选择。信息技术引入课堂教学以后,言语交流所带给我们的方便是传统的课堂教学不能比拟的,尽管我们仍旧在采用言语交流作为基本的交流方式,但技术的辅助却使言语的交流更加深刻和丰富,学生的学习兴趣和学习积极性也会因此而提高。在信息技术的辅助作用下,学生可以利用BBS、博客或者聊天室等网络工具进行交流与沟通,教师或讨论小组的组长可以将讨论的主题发布到平台上,各小组成员针对该问题展开讨论,自由发表自己的意见与看法,而且BBS还可以实现在线答疑、远程协作学习、作品分享等交流活动,也就是说,学生除了与同一个空间下的师生进行言语交流外,还可以与教室以外其他的学习者进行交流,从课堂扩展到课外,从个体式学习扩展到社会化学习,有利于教学效率的提高。

【案例】

Travel

作者:郭纯

单位:广州市东风东路小学

"Travel"是广州市东风东路小学郭纯老师设计并执教的一节英语课,教学内容是广州市小学英语课程标准实验教科书五年级(上册)"U10 Where Are You Going?"中的第二课时部分。本节课主要通过学习"选择交通工具去旅游",结合第一课时的去哪里旅游、什么时间去旅游,实现对语言的综合运用。学生虽然已初步掌握了简单的旅游日常交际用语,但如何来准确、详尽地表达自己的旅游计划去国外旅游甚至需要了解异域文化及其和我国文化的差异,并在此基础上落实听、说、读、写四个方面的言语技能要求,综合运用所学的语言知识。在认真分析了学习任务后,教师针对学生掌握教材新句型比较容易,对各种旅游景点的描述、当地文化等方面的积累较为匮乏,而信息技术技能又比较强的特点。在这节课上,教师首先提出本节课的学习任务,即设计一个假日旅游计划,包括想去哪里以及为什么去、怎么去、什么时间去、想去看什么、做什么等问题;其次,通过师生对话、两两对话复习和巩固了第一课时的"Where are you going? I am going to…",并及时引出新知,解决"打算怎么去"的子任务:呈现本课新句型"How would you like to travel? I'd like to travel by plane."和各种交通工具,通过师生对话、小组传话游戏,使学生在玩中学习、巩固新授内容;再次,教师给学生提供一个自主听读的资源网站,里面有对话、一些旅游景点的介绍(有名的风景点、风俗等),在学生自由听读后,教师又提供一张时间表让学生就想"去哪里"、"为什么"、"怎么去"、"什么时候去"进行两两对话;在学生能够就旅游计划进行口语交际的基础上,教师要求学生填写有关旅游计划的关键词,在网上实行旅游计划创编活动,并将创编好的旅游计划录音,让学生自主选择交流区中同学的作品,进行评价;最后,学生通过填写Assessment模块的自评表和小组投票对自己和小组成员的学习进行评价。

资料来源:转引自何克抗,林君芬,张文兰. 教学系统设计[M]. 北京:高等教育出版社,2006:119

案例分析：教师首先将教学内容与实际生活联系起来，并结合已经学过的知识来引导学生进入新知识的学习，由于学生知识背景的不同，对有些知识的积累又较为匮乏，为此，教师通过利用信息技术来设计学习任务，并给学生创设了大量的言语交际（师生对话、小组竞赛、互听互评等）活动和自主活动（听、创编、录音），这样就激发了学生学习的积极性和自主性，大家畅所欲言，对知识的理解更加深刻、全面，并且为了培养学生听说读写的能力，教师又运用信息技术创设了良好的英语学习环境（如为学生提供了一些自主听读的资源网站等），最后，利用信息技术实现教学评价。由此可见，信息技术对于一些能力要求较高的学科更能发挥其优势，使学生对基础知识进行掌握后，还能对其能力进行培养与训练，实现了全面发展的目标。

7.4.3 效果反馈

"反馈是系统控制的基本方法和过程，是将系统以往控制作用的结果再送入系统中去，使其作为评定系统状态和调节以后控制的根据，这一信息传递过程就叫做反馈。教学过程是一个控制系统，学生对学习的反应是一个反馈过程。"[1] 在教学的过程中，教师可以通过学生的表情、状态、姿态或语言等信息的反馈及时调整自己的教学方式或方法，同样，也可以通过对学生的提问、观察、讨论、练习等方式来获得学生对学习内容的理解程度。信息技术支持下的课堂教学中，教师利用信息技术向学生传出相应的教学信息，就能清楚地获得每个学生对信息的掌握程度，并对学生的学习给予及时而准确的指导与反馈。例如，通过一些测评系统，教师能够在较短的时间内掌握每个学生的学习情况，及时发现问题，并通过分析产生问题的具体原因，对学生的疑难点、模糊点及时加以解释、指导、补充，这样，学生就能够及时解决自身存在的问题，教师也可以清楚地认识到自己在教学过程中的不足，从而不断改进教学方法，提高教学水平。另外，信息技术的支持还可以帮助学习者实现自我反馈，整个过程中由学习者自己发现错误、纠正错误，使学习者对内容的掌握更加深刻、透彻。互动反馈系统（interactive response system，IRS）就是实现即时反馈和互动的一个实用工具，能够即时采集和处理每个学生对测试题目的答案，帮助教师及时了解全体学生的学习状态和学习情况，辅助学生即时答题，解决了传统测试中过程繁琐、耗时的问题。

➢【案例】

识字教学

在小学语文识字教学中，历来有200多个疑难汉字。这些汉字或是因笔画相似或是因笔画繁多，导致难写、难记、难认。不少语文教师反映，对这类疑难字，在一个学期中往往要纠正五六次，但到了期末考试还总是有15%～20%的学生写错。为了解决这个教学难点，笔者在教改试验中设计了让学生通过计算机实现自我反馈的自主学习策略。在老师讲解完疑难汉字的读音、笔画及字意后，不仅让学生在田字格上写出来，还要让学生立即用认知码把这个字输入到计算机中去。认知码是一种较容易学习的汉字编

---

[1] 郭友. 新课程下的教师教学技能与培训 [M]. 北京：首都师范大学出版社，2010：142

码，对汉字的拆分符合语言文字规范和识字教学规律。如果学生对疑难汉字的字形或笔画辨认有误，则屏幕上不能正确显示当前输入的汉字（没有显示或是显示出别的汉字），这就等于给学生一个反馈信息：你对该汉字的辨认有误，请仔细观察该字的字形及笔画。学生得到这个反馈以后，必定会认真考虑：为什么别人输入的对，而我输入的错了？从而去主动检查并发现自己的错误，然后加以纠正并重新输入，直至得到正确的显示为止。这个过程完全由学生自己主动进行，无需教师介入。

资料来源：转引自何克抗，林君芬，张文兰. 教学系统设计［M］. 北京：高等教育出版社，2006：96

案例分析：在对有些知识的讲解过程中，教师若不能加以及时的纠正与指导，不能真正调动学生学习的积极性与主动性，学生对该类知识的掌握就不会深刻、全面，而识字就属于该类知识的一部分，传统的教学方法使学生处于一种被动的学习状态，尽管教师进行多次纠正与指导，教学效果依然不乐观。信息技术支持下的识字教学中，学生若对字形及笔画辨认有误，就会及时得到反馈信息，这样一来，学生在一开始就能发现自己的问题在哪，并认真考虑错误的原因，从而主动检查错误，加以纠正。此时学生完全处于主动学习的状态。因此，对学习内容的掌握也会更加清楚、深刻。

综合实践活动

结合自己的学科专业，选择某一知识点，从本章内容中选取某一课堂教学技能，设计一份相应信息化课堂教学技能实施方案。

第 8 章

信息化教学方法

【学习目标】
1. 说明下列概念的含义：协作学习、自主学习、支架式教学、抛锚式教学、随机进入教学、探究学习。
2. 知道协作学习的基本要素。
3. 了解支持协作学习的网络工具。
4. 掌握协作学习活动的设计。
5. 知道自主学习的基本特征。
6. 了解支持自主学习的网络学习资源。
7. 知道探究学习的基本特征。
8. 掌握探究学习活动的设计。

8.1 协作学习

8.1.1 协作学习概述

1. 协作学习的含义

"协作学习是指学习者以小组或团队的形式，在共同的目标和一定的激励机制下，为获得最大的个人、小组学习成果而进行合作互助的一切相关行为。"[1]

协作学习是一种重要的信息化教学方法，它可以采用不同的协作学习活动，促进学生对知识的理解与建构。协作学习通常以异质学习小组为基本形式，强调集体性任务的完成，强调以学生为学习主体，教师进行有效指导，在学习过程中充分发挥学生的能动性、群体动力和协作效应。

2. 协作学习的基本要素

美国明尼苏达大学约翰逊兄弟认为，协作学习的基本要素有五个。

---

[1] 黄荣怀. 计算机支持的协作学习：理论与方法 [M]. 北京：人民教育出版社，2003：3

1) 积极互赖

积极互赖是指学生们要认识到他们不仅要为自己的学习负责,而且还要为其所在小组的其他同伴的学习负责,即"积极互赖存在于当学生们认识到他们是以这样一种方式与小组组员联系在一起的时候,即除非他们的组员取得成功,否则他们自己就不能获得成功(反之亦然),他们必须将自己的努力同其他组员的努力协调起来以完成某个任务。"[1] 要想顺利完成协作学习的目标,就应该使小组成员之间建立起积极的相互依赖关系。为此,小组中的每个成员都必须明确认识到自己的努力是小组成功的必要条件,小组的成功离不开自己的积极贡献。在小组中可以通过许多方式构建积极互赖,如积极的目标互赖、积极的奖励互赖、积极的角色互赖、积极的资料互赖等。

2) 面对面的促进性互动

促进性互动是指学生们相互鼓励和彼此支持为取得良好成绩、完成任务、得到结论等而付出的努力。积极互赖所激发的学生之间的互动和言语交流,使得学习的结果发生了变化,因而,面对面的促进性交互和交流活动对协作学习产生直接的促进作用。学习者之间促进性互动行为主要表现为学生彼此提供足够和有效的帮助、分享所需的信息和资源以便更有效地处理和加工信息、质疑彼此得出的结论和推理以便提高决策质量和对所研究问题的理解、相互鼓励和敦促、协调小组的压力和焦虑水平以实现最后的成功等。

3) 个体责任

个体责任是指每个小组成员都必须承担一定的任务,小组的成功取决于所有成员的努力和成绩。社会心理学研究表明,在群体活动中,如果成员没有明确的责任,就容易出现成员不参与群体活动,逃避工作的"责任扩散"现象,小组也变成了学生逃避学习的"避风港"。

为了鼓励每个成员积极参与学习活动,教师可以采取建立共同目标、制定小组活动规则、完善奖惩机制、明确小组成员的个人责任等措施。同时还可以单独测量个人的行为和效果,让群体中的个人相信,自己的行为将随时受到监督,或者让个人对自己的行为贡献单独进行测量,以保持其足够的被评价焦虑,激发其行为动机。

4) 社交技能

协作小组仅有协作的目标和愿望是不够的,社交技能是小组协作有效性的关键。因此,教师在传授学科知识的同时,也应该教会学生掌握必要的社交技能,并且激发他们运用这些技能的动机。学生的社交技能水平越高,教师对学生运用社交技能的奖励以及对社交技能教学给予的关注就越大,那么学生从协作学习中收获就会越大。为了协调各种努力以达成共同的目标,学生必须学会彼此认可和相互信任、进行准确的交流、彼此接纳和支持、建设性地解决问题等。

5) 小组自评

小组自评也称小组加工或小组反省,是要求小组成员对小组在某一活动时期内,分析和评价哪些组员的活动是有益的和无益的,哪些活动可以继续或需要改进,其目的在于提

---

[1] Johnson D W, Johnson R T, Smith K A. Cooperative learning: increasing college faculty instructional productivity. ASHE-ERIC Reports on Higher Education, 1991: 16

高小组在达到共同目标中的有效性。小组自评的成功取决于一些关键因素，如教师要给小组留出足够的时间让其进行自评、提供一个自评的结构（如列出小组做的好的三件事和一件值得改进的事）、强调积极的反馈、使自评尽量具体而不是抽象、鼓励学生参与自评、提醒学生运用他们的协作技能进行自评等。

3. 支持协作学习的网络工具

信息技术对协作学习的支持主要体现在学习者利用网络交互工具开展交流与沟通，这里主要介绍论坛、博客、聊天室、维客等网络交互工具。

1）论坛

论坛的英文全称是 Bulletin Board System，简称 BBS，其主要功能是支持在线异步讨论，发布者将自己的见解或问题张贴于论坛形成一个"讨论主题"，其他用户可以围绕该主题展开交流，浏览其他用户对此问题的意见或看法。BBS 是以层级归类的形式组织内容的，一般分为讨论区、讨论板块（部分论坛会设有子板块）、讨论主题三级。整个 BBS 论坛包含若干讨论区，每个讨论区下包含若干讨论板块，每个板块下又包含若干讨论主题。讨论区与讨论板块是由论坛管理员设置的，任何注册用户可以在特定的讨论板块下发起讨论主题。

由于 BBS 有着匿名性、开放性、平等性、广泛性、灵活性等特点，利用 BBS 不仅可以开展主题讨论、主题辩论、角色扮演、竞争等协作活动，而且可以实现在线答疑、远程协作学习、作品分享等交流活动。

2）博客

"博客"一词是从英文单词"Blog"翻译而来，"Blog"是"Weblog"的简称，就是一种在网上以流水形式、用简短的文章记录作者所见、所闻、所想、所感的个人网站。博客的撰写和维护者称为 Blogger，每一篇文章被称为"网志"或"日志"。网志内容可以是 Blogger 的心情随想、个人反思，或一幅图片、一张照片、一段视频、一个网站地址等，也可以是作者对时事新闻、国家大事的个人看法。简言之，博客就是以网络作为载体，简易、迅速、便捷地发布自己的心得，及时、有效、轻松地与他人进行交流，集丰富多彩的个性化展示于一体的个人或群组网站。

被称为中国博客之父的方兴东将博客的特点总结为"四零条件"，即零技术——不需要专业知识；零成本——免费申请注册；零编辑——作者就是编辑，即时写作、即时发布、自我检查，形成了与传统写作截然不同的"体验"；零形式——有各种形式的模板供选择，作者不需要为形式耗费时间和精力。另外，博客还有简单性、快捷性、开放性、私有性、交互性等特点。因此，师生可以利用博客开展异步讨论、辩论、竞争等协作学习活动。

3）聊天室

聊天室（Chat Room）也叫网络聊天室，它是一种基于网络的多人实时交流空间。处在不同地理位置的用户进入空间后，可以与同一个空间内的用户展开自由、实时的交流。使用者可以选定某一用户私下交流，也可以公开发表言论，即实现多点对多点的交互。根据功能的不同，其可分为普通聊天室、语音聊天室和视频聊天室。

基于聊天室交流实时、自由、便捷的特点，其可以实现学生与任何人之间的相互交流、师生间的教学和答疑，开展各种类型的对话、协商、讨论、传送文件、远程协助等协作活动。

4）维客

"维客"是"Wiki"的音译。"Wiki"一词源于夏威夷土语的"Wee Kee Wee Kee"，是"快点、快点"的意思。在这里，Wiki 是指一种超文本系统，这种系统支持多人或者某个社群的协作式写作，同时也包含一组支持这种写作的辅助工具。也就是说，每个人都可以任意修改网站上的页面资料，它实现了原有版本保存控制，可以随时找回以前的版本，也可以和以前的版本进行对比，从而使多人协作成为可能，同时又保证了内容不会丢失。另外，Wiki 使用了简化的语法代替复杂的 HTML，加上 Web 界面的编辑工具，使内容维护的门槛降低。

Wiki 作为一种简单实用的建站工具，相对于传统网站提供的电子邮件、BBS 以及聊天室等功能，Wiki 站点更强调团队的协作，这就为协作学习提供了一个良好的环境保障。因其具有开放性、组织性、简易性的特点，它在协作学习尤其在师生、生生协作共创方面有着广泛的应用价值。

8.1.2 协作学习活动的设计

协作学习有利于培养学生发挥自己的主动性和主体性，有助于培养学生的协作能力，使学生能够更早、更快地适应现今社会的要求。协作学习的教学设计要根据信息化教学设计的理论与方法，进行协作学习任务设计、组建学习小组、协作学习活动开展、协作学习环境设计、协作学习资源设计以及学习评价等环节。这里重点介绍协作学习任务设计、组建学习小组、协作学习活动开展和协作学习评价。

1. 协作学习任务设计

并不是所有的教学内容和知识点的学习都适合采用协作学习的方式，协作学习的任务要经过教师的选择和设计。协作学习的任务应是具有合作探索的价值和一定难度的问题，学生通过自己学习无法完成而需协作学习小组通过相互配合、帮助、讨论、交流能够完成的任务。学生通过互相学习，取长补短，达到共同提高的目的。

▶【案例】

协作学习的任务设计

"英语阅读专题学习网站的设计制作"这样的任务是一个人很难完成的，因为这个网站的完成需要网站系统结构的设计人员、学习内容结构的设计人员、英语阅读资源的组织人员、界面风格的美化设计人员、网络制作的技术实现人员等共同协作完成，同时这个任务具有一定的难度，因此非常适宜通过协作学习完成。

明确协作学习任务是协作学习成功的关键，教师必须在组建学习小组前告诉学生协作学习任务。

2. 组建学习小组

小组学习是协作学习的基本组织形式，即学习者之间通过小组学习的形式开展协作学习。小组一般包括 4~6 名参加者，通常具有特定的学习目标（长期或短期），小组成员应满足某一方面（如知识背景、年龄、兴趣爱好等）的相同或相异。在决定采取哪种分组形式实现学习目标之前，应根据不同的学习目标确定最有效的分组形式。

组建学习小组时应尽量保证每个小组内的学生各具特色，相互取长补短，即组内异质、组间同质。组内异质就是小组成员在学习基础、年龄、性别、学习风格、兴趣爱好等方面具有差异性，为小组成员之间的互助协作奠定基础；组间同质即各小组之间大体均衡，利于小组之间相互比较，为各小组间的公平竞争创造条件。

教师要引导组建的学习小组确定一个或若干个被全体组员认同的目标。目标将把个人的利益与集体的利益协同起来，为了达到目标，小组成员需要分工协作、资源共享、及时交流与反思，每个个体的工作与小组的成功是紧密联系在一起的，小组成员之间为了达到共同的目标必须建立起相互依赖、密切协作的团体。

教师还要引导学生处理好个体与小组集体的关系。学生要明确个人的责任是通过保持团体的规模、角色互相依赖、责任到人、随机评价等方法确立的。个体与集体之间要形成积极的依赖关系，从目标、角色、奖励、资源等方面建立这种关系。例如，可以将目标细化，每个个体承担一个子目标，子目标完成才能完成总的目标；为了完成任务可以为每个成员安排相互联系的角色，如小组长、总结人、检查人、联络人等，这些角色互相依赖，各司其职以体现每个个体的价值。

3. 协作学习活动开展

协作学习活动主要围绕学习内容开展，并根据学习内容采用不同的活动形式，常见的形式主要有讨论、角色扮演、竞争、辩论等。

1）讨论

讨论是指在教师的指导下，学生围绕某一主题或中心内容，积极主动地发表观点、互相辩论，以掌握教学内容的学习行为。讨论在任何学科中都可以使用，通过讨论可以激发学生的学习热情和创造性思维，增加学生之间的协作和交流，同时也能提高学生的思考能力、阅读能力和语言表达能力。整个讨论学习过程均由教师组织引导，讨论的问题也是由教师提出。

讨论活动既可以设计为课堂面对面的讨论，也可以设计为利用网络交互工具开展的讨论。如果是利用网络交互工具设计的讨论通常有两种不同情况，即异步讨论和在线讨论。

（1）异步讨论由于有足够长的时间对所讨论的问题进行思考，所以一般都是以文章的形式发表自己的见解，而且讨论也比较深入、全面。这种讨论可以由组织者发布一个讨论期限，在这个期限内学习者都可以在平台上发言或针对别人的发言进行评论。教师应该精心设计讨论的问题，选择开放性问题、能引起争论的问题、学科内容与现实紧密联系的有探究性的问题进行讨论。同时，讨论的问题应该有一定的梯度与层次，设计能将讨论一步步引向深入的后续问题，尽可能地从多角度设问，问题的难度由易到难、由表及里，用于发展学生思维的广度和深度，也要考虑到满足不同水平学生的需要，而且设计的问题之间要有一定的内在联系，有一定的逻辑性，以保证所学知识的系统性和完整性。问题的难度要适宜，要考虑站在稍稍超前于学生智力发展的边界上，具有一定的挑战性，难度适宜的标准为"难度大于个人能力，小于小组的合力"。对于学生在讨论过程中的表现，教师要适时做出检查和评价。

在线讨论由于发言能够实时呈现，讨论的时间有限，所以一般都是简短的语句，展开的讨论也没有固定的程式，主要依靠教师的随机应变和临场的掌控能力，讨论的主题可由教师或讨论小组的组长来提供。教师在讨论过程中应该认真、专注地倾听（或在线浏览）每位学生的发言，仔细注意每位学生的反应，以便根据学生的反应及时进行正确的引导，及时回答学生提出的问题；要善于发现每位学生发言中的积极因素（哪怕只是萌芽），及时给予肯定和鼓励；要善于发现每位学生通过发言暴露出来的、关于某个概念（或认识）的模糊或不准确之处，及时用适合学生接受的方式予以指出（切忌使用容易挫伤学生自尊心的词语）。讨论中如果发现有偏离教学内容或纠缠于枝节问题时，要及时加以正确的引导。讨论结束时应由教师（或学生自己）对整个协作学习过程做出小结。

2）角色扮演

角色扮演就是学生通过对学习内容的亲自体验获得学习经验的学习行为。通常设计的角色扮演有师生角色扮演和情境角色扮演。

师生角色扮演就是让不同学生分别扮演指导者和学习者的角色，由学习者解答问题，指导者对学习者的解答进行判别和分析。如果学习者在解答问题过程中遇到困难，则由指导者帮助学习者解决。在学习过程中，他们所扮演的角色可以互相转换。通过角色扮演，学习者对问题的理解将会有新的体会。角色扮演的成功将会增加学习者的成就感和责任感，并可以激发学习者掌握知识的兴趣与积极性。师生角色扮演是依据学生在学习中存在"知识上的差距"设计的。

情境角色扮演是要求若干个学生，按照与当前学习主题密切相关的情境分别扮演其中不同的角色，以便营造一种身临其境的气氛，让学生能设身处地去体验、去理解学习的内容和学习主题的要求，从而更好地实现意义建构的教学策略。相对来说，情境角色扮演的适应范围更广，对学生的要求也较低。

无论师生角色扮演还是情境角色扮演，都是既可以在真实环境中开展，也可以在虚拟的网络环境中开展。

3）竞争

竞争是指两个或多个学习者针对同一学习内容或学习情境进行竞争性学习，看谁能够先达到教学目标的要求。由于学习者的竞争关系，学习者在学习过程中，会很自然地引发人类与生俱来的求胜欲望，也会对学习全神贯注，易于取得良好的学习效果。

竞争活动一般由教师事先设计一个问题或目标，并提供给学习者解决问题或达到目标的相关信息。设计问题或目标的难度要恰当，一方面要避免学生学习时产生受挫感，另一方面又能巧妙利用学生不服输的心理刺激其进一步的学习，竞争学习是一种寓教于乐的学习活动，它貌似游戏，能调动学生的兴趣与积极性，也符合学生善于挑战的心理。竞争可在小组内进行，也可以在小组间进行。学习者在开始学习时，先选择组内一位同学作为竞争对手或小组作为一个团体与其他小组竞争，也可选择计算机作为竞争对手，并协商好竞争协议，然后开始各自独立地解决学习问题。在学习中，学习者可看到竞争对手所处的状态以及自己所处的状态，学习者可根据自己和对方的状态调整自己的学习策略。如果在学习过程中，一位学习者的行为能影响其他学习者的处境，那么竞争就会与教学目标结合得更加紧密。

竞争活动既可以在真实环境中开展，也可以在虚拟的网络环境中开展。

4）辩论

辩论是指学习者之间围绕给定主题确定自己的观点，辅导教师（或中立组）对其观点进行甄别，选出正方与反方，双方围绕各自观点展开论证辩解，反驳对方观点，最后由中立者对双方的观点进行裁决的活动。辩论的进行也可以不确定正反双方，而是由不同小组或成员叙述自己的观点，然后相互之间展开辩论，最终能说服各方的小组或成员获胜。辩论可在组内进行，也可在组间进行。辩论有助于培养学生的思辨能力、表达能力、协作精神和团队意识，有助于发挥学生学习的积极性和学生的主体地位。

辩论活动既可以在真实环境中开展，也可以利用网络交互工具开展。

4. 协作学习评价

协作学习的评价依然依据信息化教学设计中的多元评价方法开展动态、多元、全面的评价，这里提供一份协作学习评价量规以做参考，见表8-1。

表8-1　协作学习评价量规

评价维度及权重		评价指标	A (85~100分) 非常符合	B (70~85分) 比较符合	C (60~70分) 基本符合	D (小于60分) 不符合
组内合作 (0.7)	组员表现 (0.25)	每个组员都积极地参与小组活动				
	资料共享 (0.25)	每个组员都能将自己的资料分享给小组				
	倾听 (0.2)	每个组员都愿意听取别人的观点、意见或建议				
	协作活动的价值 (0.2)	有实质性的进展，或有价值的成果出现				
	任务的完成 (0.1)	任务总是按计划的时间和进度完成				
组间合作 (0.3)	小组间的关系 (0.6)	组间同学关系融洽，能积极地参与组间合作				
	资料共享 (0.4)	能将自己小组的资料提供给其他小组共享				
总计得分						

8.2　自主学习

8.2.1　自主学习概述

1. 自主学习的含义

"自主学习是与他主学习相对的学习方式，是学习者主动对学习的各个方面或维度做出选择、控制和调节的一种学习方式。具体来说，如果学生的学习动机是自我驱动的，学习内容是自己选择的，学习策略是自主调节的，学习时间是自我计划和管理的，学生能够主动营造有利于学习的物质和社会条件，并能够对学习结果做出自我判断和评价，那么他的学习就是充分自主的。"[1]

需要强调的是，在实际的学习情境中，完整意义上的自主学习和极端的不自主学习都较少，多数学习介于这两者之间。完全自主的学习者可以在没有课堂、没有教师、没有教科书的情况下进行学习，但这种理想的自主学习者和学习条件并不存在，即使是自学者也不是完全的自主学习。

2. 自主学习的基本特征

（1）能动性。自主学习有别于各种形式的他主学习，它是学生积极、主动、自觉地从事和管理自己的学习活动，而不是在外界的各种压力和要求下被动地从事学习活动，或需要外界来管理自己的学习活动。这种自觉从事学习活动、自我调控学习的最基本的要求是主体能动性。

（2）独立性。自主学习把学习建立在人的独立性的一面上，要求学生在学习的各个方面尽可能摆脱对他人的依赖，由自己做出选择和控制，独立地开展学习活动。

（3）有效性。由于自主学习的出发点和目的是尽量协调好自己学习系统中各种因素的作用，使它们发挥出最佳效果，因此，自主学习在某种意义上讲就是采取各种调控措施使自己的学习达到最优化的过程。一般来说，学习的自主水平越高，学习的过程也就越优化，学习效果也就越好。

（4）相对性。自主学习不是绝对的，在实际的学习情境中，完整意义上的自主学习和极端的不自主学习都较少，多数学习介于这两者之间。

3. 支持自主学习的网络学习资源

信息技术对自主学习的支持，主要体现在学习者利用丰富的网络学习资源和开放的学习环境自主获取知识，这里主要介绍电子书籍与期刊、专题学习网站、网络课程、资源数据库等网络学习资源。

1）电子书籍与期刊

电子书籍是将纸质书的内容制作成电子版，如经典名著或专业学术著作等。电子期刊指由权威的专业人员选编、定期在网络上发布特定领域信息的刊物。电子书籍与期刊已经成为人们阅读的重要网上信息资源，具有信息量大、检索方便、多媒化、交互式、超链接等特点。

> 【案例】

电子期刊示例

"英特尔®未来教育在中国"电子杂志是英特尔®公司针对中国未来教育的发展动态及受教育者的感受心得不定期组稿发行的电子期刊（http://www.teachfuture.com/main_page.axpx）。

---

[1] 庞维国. 自主学习——学与教的原理与策略 [M]. 上海：华东师范大学出版社，2003：4

2）专题学习网站

第 5 章已经对专题学习网站的含义、构成、设计与制作进行了详细的介绍，在此只做简要的补充说明。"专题学习网站的本质是一个基于网络资源的专题研究、协作式学习平台，是指在网络环境下围绕某一项或多项专题而设计开发的资源学习型网站。"[1] "专题学习网站具有研究的专题性、内容的整合性、受众的特定性、资源的开放性、结构的相对固定性和功能的完备性等特点。"[2]

> 【案例】

专题学习网站示例

"三月丁香之习作教学——交大附小中高年级习作教学专题网站"是兰州交通大学附属小学为学生课内外展示写作作品、交流写作心得、提高写作水平，利于教师提供写作素材和主题，方便教师、学生、家长评价作品，利于学生在写作方面自主学习的专题学习网站（http://61.178.81.190/zhuantinew/webnew/index.php?web_id=69）。

3）网络课程

"网络课程是通过网络表现的某门学科的教学内容及实施的教学活动的总和。它是按一定的教学目标、教学策略组织起来的教学内容和网络教学支撑环境，其中网络教学支撑环境特指支持网络教学的软件工具、教学资源以及在网络教学平台上实施的教学活动。"[3] "网络课程具有教材的多媒体化、教学内容的非线性、学习的自主性、课程的开放性与交互性、资源的共享性、目标的多样化等特点。"[4]

> 【案例】

网络课程示例

"西北师范大学专业教育硕士网络课程（http://202.201.56.199/）"就是专门为在职教师现代教育技术专业教育硕士开发的，因为在职专业教育硕士的特殊性，不能完全脱产学习，专门为其开发网络课程方便学生远程自主学习。

4）资源数据库

资源数据库是指有组织的数据集合，通常包括图书馆目录和各种专门用途的数据库，允许用户根据某些属性进行检索，其中有许多可以为教育教学目的服务，可为自主学习提供学习资源，如科技论文数据库、会议文献数据库、专利文献数据库、学位论文数据库等。

网络学习资源能为学习者提供图文音像并茂的、丰富多彩的交互式人机界面，能为学习者提供符合人类联想思维与联想记忆特点的、超文本结构组织的大规模知识库与信息库，使得自主学习者对物质学习环境的利用更加便利。因而易于激发学生的学习兴趣和动机，并为实现自主学习创造有利条件，促使学生愿意自主学习，从而使学生真正达

---

[1] 郭绍青. 教师信息技术能力教程［M］. 北京：高等教育出版社，2010：210
[2] 周静，冯秀琪. 专题学习网站的特点及功能设计分析［J］. 远程教育杂志，2003，(6)：44
[3] 转引自郭绍青. 教师信息技术能力教程［M］. 北京：高等教育出版社，2010：231
[4] 张增全，熊万杰，熊平凡. 网络课程特点及设计要义［J］. 孝感学院学报，2002，(3)：71

到主动建构知识的意义，实现自己获取知识、自我更新甚至创造新知识的理想目标。

8.2.2 自主学习的教学策略设计

1. 支架式教学

支架式教学策略设计要求围绕自主学习的主题，建立相应的概念框架。这种概念框架要有助于促进学习者对学习主题的学习，因此需要教师对学习任务进行分解，以便于将学习者的学习逐步引向深入。支架（scaffolding）原是指建筑行业使用的脚手架，在这里使用是为了形象地借以比喻支架式教学，这种教学也常常被称为"脚手架式教学"或"支撑点式教学"。

支架式教学在实施过程中，最初需要教师的大量支持与帮助，随着学生学习的继续深入，这种帮助支援将逐步减少，正如建筑中使用的脚手架逐步被拆除一样，直至学生的学习能够完全自己胜任，这种支援在必要时就及时隐退，即撤去支架，就不需要教师的学习帮助与支持。支架式教学以发展学生自主学习能力为中心，通过教师必要的学习帮助与支持，充分发挥学生的学习主动性与积极性，以最终达到对所学知识意义建构的目的。

支架式教学是根据前苏联著名心理学家维果斯基的"最邻近发展区"理论提出的一种教学策略，它是通过对较复杂的问题建立"支架式"概念框架，使得学习者自己能沿着"支架"逐步攀升，从而完成对复杂概念意义建构的一种教学策略。教学中不停地把学生的智力从一个水平提升到另一个新的更高水平，真正使教学走在发展的前面。建构主义理论就是从维果斯基的思想出发，借用建筑行业使用的"脚手架"作为对"最邻近发展区"概念框架的形象比喻，利用这种概念框架作为自主学习中的脚手架，即是指教师在学生自主学习中，能提供给学生的帮助与支持。

支架式教学策略由以下几个基本环节组成：

（1）搭脚手架。教师依据学生原有的知识经验，围绕当前学习主题，按"最邻近发展区"的要求建立概念框架。

（2）进入情境。将学生引入一定的问题情境（概念框架中的某个节点）。

（3）独立探索。教师帮助学生沿概念框架逐步攀升，让学生自己独立寻找解决问题的方法与策略。探索内容包括：确定与给定概念有关的各种属性，并将各种属性按其重要性大小顺序排列。探索开始时要先由教师启发引导（如演示或介绍理解类似概念的过程），然后让学生自己去分析；探索过程中教师要适时提示，帮助学生沿概念框架逐步攀升。起初的引导、帮助可以多一些，以后逐渐减少直至放手让学生自己探索；最后要争取做到无需教师引导，学生自己能在概念框架中继续攀升。

（4）协作学习。在整个教学过程中，师生重视小组协商、讨论的重要性。讨论的结果有可能使原来确定的、与当前所学概念有关的属性增加或减少，各种属性的排列次序也可能有所调整，并使原来多种意见相互矛盾且态度纷呈的复杂局面逐渐变得明朗、一致起来。在共享集体思维成果的基础上达到对当前所学概念比较全面、正确的理解，即最终完成对所学知识的意义建构。

（5）成果展示与效果评价。它是一个完整教学的阶段性总结环节。学生汇报学习的成果，主要有教师对个人自身的教学活动进行客观的自我评价，另外也要有学生个人的自我评价和学习小组对学习者个人的学习评价。评价内容包括自主学习能力、对小组协作教学所做出的贡献、是否完成对所学知识的意义建构等。

2. 抛锚式教学

抛锚式教学是建立在真实情境中的教学，通过学生对真实情境中的教学体验，以发展学生的自主学习能力，实现对复杂问题的学习的一种教学方式。抛锚式教学策略要求学习过程建立在有感染力的真实事件或真实问题的基础上。教学中面临的真实事件或问题就是"锚"，建立确定这类真实事件或问题被形象地比喻为"抛锚"。一旦教学中这类真实事件或问题被确定了，整个教学内容和教学进程也就被确定了（就像轮船被锚固定一样）。

抛锚式教学策略是一种建立在建构主义学习理论基础上的教学策略。建构主义认为，学习者要想完成对所学知识的意义建构，即达到对该知识所反映事物的性质、规律以及该事物与其他事物之间关系的深刻理解，最好的办法是让学习者到现实世界的真实环境中去感受、去体验，即通过获取直接经验来学习，而不是仅仅聆听别人（如教师）关于这种经验的介绍和讲解。在抛锚式教学策略中，"锚"即是包含某种问题或任务的真实情境。由于抛锚式教学要以真实事例或问题为基础（作为"锚"），所以有时也被称为"实例式教学策略"或"基于问题的教学策略"。

抛锚式教学策略由以下几个基本环节组成：

（1）创设情境。教师通过创设情境，使学习能在和现实情况基本一致或相类似的情境中发生。

（2）确定问题。在上一环节创设的情境中，选出与当前学习主题密切相关的真实性事件或问题作为学习的中心内容（让学生面临一个需要立即去解决的现实问题）。选出的事件或问题就是"锚"，这一环节的作用就是"抛锚"。

（3）自主学习。教师应当向学生提供解决问题的有关线索（如需要搜集哪一类资料、从何处获取有关的信息资料以及现实中专家解决类似问题的探索过程等），而不是直接告诉学生如何去解决问题，并要特别注意发展学生的"自主学习"能力。

自主学习能力包括确定学习内容表的能力（学习内容表是指为完成与给定问题有关的学习任务所需要的知识点清单）；获取有关信息与资料的能力（知道从何处获取以及如何去获取所需的信息与资料）；利用、评价有关信息与资料的能力。

（4）合作学习。讨论、交流，通过不同观点的交锋，补充、修正、加深每个学生对当前问题的理解。

（5）效果评价。由于抛锚式教学要求学生解决面临的现实问题，学习过程就是解决问题的过程，即由该过程可以直接反映出学生的学习效果。因此，对这种教学效果的评价往往不需要进行独立于教学过程的专门测验，只需在学习过程中随时观察并记录学生的表现即可。

3. 随机进入教学

由于事物的复杂性和问题的多面性，要做到对事物内在性质和事物之间相互联系的全面了解和掌握，即真正达到对所学知识的全面而深刻的意义建构是很困难的，往往需要从不同的角度考虑。在教学中要注意对于同一教学内容，要在不同的时间、不同的情境下，为不同的教学目的，用不同的方式加以呈现。换句话说，学习者可以随意通过不同途径、不同方式进入同样教学内容的学习，从而获得对同一事物或同一问题的多方面认识与理解，这就是所谓的"随机进入教学"。

学习者多次以不同方式学习同一知识内容，可以实现对知识内容全面深入的理解与掌握，以不同方式学习同一教学内容并非是对知识、技能的简单重复，每次不同方式的学习都相应地有不同的学习目的、学习要求和对内容的不同侧重，这样的学习方式会对全面认识和把握事物有很好的促进。

随机进入教学策略的基本思想源自建构主义学习理论的一个分支——认知弹性理论，其理论核心是要到达高级知识获得的目标（即掌握理解的复杂性和为迁移做好准备），必须在不同的时间、在不同的方式安排的情境中，为了不同的意图、从不同的观点重新学习同样的学习材料。

随机进入教学策略由以下几个基本环节组成：

（1）呈现基本情境。创设与当前学习主题的基本内容相关的情境。

（2）随机进入学习。取决于学生随机进入学习所选择的内容而呈现，与当前学习主题的不同侧面特性相关联的情境。在此过程中教师应注意发展学生的自主学习能力，使学生逐步学会自己学习。

（3）思维发展训练。由于随机进入学习的内容通常比较复杂，所研究的问题往往涉及许多方面，因此，在这类学习中，教师应特别注意发展学生的思维能力，即教师对学生应加强思维方法的指导，向学生提出的问题应有利于促进认知能力的发展而非纯知识性提问，注意建立学生的思维模型，培养学生的发散性思维。

（4）小组合作学习。学生围绕呈现不同侧面的情境所获得的认识展开小组讨论。在讨论中，每个学生的观点在和其他学生以及教师一起建立的社会协商环境中受到考查、评论，同时每个学生也对别人的观点、看法进行思考并做出反应。

（5）学习效果评价。其包括自我评价与小组评价，评价内容与支架式教学相同。

8.3 探究学习

8.3.1 探究学习概述

1. 探究学习的含义

探究是围绕问题展开的活动，是逐步分析和解决问题的过程。"探究学习（inquiry learning）是指运用探究的方式进行的学习过程和活动，亦即学生在教师的指导下，主动发现问题，以一种类似科学研究的方法对问题进行分析和研究，从而达到问题解决和知识获得的过程与活动。"[①] 探究学习对学生素质的全面发展，尤其是对于创新精神与实践能力的培养具有重要意义。

---

① 钟志贤.信息化教学模式［M］.北京：教育科学出版社，2005：169

2. 探究学习的基本特征[①]

1）问题——学习者必须围绕科学性问题

所谓科学性问题是针对客观世界中的物体、生物体和事件提出的，问题要与学生必学的科学概念相联系，并且能够引发他们进行科学研究，促使学生收集数据和利用数据对科学现象做出解释的活动。在课堂上，教师应提出有意义的、有针对性的问题能够丰富学生的探究活动，但是这些问题不能是深不可测的，必须是能够通过学生的观察和从可靠的渠道获得的科学知识来解决的问题。

2）证据——学习者需要获取事实证据

科学家在实验中通过观察测量获得实验证据。在课堂探究活动中，学生也需要运用证据对科学现象做出解释。例如，学生对动植物、岩石进行观察并详细记录它们的特征；对温度、距离、时间进行测量并仔细记录数据；对化学反应和月相进行观测并绘制图表说明它们的变化情况。同时，学生也可以从教师、教材、网络或其他地方获取证据对他们的探究活动进行补充。

3）解释——学习者要形成对科学性问题的解释

科学解释借助于推理提出现象或结果产生的原因，并在证据和逻辑论证的基础上建立各种各样的联系。解释是将所观察到的与已有知识联系起来学习新知识的方法。因此，解释要超越现有知识，提出新的见解，对于科学家而言，意味着知识的增长；对于学生而言，意味着对现有理解的更新。两种情况的结果都能产生新的认识，如学生可根据观察或收集到的证据解释气候变暖的现象、不同条件下植物的生长状况不同的原因以及饮食与健康的关系等问题。

4）评价——学习者需要评价自己的解释

评价解释并对解释进行修正，甚至抛弃，是科学探究有别于其他探究形式及其解释的一个特征。评价解释时，可以提出这样的问题：有关的证据是否支持提出的解释？这个解释是否足以回答提出的问题？从证据到解释的推理过程是否明显存在某些偏见或缺陷？从相关的证据中是否还能推论出其他合理的解释？

核查不同的解释就要学生参与讨论，比较各自的结果，或者与教师、教材提供的结论相比较，以检查学生自己提出的结论是否正确，保证学生在自己的结论与适合他们发展水平的科学知识之间建立联系。也就是说，学生的解释最后应与当前普遍为人们所承认的科学知识保持一致。

5）交流——学习者要交流和论证所提出的解释

学生公布他们的解释，使别的学生有机会就这些解释提出疑问、审查证据、挑出逻辑错误、指出解释中有悖于事实证据的地方，或者就相同的观察提出不同的解释。学生间相互讨论各自对问题的解释，能够引发新的问题，有助于学生将事实证据、已有的科学知识和他们所提出的解释三者之间更紧密地联系起来。最终，学生能解决彼此观点中的矛盾，得出科学合理的探究结论。

[①] 科学探究性学习的理论与实验研究课题组. 探究式学习：含义、特征及核心要素 [J]. 教育研究, 2001, (12)：52

在课堂教学中，特别是在对学生掌握知识内容有明确目标要求的学科教学中，要在组织问题、证据、解释、评价和交流五个方面都具有高度探究性的活动是不容易的，也没有必要刻意追求这样的境界。例如，对探究的问题来说，若探究的问题完全是由学生自己提出来的，那当然很好，而且在教学中也必须有意识地重视培养学生提问、质疑的能力。但是，这并不意味着我们一定要等到学生能够自己提出好的探究问题之后才能组织探究学习活动。相反地，在课堂教学中，切实可行而且效果良好的方法是教师创设问题情境，并通过引导优化和集中学生的问题，使得后续的探究有明确的目标和内容，这样的教学过程也可以培养学生提出问题的意识和能力。如果这样的程度也不容易达到，就完全可以由教师直接提出探究的问题，根据提出的问题，学生也完全可以进行有高度的探究学习活动。实际上，真正的学生探究活动就是由问题引导的，学生提出问题能力的培养可以贯穿于探究学习活动的始终，并自然地进行，而不必刻意追求在一开始问题就是由学生自己提出来的效果。

8.3.2 探究学习活动的设计

探究学习活动是一个解决问题的过程，学生围绕科学性问题，提出假设，设计探究思路和程序；收集、处理、解释证据；验证假设，形成结论；相互交流各自的解释；反思、评价学习结果和过程。学生通过这一过程获得灵活的知识基础、高级思维（应用知识解决问题、创造性思维、批判性思维）能力、学习能力以及合作能力。具体来说，探究学习活动的设计可分为如下五个环节[①]。

1. 形成问题，提出假设

教师围绕预期知识内容构思一个问题、任务或议题，然后利用多种教学手段创设特定的问题情境，通过引导、启发等方式，激发学生发现并提出探究的问题。探究的问题应该是学生感兴趣的、或是学生亟待解决的、或是一种有矛盾的事件、或是某一类神秘的事件，同时，这个问题必须应用所预期的学科知识才能解决，又要与学生的先前经验密切相关。学生可以根据已有的知识、经验做出比较合理的猜想、假设，并设计探究思路和方案。

教师可以利用信息技术创设任务情境和问题情境，在情境的创设中可以采用动画、视频、网页、音乐、多媒体课件、模拟实验等将问题和任务嵌入情境中。学生可以从情境中发现问题、提出假设，可以利用多媒体课件、概念图、思维导图、专题学习网站等设计探究方案。

2. 收集证据，整理分析

教师指导学生进行分组分工，以小组为单位收集并处理数据。收集数据的方法可以是观察法、调查法、文献法、访谈法、课堂问答等。数据收集的工作可以在课堂上进行，也可以在课前、课间、课后进行。整理数据可以手工整理，也可以借助一些工具软件开展。

学生可以利用多媒体课件、模拟实验、网络资源、信息搜索工具、电子书等，获取

---

① 刘儒德. 探究学习与课堂教学 [M]. 北京：人民教育出版社，2005：84

资料数据和事实证据，可以利用电子表格、统计分析软件等对已经获取的数据进行加工整理，替代烦琐的计算过程。

3. 验证假设，形成解释

学生分组处理所收集的数据后，看看实际的结果是否与假设的结果一致，并要解释为什么一致或者不一致，数据是否客观、可靠等，而且还要说明这种结果是否具有普遍性，是否能够推广到其他情境中。要说明的是验证假设是真是伪均可，并不影响对探究学习的评价。

学生可以利用概念图或思维导图工具梳理收集的数据，形成对假设的解释。

4. 得出结论，展示交流

学生将得到的探究结果通过分析、综合得出探究结论，小组将探究结论以研究报告、小论文、演示文稿、表格、图示、提纲、实物、模型、操作以及计算机程序等各种形式展示。展示交流的形式包括小组代表在全班呈现、讲解、演示、组间互相交换成果、网络共享等。交流活动可以在课上，也可在课后进行。

学生可以利用办公软件、电子书、概念图等汇总探究结论，利用BBS、聊天室、博客、电子邮件等开展协作交流，可以利用多媒体课件、网页、概念图、电子书等展示探究结论。

5. 评价交流，反思过程

学生对交流展示的成果可以通过自评、互评、教师评等不同方式提出建设性的意见和建议。教师引导同学们总结在探究中学到的知识及其应用价值，反思探究过程及其方法，并提供新的问题情境，让学生将学习收获进行迁移和巩固。

无论教师还是学生都可以利用博客、电子邮件、BBS等反思整个探究过程，将自己的收获和不足进行梳理归纳。

探究学习的评价依然依据信息化教学设计中的多元评价方法开展动态、多元、全面的评价，这里提供一份探究学习评价量规以做参考，见表8-2。

表8-2 探究学习评价量规

评价维度及权重	评价指标	A （85~100分） 非常符合	B （70~85分） 比较符合	C （60~70分） 基本符合	D （小于60分） 不符合
提出探究问题 （0.2）	可以根据已有的知识、经验自己提出问题，做出合理的猜想、假设，并设计探究思路和方案				
收集分析数据 （0.4）	能针对提出的探究问题和假设，自己收集、分析并处理数据，形成事实证据来验证假设				

续表

评价维度及权重	评价指标	A (85~100分) 非常符合	B (70~85分) 比较符合	C (60~70分) 基本符合	D (小于60分) 不符合
展示交流结果 (0.2)	能综合分析得出探究结论，将探究结论以恰当的形式展示				
评价反思探究 (0.2)	能有效使用不同方式开展评价，从中反思探究过程和方法				
总计得分					

综合实践活动

结合自己的学科专业，选择中小学某一学习内容，运用某一典型信息化教学方法（如协作学习、自主学习、探究学习），设计一份相应信息化教学设计方案。

第 9 章

信息技术支持的教学评价

【学习目标】
1. 说明下列概念的含义：教学评价、信息技术支持的教学评价、电子档案袋评价、概念图评价、教育博客。
2. 了解信息技术支持的教学评价的特点、原则。
3. 理解信息技术支持的过程性评价、信息技术支持的表现性评价、信息技术支持的发展性评价。

9.1 信息技术支持的教学评价概述

9.1.1 信息技术支持的教学评价的含义

对于任何一个问题或者事物的研究都包含三个层面，即"是什么"、"为什么"、"怎么办"，而在这三个层面当中，"是什么"无疑是最为根本的。因此，在学习信息技术支持的教学评价之前，弄清楚教学评价"是什么"是最重要的。

1. 教学评价的含义

教学评价是教学各个环节中必不可少的一环，也是教学设计中极为重要的一个组成部分。典型教学评价的说法主要有：

（1）"教学评价是运用一系列可行的评价技术和手段评量教学过程和教学效果的活动，以期确定教学状况与教学期望的差距，确定教学问题解决对策。"[1]

（2）"教学评价是以教师的教学为研究对象，依据一定方法和标准对教与学的过程和效果做出客观的衡量和价值判断的过程。"[2]

（3）"教学评价就是依据一定标准，运用科学方法系统收集有关教学信息，对教学活动的过程、结果及其有关因素进行综合价值判断的过程。"[3]

（4）"教学评价是指以教学目标为依据，制定科学的标准，运用一切有效的技术手

---

[1] 祝智庭，钟志贤. 现代教育技术——促进多元智能发展 [M]. 上海：华东师范大学出版社，2003：212
[2] 王景英. 教育评价：理论与实践 [M]. 长春：东北师范大学出版社，2002：72
[3] 徐继昌，赵昌木. 现代教学论基础 [M]. 北京：北京大学出版社，2008：127

段，对教学活动的过程及其结果进行测定、衡量，并给以价值判断。"①

上述关于教学评价的表述虽然不同，但是它们在某些方面的认识却基本一致，即教学评价是一个价值判断的过程；教学评价需要采用系统方法或者一系列评价技术；教学效果、教学活动、教学过程的评价是教学评价必不可少的内容；教学评价是以一定的标准为依据展开的。因此，我们可以从以下几个方面来理解教学评价。

1）教学评价以教学目标为评价依据

"教学目标是对学习者通过教学后应该表现出来的可见行为的具体、明确的表述，它是预先确定的、通过教学可以达到的并且能够采用现有技术手段测量的教学结果。"②也就是说，教学目标规定了教学后学习者应达到的终点能力水平。在教学之后，要想判断学习者的认知、情感、动作技能是否达到了教学目标的要求，要通过教学评价才能做出回答。因此，教学评价依据的标准就是教学目标。"无规矩无以成方圆"，没有明确、具体的教学目标是无法进行教学评价的，并且当教学评价依据的标准和教学目标不一致时是无法全面、准确、客观地评价教学效果的好与差。例如，某节课堂教学在教师的生动讲解和学生积极配合下，课堂氛围非常活跃但实际上学生什么也没学到，根本没有达到教学目标的要求，我们能说这样的教学效果是好的，这样一堂课是好的吗？显然不能这样评价。因为，如果没有达到预期的教学目标，课堂教学再生动、气氛再活跃都早已失去意义。

2）教学评价需要采用一些有效的评价技术手段

教学评价是教育教学中非常重要的一个环节，客观、准确的教学评价对教学工作的改进起到指导作用。然而这种客观、准确的教学评价并不是主观凭空产生的，而是在系统思想的指导下，采用一定的技术手段来完成的。例如，某教师要对开学以来学生们对某单元知识的掌握情况有更加准确的了解，仅靠教师通过对学生们上课情况的观察所获得的信息是不准确的，还需要采用其他的获取信息的方法来收集信息，如可以设置适当的测验试题，通过学生们的作答来获取学生们对某一知识点的掌握情况，即采用测量的方法来收集数据，从而为下一步做出客观、准确的评价提供有力的数据支持。

3）教学评价是对测量结果进行价值判断的过程

在教学评价环节，借助科学、合理的工具，采用适当的测量技术所获取的关于教学过程和教学结果的数据信息并不是教学评价的结果。教学评价的结果是在充分分析数据资料的基础上对测量结果做出价值判断的过程。例如，我们通过向学生发放问卷或者考试获得学生关于该单元学习情况的大量数据，这些数据反映了学生在这一段时间内的学习情况，通过分析这些数据我们知道，有多少学生掌握了本单元的知识，还有多少学生对本单元知识掌握还很模糊，从而为下一节教学活动的开展指明方向。

在教学理论当中，教学评价通常被放在最后一个环节，但在教学实践中，教学评价其实在确定教学目标之前就已经开始了，并且贯穿整个教学过程。全面、客观、准确的教学评价可以检测教学效果、诊断教学问题、为教师判定教学状况和学生了解自己的学

---

① 何克抗，林君芬，张文兰. 教学系统设计［M］. 北京：高等教育出版社，2006：153
② 何克抗，林君芬，张文兰. 教学系统设计［M］. 北京：高等教育出版社，2006：35

习情况提供直接的反馈信息、引导师生教与学的方向、调控师生教与学的进程。

2. 信息技术支持的教学评价的定义

信息技术支持的教学评价是教学评价被赋予时代特征后的产物，是伴随着信息技术的飞速发展和其在教育教学中的深入应用以及新一轮基础教育课程改革的推进与实施而出现的新名词，它是同一时期出现的信息化教学评价这一概念的子概念或者说是信息化教学评价在微观层面上的具体化，从这一点上来讲，信息技术支持的教学评价具有信息化教学评价的某些属性。"信息化教学评价是指根据信息化教学理念（目标/人才观/教学模式等），运用系列评价技术手段对信息化教学效果进行评价的活动。"[1] 因此，信息技术支持的教学评价由三个要素构成，如图 9-1 所示。

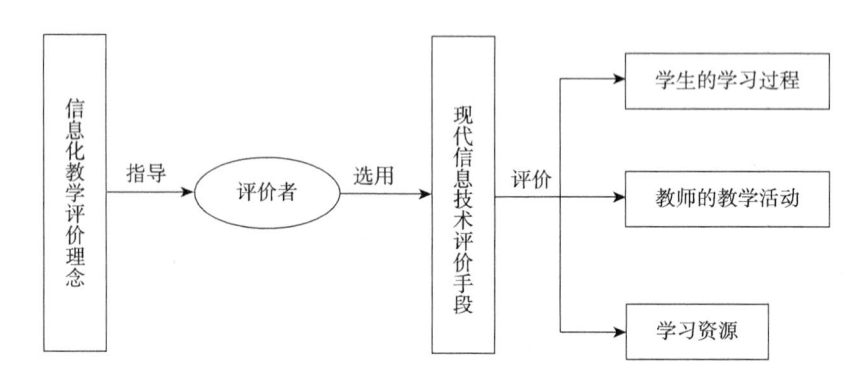

图 9-1　信息技术支持的教学评价的基本结构

1）以信息化教学评价理念为指导

在传统的教学中，考试成绩一直被作为衡量一个学生学习好与差的唯一标准，这难免会培养出死记硬背、知识应用不灵活的"人才"，然而这样的"人才"已不能适应信息化社会发展的需要，转变人才培养理念势在必行。信息化教学评价正是为迎合这一需要而出现的一个评价理念，其主张在教学评价的过程中要以学生的学习过程、学生的发展为中心，提倡评价主体多元化、评价标准多向性，而且要重视学生多元智能的发展和个性差异以及学生在学习过程中的主动性、个体性、创造性和发展新知识能力的培养。例如，在课堂教学中，当学生回答了教师的问题或者其他同学提出的问题后，教师不要急于对该学生的回答情况作出评价，可以先让其他同学来发表自己对该问题的看法，然后，再依据各个学生的学习特征对学生的回答情况做出带有鼓励性的评价和指导。

2）以现代信息技术为评价手段

在传统的教学中，测验是教师常用的评价手段，它虽然具有内容深广、质量易控和比较客观公正的优点，对于评价学生的认知目标达成度非常有效，但是试卷测验一般专注于易测的知识与技能，对于一些高级和复杂的能力不易或无法测验出来。也有教师使用档案袋记录学生学习过程，促进学生成长的评价，使用的纸质档案袋对学生日常信息

---

[1] 祝智庭，钟志贤. 现代教育技术——促进多元智能发展 [M]. 上海：华东师范大学出版社，2003：249

的收集、展示和判断等方面都有诸多不便，特别是不利于学生间的交流和互评管理。而随着信息技术的发展，一些在线测验系统、电子档案袋平台的出现使得传统教学评价这些缺点得到了弥补。

3）以学习过程和学习资源为其评价关注的主要对象

（1）对学生学习过程的评价。信息技术支持的教学评价对学生学习过程的评价关注教学活动展开过程中学习者各方面的表现和进展情况，除了最终的学习效果之外，学习者的课前准备以及在学习过程中学习态度、交互程度、资源利用情况等学习过程有关的各种因素都应该成为评价的对象，这些因素的综合表现体现出一个学习者的学习状况。表9-1是某中学物理教学学习过程评价表。

表9-1 学习过程评价表示例

评价内容	评价指标	评价等级 A、B、C、D	评价方式 自评	评价方式 小组评	评价方式 教师评
课前预习	做预习笔记				
	提出问题				
课堂笔记	记录重要的板书内容				
	记录教师口头讲述的重要内容				
	记录不能理解的内容				
提问	对上节的思考问题，积极正确的回答				
	在本堂课学习中积极质疑，大胆提问				
	对教师提出的问题积极思考回答				
	主动向老师、同学提出自己不懂的问题				
实验	预习				
	设计、操作				
	记录、分析并得出结论				
	协作、交流、讨论、小论文				
作业	按时完成必做作业				
	自觉弄懂并更正做错的练习				
	主动多做练习				
复习	课后归纳整理知识点和学习方法				
	一章学完后进行系统的知识归纳，形成网状结构				
测验	不弄虚作假，独立思考，认真完成测验				
	主动弄懂测验中的错题，更正并找原因				

资料来源：田俊华. 现代教育技术实践教程[M]. 北京：科学出版社，2009：225

（2）学习资源的评价。在传统教学评价中，学习资源往往是相对固定的教材和辅导材料，因而师生对于学习资源的评价相对忽视，往往只是在教材和辅导材料成为产品前，才有由特定学生与教师所实施的检验或实验性质的评价出现。然而在信息化教学中，学习资源的来源非常广泛，特别是互联网在学习中的介入，更使学习资源呈现出取之不竭之势。但是，随着科学技术的普及和发展，学习资源尤其是教学软件和网上学习资源随处可见，甚至到了泛滥的程度。在信息化教学中，对学习资源的评价就显得尤为重要。

9.1.2 信息技术支持的教学评价的特点

教学评价是教学活动的一个重要环节。随着新一轮基础教育课程改革实验的大力推进与实施，传统的教学评价中的弊端也越来越明显地在改革中体现了出来。因此，建立一种新的适应新课程需要的教学评价体系，已经非常迫切、非常必要。和传统的教学评价相比，信息技术支持的教学评价要遵从教育评价理论的一般原理，也要具有一些区别于传统教学评价的特征。

1. 评价理念人性化

传统的教学评价注重学生学习结果的评价，忽视被评价者在各个时期的进步状况和努力程度，没有形成真正意义上的形成性评价，不能很好地发挥评价促进发展的功能；忽视学习者个体差异和个性化发展的价值。随着新一轮基础教育课程改革的推进和信息技术在教育领域中深入广泛的应用，人们的教学观念、学习方式、教学方式都发生了重大转变：从注重学习结果的评价转向注重学习过程的评价，从忽视"学习者个性化发展"转向了重视学习者的全面发展、全体发展，以及重视知识以外的综合素质的发展，尤其是创新、探究、合作与实践等能力的发展，以适应人才发展多样化的要求。

2. 评价主体多元化

传统教学评价主体是单一、单向的，即只有教师才能对学生的学习做出评价。新一轮基础课程教育改革倡导评价主体多元化，即对一节课堂教学的评价可以让其他的教师、学生或者自己进行评价，即自评与他评相结合。教学评价从单向转为多向，增强评价主体间的互动，强调被评价者成为评价主体中的一员，建立学生、教师、家长、管理者、社区和专家等共同参与、交互作用的评价制度，以多渠道的反馈信息促进被评价者的发展。

3. 评价对象全面化

传统的教学评价只把教师的教和学生的学的情况作为评价的主要对象，往往忽视了对教师教学设计的评价、教学方法的评价、教学技能的评价和教学资源的评价，因而是不全面的。随着信息技术的飞速发展和其在教育领域中的广泛应用，教师的教学方式、教学技能、教学方法以及选择的教学资源对教学效果的好与坏、教学质量的高与低都起到至关重要的作用。因此，如何客观、准确、全面地对教师的教学设计、教学技能、教学资源、教学方法进行评价就成为当前教育领域研究的一个重要课题。

4. 评价方式多样化

传统的教学评价中评价方式比较单一，主要以书面测验和考试为主，过多看重量化的结果。随着计算机技术的快速发展及其在教育领域中的广泛应用，教育教学过程中出现很多教学评价工具和方法，如学习契约、概念图、视频案例法等。评价主体在教学评价中可综合运用多种评价方法，把量化评价与质性评价方法结合起来，从而为师生下一步的教育教学工作提供更加有力的指导。

9.1.3 信息技术支持的教学评价的原则

1. 在教学进行前提出预期

在信息化教学中,学习的任务往往是真实的,而学生又具有较大的自主权和控制权。为避免学生在学习过程中迷途,在教学任务进行前,教师预先通过提供范例、制定量规等方式使学生对自己要达到的结果有一个明确的认识,将是非常有效的。例如,在上多媒体制作课之前,我们可以先向学生们展示出本节课最终要完成的作品样例,即提出预期成果,然后通过这节课的学习,让学生们自己制作的作品与课前展示的作品样例相对照,找出软件操作过程存在的问题。

2. 以学生在实际任务中的表现为评价内容

在信息化教学中,教学的组织者要尽可能地从"真实的世界"中选择挑战和问题,并在评价时关注学生在实际任务中所表现出来的提问的能力、寻求答案的能力、理解的能力、合作的能力、创新的能力、交流的能力、评价的能力。评价的重点要放在如何使学生的这些能力得到发展和提高上,而不仅仅是判断学生的能力如何。

3. 师生双方共同制定评价标准,培养学生自我评价的能力

评价的内容、方式或标准应当由师生双方共同制定、共同执行。要发展自我评价能力,学生需要有机会制定和使用评价的标准,使他们在思考和反思中发展自身的技能。学生应该知道如何回答和解决诸如"需要解决的问题是什么"、"我们怎样才能知道自己已经取得了进步"、"我们如何才能得到提高"、"怎样才能达到优秀"之类的问题。因此,只要有可能,教师就要尽量鼓励学生进行自评或互评,并使他们对评价的进程和质量承担责任。

4. 评价应随时进行,贯穿于整个教学过程中

在信息技术环境下,评价是与教与学的过程并行的一种持续的、动态的过程,评价应该贯穿于整个教学的过程当中。关于评价对象各个侧面的发展变化,不能完全依靠单一的纸笔测验,应该注重基于如专题作业、作品集的情景化过程的评价。也就是说在一个时间段对评价对象若干领域的表现进行不断的比较,以此判断评价对象在该领域的成长,以及存在的优势和不足,明确进一步发展的方向。只有这样才能及时判断学生的表现与教学目标的差距,从而及时改变教学策略。应该注意的是,任何一次评价只是被评价者智能状况的部分表现,不是其智能的唯一指数。

5. 评价要体现"以人为本"的教育理念

在信息技术环境下,评价是为人的终身发展服务的。评价应为教师和学生的发展提供强有力的信息,更好地使评价对象认识自己、发展自己、完善自己。即信息技术支持的教学评价应该体现"以人为本"的教育理念,体现对个体发展需要的尊重,关注和承认评价对象的差异性,以促进评价对象更好地发展。评价结果只对受评者自身的学习效果做纵向与横向比较,指出其优势和弱势智能,并提出建议,在全面发展的基础上达到个性的充分发展。

9.2 信息技术支持的教学评价工具

9.2.1 电子档案袋

1. 电子档案袋的相关概念

电子档案袋是指"在信息技术环境下,学习者运用信息手段表现和展示学习者在学习过程中关于学习目的、学习活动、学习成果、学习业绩、学习付出、学业进步以及关于学习过程和学习结果进行反思等有关信息的集合体"[①]。其主要内容包括学习目标、学习计划、学生学习活动记录(如课堂教学中参与朗读、朗诵、角色扮演等情况)、标准和范例、教师反馈与指导(如教师、家长对学生学习情况的观察评语)、多元评价内容(如同学的评分或者自己的评分)以及学生自我反省等方面的材料,主要用于学习活动中对学习和知识的管理、评价、讨论、设计等,并由学习者本人在他人的协助下完成。图9-2给出的是为某个学生以文件夹的形式建立的电子档案袋,该档案袋包括学生个人信息、学业信息、学习活动记录、学习成果——作品集以及评价信息五个子文件夹,在每一个文件夹下又有关于该学生学习更为具体的子文件夹。

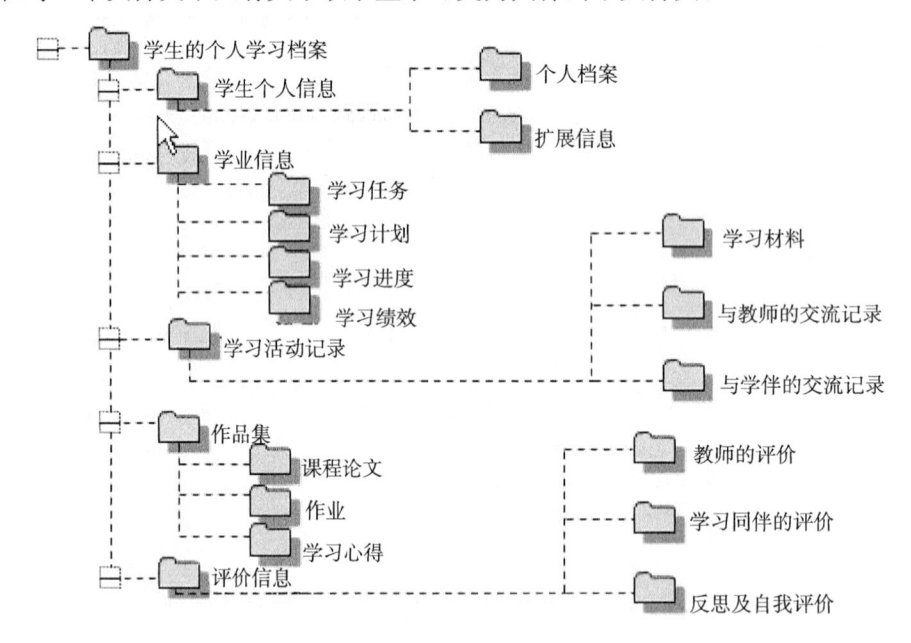

图 9-2 电子档案袋的内容

电子档案袋评价就是教师和学生有意地将各种有关学生表现的材料(如作业、学生自评、家长评价以及教师所做出的评价)以文件夹的形式收集起来,并进行合理的分析与解释,来反映学生在学习与发展过程中的努力、进步状况或成就的一种方法。它不但

---

① 王佑镁. 电子学档:信息化教学新思路[J]. 中国电化教育,2002,(10):19

能够记录学生的成长过程，真实地反映学生在成长过程中的成功与挫折，让学生体验成果，感受成长与进步，而且也为教师和家长提供了更加丰富多样的评价材料，使教师能够更加开放地、多层次地、全面地评价每一位学生，尤其是学生的情感态度。它以"评价促发展"为基本理念，注重学生的学习过程以及学生在学习过程中的体验与反思，因而是质性评价方式的典范。

2. 电子档案袋评价的实施

1）明确使用电子档案袋评价的目的

评价目的不同，电子档案袋的类型不同，收集的内容也不同。如果是为了展示学习成就，学生可将其最好的作品装入袋内，而那些反映进步的作品不包括在内。如果是反映学生进步的，就要包括学生的每个作品、自我反省和自我评估，以及一切描述学生发展过程的东西。如果为了实施总结性评价，其内容应该是标准化的，便于进行最后的总结与评估。

2）确定评价内容

在使用电子档案袋进行评价的过程中，教师应该在开始一个主题学习之前，向学生介绍该主题要评价的内容，如作业完成情况、学习态度、学习进度等。此外，资料的收集必须是与主题相关的一系列素材，学习者还需要对所选的素材说明选择理由。同时，在电子档案袋中要有适当的自我评价与反思。

3）制定评价标准

评价标准的制定最好能够由师生共同来制定，这样可以发挥学生的主观能动性，激发学生的主人翁意识，提高他们的学习积极性，使学生更深入地把握评价的内容，在学习的过程中有意识地根据评价标准来反思自己的学习，从而促进其学习的进步。

4）多元评价

学生在学习的过程中，需要对电子档案袋里自己收集的素材和作品进行自我反思、自我评价，此外，学生还要对自己的学习态度、学习方法与效果等方面进行反思与评价。组内成员主要是对学习者的电子档案袋、作品、态度、参与程度、合作意识等方面进行评价并给予一定的评价意见。教师则根据学习过程中学习者多方面表现，如学习者的学习积极性、学习进度、作业的完成质量等多个方面，给予学习者一定的评价，评价时可以利用量规等具体的评价工具。当然，上述三方面的评价信息还可以存放在学生的电子档案袋中，以便于学习者及时、方便地了解自己的学习情况。

电子档案袋的记录过程是动态的不断发展的，学生可以根据其他人的评价或自己的学习过程随时修改电子档案袋中的内容，来记录自己成长的轨迹及发展的过程。

9.2.2 概念图

1. 概念图的相关概念

第 5 章中关于什么是概念图已经有所涉及，在此只是从教学评价的角度来阐述概念图的相关概念。

概念图评价就是运用概念图工具对学生所构建的概念图的内容和知识结构进行测评的一种方法。教师根据学生绘制的概念图中概念的多少、连线的数量、层级结构的合理性等情况,来了解学生所掌握的基础知识结构的全貌、诊断学生思维缺陷及其原因。它既可以应用于形成性评价中,又可以应用于终结性评价中。在形成性评价中,教师通过观察学生建构概念图过程,在了解学习者的学习进展情况及其内在思维动态的同时,也可以知晓学习者在学习上的元认知水平;在终结性评价中,教师可以从概念图中所呈现的学习结果网络结构图推断出学习者的学习状况。与擅长考查学生离散知识的传统标准化试卷相比,概念图评价有助于教师获知学生对某一概念理解的清晰程度,特别适合评价学生对某一概念或者命题的深层次理解能力和知识组织能力。其作用具体表现在以下几个方面:

(1) 评价学习者创造性思维水平。概念图用于教学评价有两大优点:第一,概念图的网络结构可以反映出学习者联系已有概念、产生新知的能力;第二,从概念图中所举的具体实例上可获知,学习者对概念意义理解的清晰度和广度。正是有了这两大优点,概念图可以成为"有效评价学习者创造性思维水平的工具"[1]。

(2) 评价学习者知识结构的组织状态。由学习者完成的概念图可用以测量学习者的认知水平,反映学习者的陈述性知识的组织特征,了解学习者对概念及其关系的理解,以及学习者知识结构的某些缺陷,所以概念图可以作为一种评价学习者某一领域知识结构的工具,通过"洞察学习者前后建构的概念图结构变化,我们可以推断出学习者知识建构的过程"[2]。

传统的评价方法主要"考查学习者的离散知识,而概念图却可以检测出学习者的知识结构及对知识间相互关系的理解"[3]。概念图能够"反映学生知识的组织状态,从而可以评价学习者有意义学习的效果"[4]。

(3) 评价学习者态度情感和价值观。学习者在绘制概念图时,会自然地流露出认知情感,会以各种各样的结构或连接语词表达出来。因此,概念图不仅"可用来评价学习者对知识理性认识的清晰性,同时也可评价其态度情感和价值观"[5]。

2. 概念图评价的实施

Ruiz Primo 和 Shavelson 对于概念图在科学教育评价中的运用做了深入研究,提出概念图的评价是"评价任务"、"反应方式"和"评分体系"的综合体。

(1) 概念图的评价任务是多种多样的,如有的要求学生在一张大纸上直接画出概念图;有的给出已画好的概念图,要求学生在给定的空白处填上一至两个词标明概念间的关系;有的给出关于某一知识主题的短文,要求学生用给定的所有概念构建一个层级式的概念图。

(2) 反应方式是指学生采用何种方式回答问题。例如,学生可以通过画图、填空或口头报告等方式完成概念图评价任务。试题的题型决定了学生的反应方式。

---

[1] 裴新宁. 概念图及其在理科教学中的应用 [J]. 全球教育展望, 2001, (8): 51
[2] 杜伟宇, 季春阳, 梁红. 概念图在测评中的应用——一种现代认知心理学的测评方法 [J]. 宁波大学学报 (教育科学版), 2004, (1): 28
[3] 朱学庆. 概念图的知识及其研究综述 [J]. 上海教育科研, 2002, (10): 34
[4] 裴新宁. 概念图及其在理科教学中的应用 [J]. 全球教育展望, 2001, (8): 50
[5] 永刚. 概念图作为教学评价工具的发展 [J]. 学科教育, 2004, (7): 44

（3）概念图的评分方法可分为结构评分法、关系评分法和标准图对照法三种。结构评分法主要关注概念图的四个主要方面，即命题、层次水平、交叉连接和实例，如表 9-2 所示 Novak&Gowin 的评分方法。关系评分法则只关注命题的三个方面，即概念间存在的联系、连接词的正确性以及表示两概念间层次或因果关系的方向箭头；标准图对照法主要是将学生的概念图与标准图进行对照并打分。

表 9-2　Novak & Gowin 评分方法

成分	方法	评分
命题	两个概念间的意义联系是否被学习者用连线和关联词标明了；这种关系是否真实	每个有意义的、真实的命题得 1 分
层次	概念图是否体现了层次结构；下层概念是否比上层概念更具体	层次结构中每个有效的层次得 5 分
交叉连接	概念图是否标明了不同部分概念间的意义联系	每指出一个真实的、重要的横向联系得 10 分，每指出一个真实的、但不能表明概念或命题间的综合横向联系得 2 分
实例	指出作为概念的例子	每举一例得 1 分

9.2.3　教育博客

1. 教育博客的相关概念

第 2 章和第 8 章中对博客及教育博客的概念做出了详尽的介绍，在此只是从教学评价的角度来阐述教育博客的相关概念。博客在众多行业和领域都有广泛应用。在教育领域，也有一些著名的教育博客，如海宁教师博客、苏州教育博客、海盐教师博客（图 9-3）等，它们正吸引着无数的教师进入相应的教育博客中，畅谈教育的思想、理念、实践与体会等。教育博客多以学习日记的方式呈现，可以说是电子档案袋的一种，但已经超出了电子档案袋的原有功能。师生通过文字、多媒体等方式，利用博客将学习过程、研究成果、教学心得、设计方案、反思感悟等内容上传发布，实现记录成长轨迹、共享知识思想、促进互动交流的目的。通过对博客内容和管理状态的考查，从侧面反映出参与者的工作和学习状态，据此开展相应的教学评价。

教育博客评价在本质上属于电子档案袋评价的一种，并以其即时更新、个性化和分享与互动等优点成为信息时代颇具潜力的评价方式。例如，把博客应用到项目学习中，每名学生完成的学业都可以用数字方式记录下来，这就形成了一个电子档案袋。其中包括学生创作的内容、资源的链接、文档、图片、声音或视频文件，还有其他人针对这些内容所做出的评价。不仅学生使用博客，教师也同样可以融入其中。教师能够根据学生完整的学习过程与学生共同看到一个更大的学习全景，做出更加综合与全面的评价。

2. 教育博客评价的实施

1）确定目标

评价目标是对指定评价标准、需要收集的信息、评价方法等做先导性要求。在现代评价体系下，我们不仅要关注学生的知识和技能的习得情况，更要关注学生在学习过程

图 9-3　海盐教师博客首页

中的态度、解决问题的思维、能力和情感，以及在学习过程中知识、能力的成长、进步，其一般会涉及以下几个方面：

（1）学科知识，一般以国家指定的学科标准为依据，教师在将评价目标细化到评标的过程中，需要用具体、清楚、可测量的术语表达出来。

（2）道德品质，包括诚信、正义等道德素养。

（3）学习能力，指学习的愿望与兴趣，能承担起学习的责任；能运用各种策略来提高学习水平；能对自己的学习过程和学习结果进行反思；能将不同的学科知识联系起来，运用已有的知识和技能分析、解决问题；具有初步的探究、创新精神。

（4）交流协作，是指能与他人一起确立并努力去解决问题；尊重并理解他人的处境，能评价和约束自己的行为；能综合运用各种交流和沟通的方法进行合作。

（5）个体个性，指对生活和学习有积极的情绪情感体验，拥有自尊和自信；积极地对待挫折与困难；表现出勤奋、独立、自律、宽容和自强不息等优秀的个性。

2）评价记录说明

在教学中为了让学生的信息收集素养能力得到提高，教师普遍采用的策略是，直接将教学评价的标准甚至是评价表呈现给学生，让学生在学习过程中有明确的努力方向。向学生说明信息记录的方法、所使用的工具，如博客的使用方法；记录的规格，如文字的大小、字体等基本属性；访问网站获取信息的记录格式（使用的搜索引擎、输入关键词、摘要信息、网站名、版权所有者、URL 地址等）；图书资料（书名、出版社、索书号、摘要、页码等）及评价表格的填写方法等。这些要求通常由教师根据教学设计和分析制定出相应的指标，通过博客的方式记录、发布出来，学生在博客中通过浏览来了解记录的相关说明。这些说明一方面会促进学生的信息能力的发展，另一方面为后续的信息收集做好准备。

3）评价信息采集

新课程的评价方法的一个显著特征是更关注学习过程，因此，相关信息就必须在学习过程中进行采集。比较而言，新评价方式要求我们收集更为庞杂的信息，包括学生自己的评价信息、学伴的评价信息、教师的评价信息，这需要我们去收集学生在思考、解决、探究问题的过程中所作的记录。在博客中，由于信息是发布出来的，我们可以在任何时候获取需要的信息，并进行采集，通过简单的计算机操作，将关于某学生个体的相关信息采集、整理到数据库或其他工具中，进行综合管理、观察分析。

4）实施评价

有了基本的、必要的信息，实施评价就自然地开始进行。我们可以按照预先编制好的指标，按照相应的权数进行数据整理，进行判断、给予评价。

5）反馈

教学评价的结果可以用来检验教学设计方案的得失、缺陷，反馈就是要用来修改完善这个系统设计的过程和途径。我们一方面可以通过反馈来衡量教师的评价方案是否合理；另一方面，可以通过反馈来促使学生进行内省，调整自己的认知策略，发展学习能力。

在博客条件下，反馈可以更及时、更容易。学生或教师可随时观察一些相应的反馈意见，此外，由于我们收集的信息、数据大多是电子化的（也有由教师观察分析得到），因此，我们的教学评价就可以运用如 SPSS 等工具进行量化处理，或者将采集到的信息移到其他工具中，实现评价的信息化。

▶【案例】

夸父逐日

作者：卓儿

似夸父一样执著 [2009-06-07 23：36：00 | By：卓儿]

这是一节研讨课，课前教材解读洋洋洒洒文字一大片，"两千多的文字，却只为一条清晰的线索，或者只为一堂有着自己思想的有效的语文课，真是让人感叹：人不疯癫不成魔！"这是博友对她的文字的评论。的确，就为读她这两千多字，在她的博客上我跑进跑出不下三次，只为读懂，只因惊讶，竟还不知如何点评。博友们的评论，使我豁然开朗，教师对文本解读要靠教师锲而不舍的钻研精神，要靠教师自身所具有的深厚的文化底蕴，否则定会因缺少一双发现的慧眼而对教材的美丽视而不见。

今天的课题研讨活动第一节就是她的夸父追日，摘取课的片断，同大家一起欣赏。

出示句子："于是夸父拿着手杖……太阳落下去的地方"。

（小组深入研读，并准备汇报）

生：像风似的奔跑跑的都像风一样了，他跑的多快啊！

生：我从"一眨眼"体会到他一瞬间就跑了两千里，他的速度很快。

生：他一下子就跑了两千里，谁比得上啊，快得无法想象。

师："两千里！"那就相当于从海宁到北京的距离！

生：啊！

师：是啊，为了追求光明，夸父……联系后一句我们来体会。

出示：还没等太阳落下去，夸父就追到了。

生：真是风驰神速！

……

在如今强调"以训练为阵地"背景下，她的课堂给我们以启迪。文本所蕴含的思想内容，我们该如何借助语言文字训练加以落实，而不仅仅是空乏的朗读与情感体悟。自主感悟、与已有知识经验中速度词的比较、"两千里"的感性体悟、联系后文理解、学习夸张语言的独特设计，用现有的文本材料组成更有效的学习材料，使学生学习语言的空间增大，获得了学习语言的成功，启示我们只有解读好教材、处理好教材、组织好教学，才能将学生引向阅读的深层次。另外，从课堂顺畅的交流也让我们感受到了这个班的预习能力，以及他们的课外阅读的扎实有效，《后羿射日》这一神话早已在孩子们心里扎根，这一切都不是一朝一夕所能办成的事，教育就应该这样不是"花絮"而是踏实。

回复

Re：似夸父一样执著［2009-06-08　22：43：00 | By：木讷（游客）］

从解读教材到设计教案，直至上课，我只能感叹郭老师执著的钻研精神，课堂上的睿智与投入，着实让我们敬佩。什么叫教研？让我们投入地思考，用心地解读，用情感领悟……感谢你也给我另一种感动。

Re：似夸父一样执著［2009-06-08　9：49：00 | By：幽兰（游客）］

谢谢你的肯定与点评啊！实在难为情，钻研了那么长时间，还是没有领悟透彻呢。对于略读课文的教学把握还不够到位，也许该再舍去些，就可以再深入些。

Re：似夸父一样执著［2009-06-08　9：21：00 | By：红似枫叶］

你的实录写的很详尽，师生的对话体现了以训练为主，以体会为主，真正使学生的理解、说话、写作得到锻炼。

资料来源：转引自杨欢耸. 教育博客促进教师专业发展的案例与分析［J］. 华中师范大学学报（人文社会科学版），2010，(S1)

案例分析：本案例选自海宁教师博客群中一位网名叫"卓儿"的老师的一篇日志，该教师通过拜读郭老师的博客和听郭老师的课，了解到作为一个老师应该以一种锲而不舍的精神来解读文本。文章后面有三位网友的回复，第一条和第三条回复分别是网名叫"木讷"和"红似枫叶"的两位网友对卓儿老师这篇文章的评价；第二条是郭老师（网名："幽兰"）看了这篇文章后的回复。

博客作为一种新型的学习资源，在教育中尤其是在教师的发展这一领域具有强大的优势，主要有以下几点：促进教师与同行、教育专家间的交流，从而提升教师的教育水平；提高教师的反思能力和写作水平；促进教师的专业发展；提高教师的知识管理水平等。

9.3　典型的信息技术支持的教学评价

9.3.1　信息技术支持的过程性评价

1. 信息技术支持的过程性评价产生

过程性评价是随着人们对教育评价的性质和功能的认识逐步加深而提出来的。20

世纪二三十年代，人们认为学习评价就是对学习效果的评价；三四十年代以后，人们根据具体的教学情况提出科学合理的目标并对这些目标进行分类，以此对教学进行评价；到了 60 年代，人们开始注意到评价对教学具有一定的反馈作用，也就是说，人们开始注意到评价过程与教学过程之间的相互影响，利用评价的结果来诊断教学中出现的问题，能更好地指导教学；从 70 年代开始，就有很多的教育家对以往评价的只是注重学习的量的方面而忽视了学习的质的方面进行了批判，并要求从质的方面来评价学生的学习；到了 80 年代，教育家更进一步认为学习的质量不仅反映在学习的效果上，也反映在学习的过程中，从而提出了要对学生的学习进行过程性评价。过程性评价是"一种在课程实施的过程中对学生的学习进行评价的方式，它采取目标与过程并重的价值取向，对学习的动机和效果、过程以及学习密切相关的非智力因素进行全面的评价"[①]。20 世纪 90 年代以后，随着计算机技术、网络技术等信息技术的飞速发展及其在教育领域深入而广泛的应用，信息技术对过程性评价的开展产生了巨大的影响，这不仅表现在评价理念上，而且还表现在评价手段上，特别是档案袋电子化——电子档案袋的出现，使过程性评价的开展更加方便。为了合理发挥信息技术对教学评价的作用，我们把信息技术对过程性评价的影响这一过程称为信息技术支持的过程性评价，也可以简单地理解为过程性评价在信息时代的延伸和新发展。

2. 信息技术支持的过程性评价的实施

1）明确评价的内涵和标准

根据评价的使用目的及结果来看，信息技术支持的过程性评价属于课堂学习评价，一般由学校自主进行，评价的主体包括教师和学生。在评价的过程中，教师虽然也作为评价者参与评价过程，但更多的是作为评价的监控者和组织者，所以评价的主体主要是学生，评价的责任也就相应地落到了学生的身上。因此，评价工作的第一步是使学生理解评价的内涵和功能，明确评价的内容和标准。

2）设计评价方案和工具

信息技术支持的过程性评价是一种较具体方法更为上位的评价方式，因此，不能将信息技术支持的过程性评价与某种特定的评价方法甚至评价工具等同，而应该根据学校和学生的实际情况，针对具体问题，选择合适的评价工具。下面是一所实验学校的具体做法，从中我们可以获得一些启示。

一位物理老师根据自己的观察和其他老师的反映，发现所教班级学生的学习习惯普遍不好，导致成绩不理想。为此，该教师根据过程性评价的理念，注重评价的及时修正和激励的功能，开展"白描"的记录方法，设计了一种"记录—评价—再记录—再评价"的评价方式，在教学的过程中实施评价，有效地转变了学生的学习方式。评价的方案包括三个阶段，具体如下所列。

第一个阶段：自我记录，自我评价。也就是说，每个学生自己给自己的平时学习情况做一个记录。记录的内容包括课前预习情况、上课集中精力情况、对待作业的修改情况。在这里，记录起的作用不是要给这位学生下一个结论，而是让他自己看一下平时是

---

① 高凌飚. 过程性评价的理念和功能 [J]. 华南师范大学学报（社会科学版），2004，(12)：104

如何学习的，学习的态度和习惯是怎样。学生对记录结果的反应是：不记不知道，一记吓一跳。大约在一个学习阶段结束后，分小组进行一次总结。每个学生用语言叙述的形式对自己的学习习惯做一个自我评价，评价的关键不在于断定学习习惯的好与坏，而是对比自己的单元测验成绩，看看这样的学习习惯和方式对自己的学习有怎样的影响，然后自己提出修正的措施，同时老师和小组其他同学也可以给予一些建议。

第二个阶段：他人记录，他人评价。在这个阶段主要是由他人进行记录，考虑到操作性的问题，主要由同桌相互记录。记录的内容不再是学习过程中的平时表现情况，而是学生的改正情况。一段时间后，再开展一次小组讨论，主要是评价学生的改进情况，根据具体情况给予相应的肯定和鼓励。

第三个阶段：综合评价。模块结束后进行一次总的评价，汇总前两个阶段的自评、他评，教师也对学生的情况给予一定的评价。

3) 解释和利用反映学习质量的结果

过程性评价属于个体内差异评价，评价的目的并不是对学生的学习下一个终结性的结论，而是促进学生的学习与发展；评价的内容主要不是学生最后达到的水平，而是学生的进步情况。教师和学生应该通过对资料的收集分析，让学生了解自己的进步和不足，在此基础上提出建议，使学生明确将来继续努力的方向。所以，简单地把过程性评价的情况折算为一个分数加到考试成绩里是没有意义的，过程性评价的结果与终结性评价的结果应该分别给予呈现报告。鉴于家长与社会的习惯和需要，可考虑在定性报告描述评价结果的同时，用等级表达过程性评价的结果。

9.3.2 信息技术支持的表现性评价

1. 信息技术支持的表现性评价的产生

表现性评价是在 20 世纪 90 年代美国兴起的一种评价方式，它是在学生学习完一定的知识后，通过让学生完成某一实际任务来评价学生的学习状况，包括表现性任务和对表现的评价。在我国中小学教育中，表现性评价早已广泛应用于职业教育、美术、音乐、体育等课程的评价中，只是在其他传统学科课程评价中的使用较少。在新一轮基础教育课程改革中，大力倡导在各科课程评价中广泛使用表现性评价，特别是将信息技术应用在表现性评价中。目前，关于表现性评价的看法并不统一。有人认为，"通过学生自己给出的问题答案和展示的作品来判断学生所获得的知识和技能的评价是表现性评价"[1]；也有人认为，"表现性评价是指通过观察学生在完成实际任务时的表现来评价学生已取得的发展成就的评价"[2]。现在，一般将斯廷金斯（Stiggins）关于表现性评价的定义视为权威定义，即"表现性评价为测量学习者运用先前所获得的知识解决新异问题或完成特定任务能力的一系列尝试"[3]。

以上定义有两个共同点：一是评价中涉及的任务是实际的，不是远离社会真实情境

---

[1] 李永珺，张向众. 新课程评价中的表现性评定 [J]. 教育发展研究，2002，(12)：54
[2] 李金云. 语文学习评价研究 [D]. 西北师范大学硕士学位论文，2003：35
[3] 转引自张咏梅，孟庆茂. 表现性评价及其相关问题 [J]. 教育理论与实践. 2002，(7)：27～31

的；二是学生在处理实际任务时必须运用已有的知识、技能，其表现能够反映其真实水平，不是靠猜测得来的。这两点其实也正是表现性评价之所以产生并受到欢迎的原因。综合以上看法，表现性评价就是通过完成一些实际的任务，诱导出学生的真实表现，以此评价学生掌握和运用知识和能力的方法。具体来说，就是运用真实的任务或模拟的练习来引发学生真实的反应，由教师或高水平评定者按照一定标准进行直接的观察、评判。

信息技术支持的表现性评价是随着计算机技术、网络技术的飞速发展及其在教育领域中的应用，特别是信息技术对教学评价的影响而出现的评价，从这一点而言，它是表现性评价在信息技术的新发展。二者的本质都是一样的，如果非要说二者有区别的话，那就是信息技术支持的表现性评价使用的评价手段是现代信息技术，在某种条件下它比表现性评价使用的评价手段更具时代特征、更方便、实用。

2. 信息技术支持的表现性评价的实施

1）确定操作目标是正确理解和实施表现性评价的前提

操作目标是教师进行评价的标准，同时也是学生进行自我评价的依据。首先，明确操作目标中的知识结构。依据其内容，学科知识可分为陈述性知识和程序性知识。陈述性知识是指需要学生有意识地回忆出来的知识，包括符号表征、概念、命题；程序性知识即概念和规则的运用，包括智慧技能和认知策略。知识的应用必须建立在对知识的理解之上，也就是说程序性知识要依赖于陈述性知识。评价目标主要是针对学生的操作能力和解决问题的能力，即程序性知识。表现性评价既考查学生较高层次的能力，又重视学生对基础知识的掌握。

其次，明确操作目标中的能力结构。学生能力发展主要指综合的思维方法，即能够综合运用各种适当的技能来解决问题；能够将遇到的各种问题转化为清晰的可解决的任务；能够有效地获取信息、解释信息、评估信息，并合理地运用各种信息收集技术和各种信息资源；能够有效地进行交流合作，即能和各种人进行沟通，使用各种交流方法，有目的地进行交流，能够服务于团队的目标。

最后，清楚并明确地陈述操作目标。教师在上述两个步骤的基础上查缺补漏、删重去冗，对操作目标进行修改和完善，并清楚表述复杂的、多维的知识内容和相关能力目标。

2）设计适当的表现性评价任务

表现性评价任务的设计，是成功实施表现性评价的关键。其一，表现性评价设计要求学生完成一定数量的比较有意义的任务，而不是大量且不很重要的任务。例如，在化学测试中，学生不用完成几十道选择题和填空题，而是在化学课上操作一个实际的实验，然后撰写报告、分析实验程序和解释实验结果。其二，表现性评价设计必须以学生在完成某个单一或复杂任务的表现为依据，可通过观察、记录和分析学生在各项学习活动中的表现，对学生的参与意识、合作精神、实验操作技能、探究能力、分析和解决问题的思路以及表达交流技能等进行全方位的评价。

要能够有效测量复杂学习结果的表现性评价，还必须注意以下几点：一是突出学习结果的重要性。选择和开发在内容和技能上具有重要价值的学习结果的任务。二是保证完成任务的时间性。必须给予足够时间去完成复杂认知技能和学生表现性学习结果的任务。三是体现评价任务与评价目标的高度相关性。要把注意力放在评价的目标上，依据评价目标设计评价任务。四是要清楚完成任务的可能性。问题的解决需要先前的知识基础和基本技能，在设计表现性任务时，教师要清楚地知道，要完成任务需要具备什么样的基础知识和技能，设计出在学生的能力范围内，经过学生的努力能够完成的任务。五是目标达成的预见性。运用评分标准使学生清楚地了解完成任务的预期目标，这样，既可以为他们提供努力的方向，还可以帮助他们抓住学习内容的重点，顺利完成学习任务。

3）制定表现性评价标准及等级

评价标准是教师进行评价的工具和依据。评价标准包含用来决定学生反应质量的各种指标，每一条评价标准都应该对不同的学生反应质量进行有区别的具体描述，同时还要说清楚评价标准是集合在一起以整体评分的形式使用，还是以逐条分项评分的形式来使用。明确的评价标准，能够使教师在整个评价过程中保持客观性，减少主观性和盲目性，使学生能够对照标准反省自己的学习，并为提高学习能力制订计划。评价等级则是给学生活动中表现以及活动结果的一种评判。评价等级可以采用等级评定加描述性评语的形式，也可以采用事先编制评价表格当场记录的形式。实施评价可以由教师单独进行，也可以采用同学之间的互评，或者师生共同完成，但无论采用哪种形式或方法都要注意记录方式要简单易行、便于操作。

> 【案例】

酸雨 PH 值的测定[①]

作者：孙天山

作者单位：无锡市辅仁高级中学

任务情境：酸雨是 PH 值小于 5.6 的降水，酸雨导致土壤酸化，造成土壤中矿物质流失，植物无法获得充足的养分而枯萎死亡。酸雨腐蚀建筑物、公共设施、古迹，造成人类经济、财物及文化遗产的损失。

目标任务：请在当地（或酸雨地带）测定雨水的 PH 值，画出时间（t）与雨水 PH 值的关系曲线，并解释上述曲线走势原因。

评价标准：

评价项目	评价内容	项目分值	实际得分	总分	等级评定
设计实验	根据目标任务，利用先前知识设计合理实验方案	20			
实施实验	正确选用仪器、药品，操作规范、注意绿色环保	20			
收集、整理实验数据	正确测量、观察并记录实验结果	20			
解释与结论	分析实验结果，得出正确结论	20			
情感态度	态度端正，实事求是，不弄虚作假	20			

注：总分为 5 项实际得分之和，最后根据总分进行等级评定，85 分以上为优秀，75~84 分为良好，60~74 分为及格，60 分以下为不及格

[①] 王良洪，孙天山．表现性评价在化学教学中的实施［J］．教育研究与评论（中学教育教学），2011，(4)：34~35

在开展教学评价改革的过程中，必须站在推进素质教育，培养具有创新精神、实践能力和高素质人才这一制高点上；必须尽快地转变评价观念，重视学生在活动、实验、制作、讨论等方面表现的评价；必须将各种可行的评价方法创造性地运用于学校教学及人才选拔过程中，全方位地对于学生进行评价，促进学生的全面发展。广大一线教师要积极尝试、勇于探索，实现观念与实践的根本转变。

9.3.3 信息技术支持的发展性评价

1. 信息技术支持的发展性评价的产生

发展性评价是 20 世纪 80 年代以后发展起来的一种关于教育评价的新理念，其是指通过系统地搜集评价信息和进行分析，对评价者和评价对象双方的教育活动进行价值判断，实现评价者和评价对象共同商定发展目标的过程。信息技术支持的发展性评价是随着信息技术的飞速发展及其在教育领域深入而广泛的应用而出现的一个新名词，它是发展性评价在信息时代的新发展，二者的本质都是一样的，都是在以人为本的思想指导下，关注学生的发展、教师素质的提高和教学实践的改进的一种形成性评价；都是一种重过程、重视评价对象主体性，以促进评价对象发展为根本目的的评价。

2. 信息技术支持的发展性评价的实施

1) 明确评价目标和标准

一般来说，发展性评价目标体系主要包括学科学习目标和一般性发展目标两个方面。学科学习目标是教师和学生开展学科学习活动预期要达到的结果，是学科学习活动的出发点和归宿，是评价学生的重要依据。学生的一般性发展目标涉及个体全面发展的基本素质，如道德品质、学习的愿望与能力、交流与合作、个性与情感等。应该注意的是，在实施评价时，一般性发展目标与学科学习目标是无法截然分开的。实际上，学科学习是实现一般性发展目标的重要途径之一，学科学习目标中应该也必然要包含或渗透一般性发展目标的内容。

2) 选择并设计评价工具与评价方法

有了评价标准后，还需要选择评价方法，设计评价工具，这是在评价的设计准备阶段应做的重要工作。发展性评价除了使用纸笔测验以外，更强调使用质性评价方法，如观察法、访谈法、情境测验法、行为描述法、电子档案袋评价法等。究竟选用哪一种方法，要根据评价内容和评价对象的特点来确定。

3) 收集和分析反映学生发展过程和结果的资料

反映学生学习和发展状况的资料数据是评价学生的客观事实依据，评价资料的有效性是保证达成恰当的评价结论的基础。学生评价的资料通常包括两部分：一是表明学生学习状况的原始资料，如学生的作业、小测验、问卷调查表、小论文、计划书、实验报告、作品集、活动过程记录等；二是来自各方面的对上述内容的评价，如教师给学生的分数、等级、评语、改进意见，学生的自我评价，同伴的观察记录与评价以及来自家长和社会的各种相关的能说明学生发展状况的信息等。

4) 明确促进学生发展的改进要点并制订改进计划

发展性评价的根本目的是要促进改进、促进发展，因此，光得出一个客观描述学生学习情况的分析报告是不够的,还需要在此基础上,提出改进要点,制订改进计划。改进要点应用清楚、简练、可测量的目标术语表述出来,明确、具体地描述我们期望看到的学生通过改进以后达到目标时的行为表现。改进计划还应关注个体差异和不同背景,提出有针对性的、有个体化特征的改进要点。

【案例】

难忘的数学课

作者:张彦龙

有一次,在早上第一节数学课上,我正在讲根与系数的关系,一名学习非常优秀的学生在低头玩格尺,那认真劲儿完全忘记了学习,无视老师的存在,在处理这名学习成绩非常优秀的学生上课溜号玩格尺事件时,我很气愤,好学生溜号使我无法接受,当时我便口气生硬地让他交出格尺,并一气之下把格尺掰成了两半,课下我把这名学生叫到了办公室,问他为什么溜号?为什么上课玩格尺?为什么不认真听课?

一顿训斥之后,这个学生哇哇直哭,诚恳地向我承认了错误,并保证今后不会有此类现象发生,我明确告诉他,课堂上若再出现此类现象我决不会理睬他。我以为经过这次事后,这位学生能够改过自新,今后的课堂表现肯定会积极踊跃,主动思考问题,结果,他并没有吸取教训,课堂仍时有出现溜号现象。

资料来源:张彦龙.发展性学生评价安全及分析[EB/OL].www.xxjszy.com/Article/2008/8/96.htm,2008-04-23

案例分析:学生天性是好动的,不可能45分钟精力完全集中、不分散,溜号是正常的,但教师批评之后,这种现象应减少,甚至应该避免,为什么这位教师处理这个学生却未收到效果呢?其原因在于教师的评价方法不当,若能心平气和地与学生沟通并且发现学生的闪光点,让学生找出自己的不足,或者发现学生溜号,出示几道当堂的练习题考考他,学生肯定回答不上,这时学生注意力肯定会集中,专心听下面的内容。

教师对学生的评价尤为重要,尤其是新课程改革所倡导的发展性学生评价,就是以促进学生的全面发展为根本目的学生评价,这种评价所追求的不是给学生下一个精确的结论,而是通过对学生过去和现在状态的了解,分析学生存在的优势和不足,并在此基础上提出具体的改进建议,促进学生在原有的水平上有所提高,逐步达到培养目标的要求。

新课程评价提出的发展性教育评价的基本理念,注重评价的过程性、学生发展的全面性及学生的个体差异性。例如,在实际教学中,我们要把日常评价与学期评价综合起来,并注重品德评价和特长评价,不能把学习成绩作为衡量好学生与坏学生的唯一标准。

现实教学中,有许多学习成绩稍差,但在道德品质方面深受学生及教师好评,并在文娱或体育等方面有个人的特长的学生。面对这类学生,我们就应充分利用评价的作用,教书育人,在发扬学生优点的同时鼓励学生发展特长,尊重、认可学生个性化发展,为每个学生制定个性化的发展和评价方法,建立因材施教的评价体系。

新课程改革倡导建立促进学生发展的课程评价体系,体现为了学生发展而评价的基本精神,"评价"作为一门教育艺术,其作用不容教师忽视。

学生是一个不断发展的个体,所以,我们的评价不应是一成不变的,发展性评价是为了学生发展而建立的客观性评价,需要自己在实际教学中不断的总结与完善,使评价发挥更大的作用。

综合实践活动

1. 比较"信息技术支持的过程性评价"、"信息技术支持的表现性评价"与"信息技术支持的发展性评价"的异同,并举例说明。

2. 选择一种信息技术支持的教学评价工具,针对中小学某一教学活动,设计相应信息技术支持的教学评价。

第 10 章

信息化教学研究

【学习目标】
1. 说明下列概念的含义：教学研究、信息化教学研究。
2. 了解信息化教学研究的主要领域。
3. 掌握信息化教学研究课题的申报。

10.1 信息化教学研究概述

10.1.1 认识信息化教学研究

1. 认识教学研究

1) 什么是教学研究

"教学研究就是运用科学的理论和方法，有目的、有意识地对教学领域中的现象进行研究，探索和认识教学规律，提高教学质量。"[①] 教学研究不同于一般的自然科学研究，它具有创造性和探索性等特点。

由于教学活动是与人密切相关的一种活动，因此教学研究必然具有复杂性。教学研究的对象涉及教师、学生、教材、教法等诸多因素；教学研究的任务就是要综合地认识各要素的作用，使各要素之间在现有条件下形成最佳的联系、最好的互相配合，从而产生最佳的效果。不同于自然科学研究，教学研究一般在自然状态下进行，需要较长的时间才能得出结论，教学效果的显示也往往具有滞后性。创造性是一切科学研究最本质的特点，也是一切科学研究的灵魂。教学研究的创造性，可以从问题、角度、方法和效果四个方面表现出来。如果某一教学研究课题所研究的问题，是别人没有研究的，而且具有一定的理论价值和实际意义，这个课题的研究就具有了创新性，但是如果某一教学研究课题虽然是别人研究过的问题，但本次研究从新的论证角度展开论证，或者采用新的研究方法，可以从某一方面弥补别人的不足，而且通过教学实践证明已经取得实效，那

---

① 李定仁. 论教学研究 [J]. 教育研究，2000，(11)：45

么其也是具有创新性的。

2) 教学研究中应该注意的问题

教学研究的意义在于解决教学问题，提高教学质量，促进学生成长和教师专业发展。教学研究所面对的是正在成长、发展中的学生，以及辛勤工作的一线教师，其必须有利于学生和教师的成长和发展，而绝不能影响学生和教师的成长和发展。因此，教学研究要注意以下问题：

(1) 教学研究要注意确立研究者的身份。研究者应该由旁观者变为参与者，要从"文本式"教学论研究者转化为"田野式"教学实践研究者。教学研究从属于社会科学研究，教学研究者不能像自然科学研究者那样，以一种超然的态度和一种外在的旁观者身份来研究教学。"书斋式"的从文献到文献的理论研究，只会导致教学理论研究越来越脱离教学实践，造成教学理论工作者和教学实践工作者越来越隔离，因此，教学研究者应该长期生活在被调查的对象之中，与被研究者打成一片。新课程改革吸取了这些合理的思想，"教师参与课程"、"教师成为研究者"是新课程中的两个重要理念，主张和鼓励教师参与课程、参与教学研究。教师的研究不同于学者专家的研究，是以解决教学中的实际问题为主要目的的，研究方法主要是参与式观察和行动研究法。教师作为研究者具有其他研究者所不具备的优势，即教师是教学过程的当事人和亲历人，置身于真实、鲜活的教学情境之中，能够自然的以完全参与者的身份在教学中进行研究，能够揭示整个教育教学事件的深层的真实状态。新课程改革的推动，也为教学理论工作者深入课堂教学实际、研究现实的教学问题以及与教学实践工作者合作互动、联合研究提供了契机。

(2) 教学研究要注意在研究对象方面充分关注教学中的事件。教学活动充满了偶然性、创造性，充满了随机的事件和机遇。教学活动中的情境和事件具有独特性、实效性和地域性，是人为的、偶然的、开放的、动态的、建构的和生成的。教师和学生在这一种刻意营造的教学情境和教学事件中，通过情境、事件的交互作用，实现特定的教育教学目的。教学过程不仅是知识和技能传授的过程，更是学生生命飞扬和人格塑造的主要过程。学生生命活力的飞扬和人格的塑造尤其需要良好的教学情境和教学事件的营造。教学研究的对象应该更加关注教学中的事件，既是适应教学研究实际的需要，更是教学研究富有活力和密切联系教学实际的保证。

(3) 教学研究要注意教学研究的目的，其既在于寻求客观规律，也在于面对教学事实并尝试做出解释。如前所述，教学活动是一种非常复杂、富于变化、充满灵活性和不确定性的社会活动，教学研究寻找"千篇一律"和"放之四海而皆准"的普遍规律却因过于抽象和单一，难以适应变化发展的教学实际。如果硬要用后者去框定前者，难免有"削足适履"之嫌，而且如果硬要用后者去框定前者，不但不能达到预期的目的，反而会遏制和阻碍前者的发展。因此，教学研究的目的一方面要寻求客观的规律，另一方面在某些情况下要面对教学事实，尝试做出解释。

(4) 教学研究要注意教学研究的视角应该是联系的、动态的、立体式的。现代教学本质上是师生之间以对话、交流、合作为基础而进行的文化知识传承和创新的特殊交往活动。这种活动由教师、学生、课程教材、教学方法、教学手段、教学环境以及教学评价等要素组成，各要素之间构成错综复杂的各种关系。教学不是一个封闭的系统，而是一个开放的系统，教与学、知与行、教师与学生、科学知识与人文知识、知识的授受与创新精神、创新能力的培养等不再是对立的两极，而是相互联系、相互转化、处于永恒的创造进化过程之中，所以，教师要重视而非忽视教学过程中的偶然性、创造性、丰富性和差异性，对教学现象的理解和解释也可以是多元的。因此，对教学现象及过程的研究要站在一个整体的高度，以联系而非孤立、动态而非静态、立体式而非平面式的视角来进行研究。

2. 认识信息化教学研究

1）什么是信息化教学研究

信息化教学研究的第一层含义指的是，信息化教学研究是一种"关于信息化教学的研究"，是对信息化教学领域中的现象进行探索，以认识信息化教学规律，解释信息化教学现象，从而提高信息化教学质量，促进教师和学生共同发展的一种教学研究。信息化教学研究是随着教育信息化的发展和信息技术与教学融合的发展而产生出来的一个教育教学研究的新领域。这个含义是从研究内容的角度来描述的，也就是说，如果某项教学研究的内容或对象属于信息化教学领域，如对信息化教学环境、资源的开发运用研究，信息化教学设计研究，信息化教学评价方式研究，信息化教学方式方法研究等，它就属于信息化教学研究。或者说，判断某一项教学研究是不是信息化教学研究，无论该项研究是否采用信息化研究手段和工具，只要其研究内容是针对信息化教学领域的研究，它就属于信息化教学研究。大家可以参照本章有关"信息化教学研究的主要领域"中的相关案例进一步理解信息化教学的第一层含义。

信息化教学研究的第二层含义，指的是"信息化的教学研究"或"教学研究信息化"，是将信息技术运用到教学研究领域，改善研究工具，提高研究效能的一种教学研究，其研究内容可能是信息化教学领域也可能是一般的教学领域。这个含义是从研究工具和研究方法的角度来描述的。信息技术的发展，如数字化调查问卷的运用、数字化统计分析软件的运用、数字化录音录像技术和非线性编辑技术的运用、博客等互联网个人发布工具的运用等，无论是对教学研究过程中数据的收集、分析、处理，或是对教学实践性知识能力的反思、培养、发展，或是对促进定量与定性研究的融合方面，都提供了强大的支持，教学研究信息化已经成为一种当今时代的趋势。大家可以参照本章"两种典型的信息化教学研究"中的相关案例来更好地理解信息化教学的第二层含义。

2）开展信息化教学研究应注意的问题

（1）开展信息化教学研究要避免技术主义研究范式。如前文所述，信息化教学研究的另一层含义指的是信息化的教学研究或教学研究信息化，但这并不意味着信息化教学研究一定要走技术主义范式。19世纪下半叶，自然科学取得巨大进展，随之而来的是在教学中以理论思辨为主要特征的逻辑演绎与自然类比两种范式已不能适应时代发展的需要，随着教学研究科学化呼声的日益高涨，教学研究的技术主义范式在教学研究领域应运而生。教学研究的技术主义倾向来自西方社会学者马克思·韦伯（M. Weber）提出的"工具理性"，即通过实践的途径确认工具（手段）的有用性从而追求事物的最大功效。崇尚技术主义范式的教学研究者们认为，教育既然是科学，就应以科学的态度和实证分析的方法进行研究，如严密观察、精确测量等；量化教学，精确教学，使教学在向科学化迈进的道路上前进了一大步。"但是，这种技术化的教学研究忽视了对教学的定性分析，忽视了教学过程的发展变化性的和教学现象本身的多元性、复杂性、多样性、差异性、特殊性，过于强调对教学的定量分析，缺乏人文社会科学应有的研究方法，从而回避了对教学的意识形态分析，走纯技术的路线，造成了教学事实与价值的分离。"① 这就使技术化的教学研究陷入了困境，作为信息化教学研究，当然要注意避免这种纯技术主义的研究范式。

（2）开展信息化教学研究要注意将定量与定性研究相结合。信息技术可以为定量研究提供强大支持，但这并不意味着信息化教学研究一定要做定量研究。信息技术既可以为定量研究中数据的收集、统计分析与处理提供强大支持，也可以为定性研究中的研究者实施参与式研究提供强大帮助，如录音录像式采访座谈、数字化视频录像分析等。信息技术同样也可以为质性研究提供巨大支持，如数字化的录音录像技术和非线性编辑技术就可以为质性研究搜集第一手个体化的鲜活资料提供强大支持，而以博客为代表的互联网个体信息发布工具，更是为教师展开生动的教育叙事研究或反思性行动研究提供了强大支持。因此，信息化的教学研究，完全有条件成为一种定性与定量相结合的研究。所以，一定要避免技术主义研究范式，将定量与定性研究相结合，开展信息化教学研究。

10.1.2 信息化教学研究的主要领域

1. 信息化教学资源与环境研究

信息化教学资源与环境的介入是信息化教学的主要特征。教学环境是指在教与学的过程中教学活动赖以持续的情况和条件的总和。其中，"条件"既包括物质条件也包括非物质条件。信息化教学的资源与环境是信息技术支持下的教学资源与环境，是指在信息化教学过程中教学活动赖以持续的情况和条件、硬件与软件资源的总和。祝智庭教授将信息化教学环境分为"教学授递环境、信息资源环境和集成化资源环境"② 三大类。信息化教学环境介入教学过程或课程的开发实施过程，会影响到教学内容的表达与传递，教学组织形式的变革、适应与运用，教学评价方式的变革等诸多教学要素，而其中对教学内容表达与传递和教学组织形式变革的影响是最为关键的。每出现一种新的信息技术或媒体技术，都会在教学内容的表达与传递、教学组织形式方面引起不同程度的变革。教学内容的表达与传递和信息化教学资源的设计开发运用密切相关，教学组织形式的变革又与信息化教学环境的设计、开发、运用密切相关。因此，研究信息化教学资源与环境的设计、开发、运用，就成为信息化教学研究领域的主要内容。

例如，高东怀等的"基于网络的信息化教学环境优化及应用研究——以第四军医大

---

① 林润之. 论教学研究的场域与方法变迁 [J]. 贺州学院学报, 2010, (8): 93
② 祝智庭, 顾小清, 闫寒冰. 现代教育技术——走进信息化教育 [M]. 北京: 高等教育出版社, 2002: 107

学信息化教学环境的构建为例"①，就是一种典型的以信息化教学资源与环境为研究内容的信息化教学研究，该研究从理论的角度，从基于网络的信息化教学环境存在的主要问题及成因入手，结合第四军医大学信息化教学环境建设的成功经验，对其优化和应用作了认真探究；曹艳和赵呈领的"基于网格的分布式教学环境和资源管理设计"② 研究，以及谷增军的"基于 Blackboard 教学平台的网络信息化教学环境构建"③ 研究等，也都是典型的信息化教学资源与环境研究，且其主要特征都是聚焦于某种新兴的信息技术支持的教学资源与环境的设计与开发研究。

2. 信息化教学设计研究

教学设计是信息化教学领域的一个重要内容，是教师进行教学之前对教学活动的规划和安排，信息化教学设计则是考虑在信息化教学环境的支持下教学活动的规划和安排。从广义上讲，凡是信息技术应用于教学的设计均应属于信息化教学设计的范畴，但从信息化教学设计的定义及设计要素上分析，信息化教学设计是在建构主义理论的支持下，利用信息化教学环境进行教学的设计，更加关注学生的学习活动设计，更加注重学生高级能力的培养和发展。信息技术的发展将对教学设计提供哪些重要支持，如数字化概念图对于教师设计教学流程、分析教学内容、确定教学目标、运用教学媒体等的影响，及时或非及时通讯软件对教师了解学习者风格和初始能力的影响，网络环境下的有效教学研究等，都将成为信息化教学设计研究的重要内容。

例如，2008 年，华中师范大学教育技术学专业硕士研究生杨慧玲在其硕士论文"基于 LAMS 开展信息化教学设计的实践研究——以教育技术公共课实验教学为例"中，尝试从 LAMS 的角度来考察信息化教学设计的问题，对如何在 LAMS 环境下开展信息化教学设计进行了深入的研究，并以教育技术公共课实验教学为例将其付诸实践，探索了以学习活动为中心的信息化教学设计的实现途径和实践模型，这就是一种典型的以信息化教学设计为主要研究内容的信息化教学研究。

3. 信息化教学实施研究

信息技术作用于教学的实施过程当中，会对教师和学生的心理与行为，以及教学内容的表达、讲授方式与学习建构带来巨大影响。对于一种新的信息化教学手段的介入，教师和学生首先从心理上能不能适应、能不能接受，影响其接受的因素有哪些，行为上会不会很快改变和熟练运用，针对某一特定教学内容、某一特定教学对象、实现某一特定教学目标到底该选择什么样的教学环境，什么样的教学媒体，什么样的教学方法、教学模式与教学策略等，都是信息化教学研究的重要领域和内容。

例如，2011 年，华中师范大学课程与教学论硕士林钦在其硕士毕业论文"基于混合学习的研究型网络课程实施效果研究"中，以《教育技术学研究方法》研究型网络课程为例，选择了教育技术学专业本科生、教育技术学专业研究生、其他专业本科生作为

---

① 高东怀，沈霞娟，许卫中等．基于网络的信息化教学环境优化及应用研究——以第四军医大学信息化教学环境的构建为例 [J]．电化教育研究，2009，(5)：38~40
② 曹艳，赵呈领．基于网格的分布式教学环境和资源管理设计 [J]．开放教育研究，2005，(12)：60~62
③ 谷增军．基于 Blackboard 教学平台的网络信息化教学环境构建 [J]．实验室研究与探索，2011，(7)：174~177

研究对象，在课程开始前，通过"学生能力现状和学习需求调查问卷"，开展了前期调查，分别了解了这三类研究对象的混合学习需求及现有的科学研究能力水平；依据前期调查的结果，分别设计了他们的基于混合学习的研究型网络课程的应用模式和评价指标，并将多种学习活动融入其实施过程；在课程结束后，通过"学生学习效果与网络课程应用调查问卷"，开展了后期调查，并结合学习者的作品和成绩，评测、比较了这三类研究对象的基于混合学习的研究型网络课程应用模式的实施效果。此研究以针对不同教学对象建立不同的信息化教学模式为契机，是一种典型的有关信息化教学实施过程的研究。

4. 信息化教学评价研究

信息技术的发展可以对实现现代教学评价理念，如多元化评价、多主体评价、形成性评价、表现性评价和发展性评价等提供强大支持。实践表明，信息技术不但可以对传统的测验法提供强大支持，而且还可以提高档案袋评价、量规评价、观察法评价的效能，甚至还促成了概念图评价法、学习契约评价法、教育博客实作展示评价法的产生，信息化教学评价研究必将越来越受到信息化教学研究者的关注。

例如，2010年，南京理工大学工程硕士专业研究生黎永碧的硕士论文"基于网络技术的教学评价系统研究"便是一种典型的信息化教学评价研究。

又如，2011年，南京师范大学教育技术学研究生高鹏飞在其硕士论文"高校信息化教学质量评价研究"中，以多元智理论、形成性评价理论、发展性评价理论、后现代评价理论为基础，并结合信化教学质量评价的原则，采用文献研究、专家评议相结合的方法，确定了我国高校信息化教学质量评价的指标及权重，提出了一些新的评价方法、手段，如教师自我分析量表、教学博客、关键事件法、教学录播系统、校园BBS调查、基于网络教学平台的评价、多媒体设备管理系统、学生电子档案袋等，并且构建了高校信息化教学质量评价的模型。该研究充分显示出信息技术对现代教学评价内容体系和方法体系的全面影响，是典型的有关信息化教学评价的研究案例。

5. 信息化学习方式及学习者发展研究

教育教学的最终目的在于促进学习者的发展，就信息化教学过程而言，其关注的重点主要有三个方面：一是以脑科学和认知科学为基础，探索学生的信息化学习心理机制；二是积极探索信息化学习方式的构成与发展；三是积极探索信息化背景下如何促进学生养成健康的学习心理。脑科学与认知科学都是正在发展的崭新学科，其研究成果将给信息化教学中的学习者的发展带来不可估量的益处。同时，信息化教学过程要求学习者要不断掌握各种新的信息技术、学习技术，不断发展自己的信息化学习方式、学习方法和学习策略，如何取长补短、合理运用各种媒体资源以促进自己的学习，如何有效运用各种信息技术合理管理自己的时间和知识等。此外，信息化教学过程中，面对浩如烟海的网络信息资源，学习者如何才能不迷航或者不被网络牵着鼻子走、如何才能养成良好的学习心理，都是信息化学习方式与学习者成长研究的重要内容。

例如，李芒教授所做的有关信息化学习方式的研究，在其著作《信息化学习方式》中，重点论述了目前十分重要的几种信息化学习方式，如信息化自主式学习、信息化合作式学习、信息化探究式学习、信息化接受式学习、信息化体验式学习以及信息化混合式学习等。又如,桑新民教授等从事有关学习科学与技术的研究,在其《技术—教育—人的发展——教育技术学哲学基础初探》、《学习科学与技术》等著作中,除了探讨学习的机制和各种信息化学习方式,还把着眼点放在信息时代的学习者的发展上。这些都属于典型的有关信息化学习方式和学习者研究的领域。

6. 信息化教师专业发展研究

教育教学的目的除了要促进学习者的发展,还要促进教育者的发展,教学相长,就是这个意思。教师的发展是教学活动能够得以长期有效进行的重要前提。信息化教师专业发展研究即信息技术支持的教师专业发展研究,正如第2章中所提到的,信息技术为教师专业发展提供了很多支持。一方面,信息技术为教师专业发展研究提供了强大的教学交流与反思平台,如博客叙事、BBS交流协作、网络视频和音频交流、视频案例等,不仅为教师从心理、情感上适应信息化教学,也为提高教师的信息化教学技能等提供了强大支持,是教学反思的重要途径。另一方面,信息技术为教师专业发展提供了强大的教育教学研究支持平台。大量的互联网资源为教师开展一线研究,提高自身实践性知识和信息化教学能力等提供了强大支持。因此,信息技术支持的教师专业发展研究必将成为信息化教学研究的重要领域。

例如,2006年,江西师范大学教育技术学研究生熊平的硕士论文"信息技术支持的教师专业研究"便是一种典型的有关信息技术支持教师专业发展的研究。该研究系统论述了信息技术支持的教师专业发展途径,认为教师专业发展的途径是从培训到研修、从在场到在线的变革;分析了信息技术支持的教师专业发展的典型途径,如基于虚拟学习社区的学习、基于电子档案袋的评价、基于博客的教学反思等。在此基础上,该研究以"东湖教研在线"为研究个案,在问卷调查和数据统计的基础上,对其进行了分析,指出了其存在的问题,并提出了系列改善策略,揭示了网站如何促进教师实现知识转化的机制,讨论了信息化教师专业发展的有效性原则。

又如,2010年,广西师范大学教育技术学专业研究生唐名丽的硕士论文"信息技术环境下的教师专业发展研究"也是一种典型的有关信息技术支持的教师专业发展的研究。该研究从参加"广西中小学教师园丁工程培训班"的200多名教师中选取其中5名最具典型性的优秀教师个案作为研究对象,通过跟踪访谈、走访调查等方式,以纪传体的形式分阶段讲述他们在教育信息化、新课程改革和整合实践中的发展历程。在此研究基础上,经过比较分析和文献研究,从收集的个案资料中总结出他们关于教师专业发展的成功经验和策略,从而归纳出中小学教师利用信息技术培训促进教师专业发展的基本途径和策略。

10.1.3 两种典型的信息化教学研究

1. 基于教学视频案例的课堂教学研究

1) 教学视频案例及其特点

"案例是对某种具体情景的记录,是对'当前'课堂中真实发生的实践情景的描述。案例也是一种包含有疑难问题的实际情境的描述。案例研究最早被医学界、法学界、工商管理界所使用,案例研究及应用被引入教学,更加彰显出其理论联系实践的特点,逐渐成为提升教师专业素养的重要途径。……一个教学案例就是一个包含有教学疑难问题的实际情境的描述，是一个关于教学过程的故事，描述的是教学过程中'意料之外，情理之中的事'。"[1]

教学视频案例就是视频形式的教学案例，是以视频的形式形象直观地记录下来的一段具体的教学过程或教学情景。教学视频案例的发展经历了传统课堂教学录像案例和数字化教学视频案例两个阶段。数字化教学视频案例是"以教学观摩、教学研究为目的，以视频为主要形式，全程记录某一真实教学活动，并利用网页技术制作的、集成了教学案例各类材料（主要包括文本、图片及视频材料）的超媒体教学案例。"[2]

与传统的课堂教学录像相比，数字化教学视频案例的内容更为丰富，不仅包括教师教学录像，还包括专家点评、教师反思、学生作品案例等，而且其结构是非线性的。这种新型的教师研修资源能够为广大一线教师提供主题研究的范本，既支持新上岗教师"入格"学习，还能为师范院校毕业学生提供生动的教学范例，全面有效地促进教师职前与职后专业化发展。数字化教学视频案例大致具有如下特点：

（1）信息丰富、真实。视频材料用丰富的信息，全景全程展现课堂教学的活动。具有课程标准、教材内容、教学设计等丰富的文字信息，还有其他辅助媒体材料，如学生学习活动的记载或学生习作、作品的展示，甚至教师反思、专家点评等。

（2）主题突出、专业引领。教学视频案例的案例选择与设计一般都主题鲜明，所展现的教学活动与所设计的研究主题紧密相连，其案例可集中凸显某些教学现象并引发对相关教学问题（案例核心问题）的思考，而不仅仅停留在观摩层面，从而可引导观摩者与设计者一道共同交流和反思。它具有供交流、讨论、问题反思的平台或联系方式如教育论坛、博客、学习组、电子邮件等。教学视频案例中所包含的专家评点等可以充分显示出对案例核心问题讨论的理论与专业引领。

（3）超媒体链接，适合个性化学习、讨论、交流与反思。与通常课堂录像的"线性"、"单向"观看相比，教学视频案例以网页为载体，通过超媒体链接，具有多种浏览和使用途径，可以满足观摩者以不同的习惯和方式观看浏览，以及上网交流、讨论。

当然，与文本案例相比，教学视频案例也存在不足，一是设计开发工作量大，二是拍摄制作对技术与设备要求较高，三是视频片段的观看耗时较多。

2）基于教学视频案例的课堂教学研究

基于视频案例的课堂教学研究，是将教学视频案例作为主要数据来源，在教学互动分析技术和录像研究技术基础上，探索教学规律，解决或解释教学问题的一种课堂教学的微观研究。

课堂教学微观研究始于西方20世纪50~60年代。随着教育研究领域的一系列技术革新，课堂教学的微观研究在教学互动分析技术[3]和TIMSS（Third International Mathematics and Science Study，第三次国际数学与科学研究）录像研究技术两次重大

---

[1] 方红. 教师研修新资源——教学视频案例开发创作与应用介绍［J］. 成都教育学院学报，2006，(9)：7
[2] 谯小兵. 对教学视频案例定义的思考［J］. 教育与教学研究，2011，(5)：48
[3] 一种适合从微观上探索教学行为规律和性质，综合运用结构性观察、话语分析等多种方法的教学研究技术。

突破的影响下，进一步向微观化、技术化的纵深路向发展，从而进入了鼎盛时期[①]，同时，也将基于教学视频案例的课堂教学研究带入了鼎盛时期。

可以说，TIMSS 便是一种典型的基于教学视频案例的课堂教学研究。因其以大量数学课堂教学视频案例为研究对象，在互动分析技术的基础上，从跨文化、跨学科的视角对数学课堂教学进行了一种整体研究和系统研究。在 TIMSS 中，大型（数学）课堂教学录像数据库和数字化分析平台的创建，极大地显示了教学视频案例在当前数学教学研究和教育教学改革中的巨大威力。相信随着非线性的、资源丰富的数字化教学视频案例的发展，以 TIMSS 为代表的基于教学视频案例的课堂教学研究必将走向一个崭新的发展阶段。

基于教学视频案例的课堂教学研究一般采用内容分析法和行动研究法。按照其所选取视频案例样本大小的不同，可以将这种研究分为两种。

（1）大样本教学视频案例研究法。这种研究以内容分析法为主要取向，其实施者往往是教学研究的专家学者，往往针对某一领域、某一阶段、某一类型的教学，选取较大数量的教学视频案例作为数据分析源以展开研究，从中获得某种共性的、规律性的结论或理论，其主要特征是：以较大数量的教学视频案例样本为主要分析对象；得出某种有关某一领域、某一时段、某种教学类型中所具有的特征或所存在的问题的规律性描述，旨在揭示一些共性问题，得出某种共性答案。

例如，曹一鸣和许莉花在其"数学与现实生活联系的度是什么——基于中国 4 位数学教师与 TIMSS1999 录像研究的比较"[②] 一文中，通过分析 TIMSS1999 的录像资料发现：参与的 7 个国家 8 年级数学教学中与现实生活联系的数学问题所占比例为 9%～42%，平均为 22%，与学生成绩没有必然关联。对 LPS（the learner's perspective study，即学习者视角研究）北京市和上海市 4 位教师连续 10 节以上课时的中间 5 节共计 20 节录像课的编码研究，得出其相应值为 11%，且主要以综合应用形式集中出现在应用专题教学中。在教学中，数学与现实生活的联系不应有统一标准，数学教学是多样化的。这种研究就是一种典型的将大量的视频录像案例作为数据分析源，展开研究的案例。

（2）小样本教学视频案例研究法。以反思研究和行动研究法为主要取向的教学视频案例研究，其实施者往往是一线教师，旨在针对某一门课甚至是某几节课的教学视频案例展开分析和研究，从而促使教师展开反思，解决具体的教学问题，改进教学方法和教学策略，提高教学效果，促进教师自身发展。其主要特征是：以较小数量的教学视频案例样本作为主要分析对象；找到教学实施过程中存在的具体问题，尝试解释和解决这些问题。

例如，叶立军、斯海霞在其"基于录像分析背景下的代数课堂教学提问研究"[③] 一文中，通过对四节初中代数课的课堂录像进行量化分析，归纳了教师课堂提问的类型及其与学生回答之间的联系，得出以下结论：课堂教学中，课堂教学提问数量较多，但各

[①] 赵宗孝，水永强. 课堂微观研究与教育技术"新革命"[J]. 现代教育技术，2010，(11)：43
[②] 曹一鸣，许莉花. 数学与现实生活联系的度是什么——基于中国 4 位数学教师与 TIMSS1999 录像研究的比较[J]. 中国教育学刊，2007，(6)：60
[③] 叶立军，斯海霞. 基于录像分析背景下的代数课堂教学提问研究[J]. 教育理论与实践，2010，(3)：43～45

类提问运用的比例不同;学生回答问题所占时间较短,且学生机械性回答占了较大的比例;教师提问难度与学生回答水平没有直接的关系;教师合理使用追问的频度和密度将有助于提高课堂教学的有效性。此研究便属于典型的基于小样本的教学视频案例的研究,目的在于解决具体的教学问题。又如,郑晓丽、夏一飞在其"基于 Transana 平台的教师专业发展可视化分析案例研究"[①] 一文中,利用国外的 Transana 平台,结合 Flanders 课堂观察定量分析法,根据 TIMSS 课堂教学信息编码的两个维度对精品课程的一个视频课例进行分析,为执教教师提供一种可视化分析模式和平台,以促进教师的教学反思,同样是一种典型的基于小样本的教学视频案例的研究,其目的在于促进教师学会运用视频案例进行反思。

2. 基于博客的教育叙事研究

1)教育叙事研究及其特征

教育领域引进叙事研究,国外大致开始于 20 世纪 80 年代末,国内滞后 10 年左右,大致开始于 90 年代末期。教育叙事研究法就是质的研究取向下的一种进行教育研究的方法,它通过叙事的方式来寻找教育的意义和价值所在,是研究者(主要是教师)以叙事、讲故事的方式开展的教育研究。教师通过对有意义的学校生活、教育教学事件、教育教学实践经验的描述与分析,从而发掘或揭示内隐于这些生活、事件、经验和行为背后的教育思想、教育理论和教育信念,从而发现教育的本质、规律和价值意义,教育叙事研究不直接定义教育是什么,也不直接规定教育应该怎么做,它只是让读者从故事中体验教育是什么或应该怎么做。

从内涵上看,教育叙事研究能够与其他教育研究方法区别的本质属性在于,它充分利用了教育生活叙事具有包含个体乃至人类教育生活的基本结构性经验,体现个体乃至人类的知识组织模式和基本思想模式等功能,通过对教育叙事材料进行解构和重构,发现和解释隐藏其中的意义。因此,教育叙事研究是指研究者通过收集和讲述个体的教育生活故事,描述个体的教育日常生活,进而在解构和重构教育叙事材料过程中对其行为和经验建构获得解释性理解的一种活动。"从外延上看,教育叙事研究是教育研究与叙事研究的有机结合,是教育研究对叙事研究方法的一种整体性借用。因此,运用叙事研究方法研究教育问题的研究都可以称为教育叙事研究。"[②]

教育叙事研究的基本特征是以叙事、讲故事的方式表达作者对教育的解释和理解。具体地说,教育叙事研究大致有以下三个特征[③]。

第一,教育叙事研究讲述的是一个"过去"的、已经完成的教育事件,而不是对未来的展望或发出的某种指令;它所报告的内容是"实然"的教育实践,而不是"应该"的教育规或者是"或然"的教育想象。这使叙事研究的标题表达的是"过去时态"而不是"将来时态",是"陈述句"而不是"祈使句",如《中学语文教学手记》、《爱心与教

---

① 郑晓丽,夏一飞. 基于 Transana 平台的教师专业发展可视化分析案例研究[J]. 现代教育技术,2009,(7):29~34
② 胡东方. 教育研究方法——哲理智慧与研究智慧[M]. 上海:华东师范大学出版社,2009:147
③ 刘良华. 论教育"叙事研究"[J]. 现代教育论丛,2004(4):52

育——素质教育探索手记》、《我所看到的美国小学教育》、《素质教育在美国——留美博士眼里的中美教育》、《高高地举起你的左手》等。显然，这些主题不同于《发挥学生的主体性》、《关心学生》等祈使句，这些句子前面都隐含了"应该"、"必须"等情态动词，所报告的内容不是报告者已经做了什么，而是要求自己或别人应该做什么。

第二，教育叙事研究所报告的内容必须是与某一个或几个具体的教育生活中的"人"有关的故事。任何"故事"都有具体的角色，如哈姆雷特、关羽、林冲、贾宝玉等。如果说传统教学的危机是教师在课堂教学中往往目中无人，那么，传统的写作方式的危机是教师在写作中目中无人。教师的教学论文、教学经验总结要么只有知识、要么只有抽象的某类学生，而根本没有具体的、独特的学生。非但没有学生的个性和学生的声音，也没有表达教师个人的真实的理解和体验。叙事研究重新关注写作者自己的经历，不仅把作者自己摆进去，而且把写作的对象从"知识事件"转换为"人事"，是人与知识打交道或者人与人打交道时发生的某种故事。由于教育叙事研究关注教育事件中的"人"，这使叙事研究随时使用"心理分析"技术，即针对某"个人"或某"群人"做出解释和理解。

第三，教育叙事研究所报告的内容必须具有一定的"情节性"，也可以说，"情节"是任何叙事（或故事）的一个基本特征。一般意义上的故事"情节"往往与"误解"、"突然死亡"、"生活艰难与抗争"、"寻宝"、"复仇"、"三角恋爱"等相关。"寻宝"、"复仇"等在教育叙事中并不常见，"三角恋爱"在学生中虽也有发生但叙说的价值有限。而"误解"、"失而复得"、"生活艰难与抗争"等属于常见的教育事件。教育生活中师生之间每天都在发生"误解"以及消除"误解"之后的重新理解、某个学生或教师因"突然死亡"而引起周围人群的深度同情和反思。而更常见且值得叙述的教育事件是，教育因其艰难而使教师置身于教育问题、教育事件中，使教师不得不"独上高楼，望断天涯路"。教师一旦开始思虑教育的困境和谋划教育的出路，总是在众里寻他千百度之后，"蓦然回首，那人却在，灯火阑珊处"。这就是教育叙事的"情节"。这种意义上的"情节"意味着某种"波折"、"变化"、"起伏"、"转换"或"节外生枝"。

2）基于博客的教育叙事研究

博客始于1997年的美国。2001年9月11日，美国世贸大楼遭受恐怖袭击，博客成为重要信息来源。从此以后，博客正式进入美国主流社会视野。2002年7月，中国博客由方兴东、王俊秀正式命名，并率先搭建了博客中国网站。2003年，"博客"成了网络搜索引擎的热门关键词。2005年7月7日，中国社会科学院社会发展研究中心的《2005年互联网使用状况及影响调查报告》显示，中国1/3的网民已成为博客用户，并且仍然在快速扩散之中。教育行业作为博客的重要应用领域之一，自然也成了研究者关注和研究的焦点之一。庄秀丽探讨了博客与自主学习的关系。上海中医大学的徐平教授利用博客开展了国家教育部十五重点课题"针推理论探究式学习"的研究，开创了基于网络进行学术项目开放共享研究的先河。黎加厚教授首先带领研究生团队，建立了"东行记"博客，最早发起和推动了基于博客的教育叙事研究，主要从基于博客的教育叙事如何促进教师主体意识觉醒的角度对教育叙事的功能、作用等进行了探讨。在中国教育技术协会2005年的协会会议上，与会者更是把基于博客的教育叙事的特点归纳为共享性、真实性、故事性、情感性、思想性等，把其概括为具有科研功能，体现以人为本的精神，给人以启发和帮助，是教师实践性知识的一种表现方式。教育叙事研究与教育博客相结合，可以把教师的所见所想，与全球化的数字化交流环境融为一体，为每位普通教师的发展提供了一个崭新的世界，从而使教师真正成为专业发展的主体。

传统的教育叙事的产生、传播、共享一般采用纸张的方式进行，其影响力和研究效力都受到一定影响，而基于博客的教育叙事可以把教育叙事和教育博客结合起来，一个是教师的所思所想，一个是全球化的数字化交流环境，二者融为一体，为每位普通教师的发展掀开了一个崭新的世界加强了教育叙事研究成果的交流性、共享性，从而提高了教育叙事研究的效力。或者说，由于教育叙事的表达方式主要有"教育日志、教育随笔、教育自传、讲教育故事、写信等"[1]，而博客以其个体性、数字化、多媒体化、开放性和共享性，很适合成为教育叙事研究的工具。此外，与 BBS、专题网站等比较起来，将博客作为教育叙事研究的平台，显然具有其很强的优越性。

我国有几个发展很快的教育博客群，这些博客群中的教师，在自己的博客中做着或大或小的教育叙事，反思着自己的教育教学实践，在叙事中反思着，在反思中发展着，体现出一种典型的基于博客的教育叙事研究，如教育部全国中小学教师教育网教师博客（http://blog.teacher.com.cn/）；中山教师博客（http://www.1363.cn）；海盐教师博客（http://www.jsblog.cn/）；连云港教育博客（http://blog.lyge.cn/listware.asp）；南通教育博客（http://blog.ntjy.net）；海宁教师博客（http://blog.zjhnedu.com）；张家港教育博客（http://www.zjgedu.com.cn/blog/index.html）等。

10.2 信息化教学研究课题申报

10.2.1 信息化教学研究课题的来源与确定

科学方法论史家贝尔纳指出："课题的形成和选择，无论是作为外部的经济技术要求，抑或作为科学本身的要求，都是研究工作中最复杂的一个阶段。一般说来，提出课题比解决课题更困难……所以评价和选择课题，便形成了研究战略的起点，要从一大堆课题中挑出带实质性的课题来，而不能把它们同非实质性的课题混杂在一起"[2]。著名科学家爱因斯坦和英费尔德也曾指出："提出一个问题往往比解决一个问题更重要，因为解决一个问题也许仅是一个数学上的或实验上的技能而已，而提出新的问题，新的可能性，从新的角度去看旧的问题，却需要创造性的想象力，而且标志着科学的真正教育进步"[3]。一切科学研究都要从发现、选择问题开始，信息化教学研究也不例外。课题的发现和选择是研究的起点，是研究准备阶段的首要工作。那么，首先就要了解信息化

---

[1] 项家庆. 新课程背景下中小学教师如何开展行动与叙事研究 [M]. 武汉：华中科技大学出版社，2008：59
[2] 贝尔纳 J D. 科学研究的战略 [A]. 中国社会科学院情报研究所编译. 科学学译文集 [C]. 北京：科学出版社，1980：28
[3] 爱因斯坦 A，英费尔德 L. 物理学的进化 [M]. 周肇威译. 上海：上海科学技术出版社，1962：66

教学研究课题的一般来源，掌握发现问题并最终确定信息化教学研究课题的一般策略。

1. 信息化教学研究课题的来源

教育研究课题有长期与短期之分，有全面与局部之别，有理论研究，也有实践和应用研究。信息化教学研究课题来源，总的来说，来自以下三个方面。

1）来自信息化教学基础理论的争鸣与讨论

这方面的问题可以通过大量的文献查阅分析来发现，以及通过对当前信息化教学理论发展的前沿、动态和趋势的把握提出来。这类问题，又主要集中在这样几个方面：原先的研究中被忽略的问题或纯粹的空白点，前人已有研究中的不足之处或缺陷之所在（研究方法或观点认证中存在错误或缺陷的地方），理论界的观点分歧和矛盾的焦点等。这类课题的研究，一定要在注重理论创新的同时，注重对实践的指导和推广价值，否则就成了闭门造车的书斋研究。

2）来自广大信息化教学工作者的创造性实践

在广大一线教师的信息化教学实践当中，存在着大量的错综复杂的问题，亟待研究工作者去协助研究和解决；此外，广大信息化教学工作者成功或失败的教学经验，也需要及时整理与反思、总结和升华。这些都可以成为很多信息化教学研究课题的来源。

3）来自教育科学规划指南

国家教育行政部门、科研机构、学术团体从宏观、微观方面对教科研的发展定期做出的科研规划，这些规划是根据科教兴国的发展战略，依据理论与实践相结合、普及与提高相结合的科研方针制定出来的。各级教育机构、各种教育研究团体及教育学术期刊、各级各类学校也会据此制定出各自的选题范围或课题指南，引导研究方向，推动教育改革与发展。规划指南不是具体的课题题目，而只是一种研究的方向或项目。信息化教学研究者一定要在选择课题和进行研究设计时，特别注意将其具体化，使其具有现实可行性。例如，在"全国教育科学'十二五'规划 2011 年度课题指南"中就包含一些与信息化教学研究有关的课题指南，如教育信息技术开发转化研究、电子教科书研究、师生信息素养研究、数字化资源共享及其权益保护机制研究、教育信息化使用效益研究、数字化校园网研究、学生数字化学习研究、农村智能学校研究、网络新技术对教学方式的影响研究、网络交互教学成效研究等。

这些指南仅仅为我们确定信息化教学研究课题引领了方向，只是一种概要式的描述，真正要实施和开展研究，只能是参考其中某一个方向继而明确一个具体的课题。例如，可以选择其中的"学生数字化学习研究"方向来确定自己的研究课题，如"数字化听觉媒体发展提高中学生英语学习能力的研究"、"基于互联网即时通信技术的中学生英语听说能力训练研究"等。这样，才算是最终有了一个具体的研究课题。

2. 如何确定信息化教学研究课题

1）如何发现并确定问题

（1）怀疑的精神。怀疑精神是创造的前提，敢于质疑，敢于批判，敢于发现权威或专家的漏洞，就有可能创新。学术无禁区，科学无止境。今日被认为是真理的知识，明天也许就成为谬误。因此，对任何教育观点和教育、教学实践行为，我们都应该采取怀疑的态度。怀疑意味着对已有的结论、常规、习惯、行为方式等的合理性做出非绝对的肯定，或做出否定的判断。怀疑必然会引起人们对事或物的重新审度，会在原来以为没有问题的地方发现新问题。一般来说，学科发展水平越低，值得怀疑的地方就越多，实践越依赖于经验和常识，其实践的合理性就越值得怀疑。

当然，怀疑要有依据。怀疑的依据主要有两个：一是大量的教育、教学事实和经验，二是科学分析的逻辑结论。怀疑的结果也有两种可能：一是部分或完全证实自己的怀疑，二是证伪了自己的怀疑。无论证实和证伪，都会使人们对这个问题的认识向前迈进一步。例如，对"演示文稿可以取代黑板"这一观点，我们就可以质疑，并展开深入分析和探讨。演示文稿是数字时代的信息表达方式，其多媒体性、非线性、可存储性、可复制性、可共享性，以及漂亮美观的界面都给教学过程带来了不少便利和促进作用，然而，演示文稿使用过程中也存在着缺陷，如果信息容量过大，每张幻灯片切换速度过快，也许不利于学生沉静思考和消化吸收知识。演示文稿在教学过程中使用时到底应该如何设计，应该注意哪些问题，如何才能扬长避短发挥其优越性，都是很值得去探究的问题。

（2）发散性思维方式。发散性思维和收敛性思维，是人们进行创造活动时，运用的两种不同方向思维方式。两种思维方式具有互补的性质。

我们一般运用发散性思维，发现问题并确定课题。发散性思维是整个创造性思维的基础和核心。它追求思维的广阔性，大跨度地进行联想，不拘泥于一点或一条线索，而是从仅有的信息中尽可能扩散开去，不受已经确定的方式、方法、规则或范围等约束，并从这种扩散或者辐射式的思考中，求得多种不同的解决办法，衍生出不同的结果。在发现研究问题并确定研究课题时，可以充分发挥发散思维中类比联想等思维形式展开思考。例如，看到论文题目"创新思维模式及学术论文规范化"，便可以运用联想的思维方式想到这样一个题目："创新思维模式及信息化教学评价标准化"；看到"教师的个人特质与教育信息技术的采纳"这样一个论文题目，可以联想到"教师的个人特质与信息化教学模式的采纳"这样的题目等等。

运用收敛式思维，发现问题并确定课题。收敛式思维是指在解决问题的过程中，尽可能利用已有的知识和经验，把众多的信息和解题的可能性逐步引导到条理化的逻辑序列中，最终得出一个合乎逻辑规范的结论。例如，分析与梳理过去 20 年有关教学录像促进教师反思成长的文献资料，发现问题，确定课题；分析梳理自己多年来信息化教学实践中存在的各种问题，一一求证，提出方案，从中找到课题等。

2）确定信息化教学研究课题时应该遵循的原则

（1）可行性原则。可行性主要看所选课题对于研究者来说有无研究能力，有无资料、经费及相应的研究条件，可从四个方面考虑：①人力，主要包括课题负责人和课题组成员的研究兴趣、知识和能力水平、特长等因素；②财力，主要包括实验经费、资料收集所需经费、调研经费等研究经费；③物力，主要包括学校现有的实验设备和校外能利用的实验设备、研究的地方和场所、学校的图书资料和校外图书资料、互联网资源以及实验所用药品等；④时间，课题研究的时间大致可分为预研究时间、实验和收集资料的时间、讨论交流的时间、撰写报告的时间和鉴定结项时间。

（2）创新性原则。该原则主要要求确定信息化教学研究课题时，选题要具备尝试

"提出新理论，创造新知识，发展新学科，改进新方法，构建新模型，解决新问题"等其中的一种或几种意向。

（3）科学性原则。该原则要求信息化教学研究选题必须有事实根据和理论根据，论证要正确，逻辑要合理，即必须符合科学原理。

（4）价值性原则。信息化教学研究课题的价值主要可以从两个方面加以评判：①学术价值。学术价值是指科研成果在学术上对科学知识体系的贡献，主要表现为理论观点上的创新、研究方法上的突破、资料的新发现、学科领域空白的填补以及对其他学科的理论指导和启示作用。②社会价值。社会价值是指一项信息化教学的研究成果是否能对信息化教学实践起到的切实有效的指导作用。

3）确定信息化教学研究课题时应该注意的几个主要问题

第一，课题大小要适度，起步阶段应该以小课题为主。许多初做研究的人，都认为大课题才有研究价值，然而，实际结果往往事与愿违。这些问题或者在规定的时间内根本无法解决，或者无法获得可信的科学结论。例如，"中外学习理论对信息化教学的影响研究"这个课题就太大了，使人难以入手：一是中外学习理论有很多种，个人根本无法一一完全掌握；二是构成"信息化教学"的因素有很多，到底是对哪个因素产生影响，题目中并没有加以限定，很难操作。

选择研究课题时，一定要从实际出发，选择范围大小与实际研究条件相适合的课题。而且，无论是微观课题研究还是宏观课题研究，无论是综合课题研究还是单项（单科）课题研究，都应力求所研究的问题清晰、具体、具有可操作性，以提高研究成功的可能性。问题是否具体、适度，往往关系整个课题的成败。大而空、笼统、模糊、针对性不强的课题往往对实际的信息化教学过程没有太强的指导作用。因此，切忌把课题选得太宽、太大、太复杂。

第二，课题选择要做到"三个关注"和"两个结合"。"三个关注"，即关注党和国家在教育信息化发展方面提出的重大理论、出台的大政方针政策；关注国家和区域教育信息化发展中的重点、焦点、难点问题；关注教育技术学科知识体系研究发展的动态。"两个结合"，即结合当年项目选题指南；结合项目负责人和课题组成员的本职工作、研究领域、方向、优势特色。

在课题选择上，如果是中小学教师，就最好不要脱离自己的教学实践而选择那些基础性、理论性很强的课题（如"教育技术的逻辑起点"、"建构主义学习理论与信息化教学"等），而是应该密切结合自己的工作实践和课堂教学实践来发现问题，确定课题，要以应用研究、微观研究和行动研究为主。例如，当一个教师通过自己的教学实践发现，在网络环境的教学中，教师对网络的控制策略在很大程度上影响到教学的效果，那么，对其加以扩充和深化，完全可以把这个问题作为一个课题去研究。

此外，课题的选择应该可以密切结合研究者的本职工作、研究领域、方向、优势特色、研究兴趣与特长展开。因为对某个研究者来说，那些一直让他感兴趣的问题必然是他一直长期思考和关注的问题，也必然是容易激发他的创造力的问题，所以就是很具有研究潜力的问题。而结合自己的特长去确定研究课题，当然非常有利于课题研究取得更好的成果。如果一个信息化教育工作者具备较强的艺术天赋，则可以在媒体艺术方向多去寻找课题，而对于一个信息技术能力较强的人来说，则更适合选择信息技术支撑的教学的应用研究。

10.2.2 信息化教学研究课题的论证

信息化教学研究的课题一经确立，必须制订详尽的研究计划。研究计划是如何进行课题研究的具体设想，是着手具体研究活动的计划框架。课题论证要观点鲜明、内容简单到位，条理清楚。

1. 如何界定与表达课题

课题的名称要揭示课题的论点，形成课题目标，以指导研究过程。课题名称必须简洁、具体、明确。一般来说，常用"背景＋限制＋问题＋方法"的陈述式句型结构加以表述，如"社会性网络环境下中国英语学习者英语交际策略及互动模式研究"、"基于网络环境下（高校）课堂教学模式改革研究"等。此外，课题表述要求准确、规范、简洁、醒目，一般不要超过20字，如果要填写印制的表格，一般要在限定的字数内，要体现出研究的目的、问题、方法和类别。

2. 如何撰写研究目的与意义

课题研究目的是课题最后要达到的具体目的，主要说明该项研究有什么用，有什么研究价值（学术价值、社会价值、文化价值）和研究意义（理论和实践意义）。课题研究目标要明确、具体、可操作，确定研究目标一方面要考虑课题本身的要求，另一方面要考虑课题组实际的工作条件与工作水平。注意研究目标不能定得过高，也不能定得太低。独特的研究课题应有独特的研究目标。表述时要注意顾名思义、切题个性化。

课题研究目的要从"问题的提出和选题的背景"推演出来才有说服力，一般可以先从现实需要方面去论述，指出现实中存在这个问题需要去研究、去解决，本课题的研究有什么实际作用，然后再阐释课题的理论和学术价值。或者，从选题的背景、选题在本领域中的定位、该领域存在的问题及解决这一问题的迫切性和重要性入手，回答"为什么要进行该课题研究"的问题，也就是从综述前人的研究成果，指出前人取得的成果和留下的尚未解决的问题入手，指出本研究拟弥补该空白的重要性与必要性，从而明确阐述课题研究的目的。

撰写研究目的与意义可以从理论和实践两个方面进行。基础研究要突出理论性、学术性和知识性，即通过理论性或基础性的社会研究，获得有关人类社会的基本知识，发展新知识，增加对统一性的基本认识，旨在扩大构成基础科学的知识库；应用研究要突出实践性、实用性和针对性，要针对某些社会实际问题而进行的具体研究，研究本身是为了提供解决这些问题的思路与方法，基于已有的知识，找出实现实用目的的新方法。

具体来说，本部分的论证在实际撰写时可以考虑以下几个要点：①研究原因。具体包含两方面，即时代背景，用以说明研究者选用的新的社会参照标准；针对问题，说明根据新的社会参照标准的要求，本课题试图解决的信息化教学中的主要问题，问题表述要求符合学生发展和学校发展的需要。②本课题研究的先进性。说明本课题的研究符合国内外信息化教学课题研究的现状和发展趋势，与其既有联系又有区别。③本课题研究的实践意义（如前所述）。④本课题研究的理论依据（如前所述）。

3. 如何撰写国内外研究现状

撰写国内外研究现状也叫撰写文献综述。信息化教学研究课题的文献综述，是针对信息化教学研究领域或专题的大量文献进行整理筛选、分析研究和综合提炼而成的，旨在反映当前信息化教学研究领域或研究问题的历史现状、最新进展、学术见解，以及本研究领域的新动态、新趋势、新水平、新原理和新技术等；针对本领域分析和描述前人已经做了哪些工作，进展到何种程度等等。因此，要求对国内外信息化教学研究的相关研究动态、前沿性问题做出较详细的综述，并提供参考文献。国内外研究现状综述要准确概括存在的问题、提出解决的思路和方法。但要指出的是，对流行观点的表述要慎重，对他人研究成果评价要客观公正，切忌在批判别人成果的基础上突出自己的研究，明确表达前期工作形成的学术思想或学术观点。

4. 如何撰写研究范围与内容

研究内容一般表现为课题研究总问题下的一系列子问题，即研究成果框架的描述，以及相关概念的准确、简洁的梳理。研究内容的设计要尽量完全地表现最终研究成果，或者说，研究的内容是对课题题目的分解和具体化，即要解决哪些具体问题。只有把研究的问题弄清楚了，研究才能开始。关键是要紧扣题目中的核心成分展开，比较容易的办法是将题目里的核心要素分解成若干子要素。

例如，对于"利用信息技术提高中学生英语能力的研究"这样一个课题，"信息技术"和"英语能力"是核心，要研究的内容也得从这两个方面展开。如果将"信息技术"分解为"数字化多媒体信息"的"表达、传输与存储技术"，将英语能力进一步分解成语音、词汇、语法、听、说、读、写、译等八项要素，那么两者之间的关联则存在多种可能性，如各项要素形成和发展的规律是什么，相应的信息技术支持的教与学策略是什么等。对研究问题的分解越细致，研究起来就越轻松、顺利。研究搞不下去的原因，一是方法不对路，二是所要研究的问题不够清楚。没有问题的课题只能是抽象的、空洞的。没有问题，课题也就不成立。

5. 如何撰写研究重点与难点

研究重点是研究问题中的主要问题和主要内容；研究难点一般是解决问题的方案，即与信息化教学相关的理论构建、模式构建、解决问题的策略和对策等，难点一般也往往蕴含着本研究的创新之处。

一项信息化教学研究课题，有许多问题值得研究，不能眉毛胡子一把抓，要有重点、分主次，抓住问题的主要矛盾和矛盾的主要方面，这样才有望取得预期的成果。例如，在"利用信息技术提高中学生英语能力的研究"这个课题中，重点要抓住"利用信息技术"与"英语能力"之间的关系。首先，要着重回答英语能力包括什么；其次，要指出什么样的英语能力适合用什么样的信息技术去促进提高，这是研究的重点。在研究重点里还要进一步明确难点，语音、词汇、语法、听、说、读、写、译八项要素哪个是难点呢？针对不同的难点，视觉、听觉等多媒体信息技术该如何选择运用呢？特别是针对中国学生"聋哑"英语现象比较严重的问题，听与说的能力应该是难点，那么是不是可以利用听觉媒体和网络即时通信技术提高其英语听、说能力呢？抓住了重点，研究才不会偏题，抓住了难点，研究才能大获全胜。

6. 如何选择研究方法

研究方法是针对要研究的问题采取的手段和办法。在研究方法设计上，提倡运用现代科技手段和自然科学的研究方法，提倡定性研究与定量研究相结合、理论研究与实证研究相结合的方法，从而实现研究方法的科学性、规范性和严谨性。研究方法的合理设计要有利于实现研究目标，完成研究任务。

信息化教学研究包括各种不同的研究类型，如理论研究、应用研究、调查研究、实验研究、技术研究等，各有其相应的研究方法，如理论研究一般采用文献研究方法和思辨方法等，应用研究一般采用实验方法或试验方法等，调查研究一般采用问卷方法或访谈方法等，技术研究一般采用试验方法等。为了结果的可信性，一项研究往往不只是采用一种方法，而是几种方法的综合运用。例如，"利用信息技术提高中学生英语能力的研究"就可采用至少五种方法：一是文献研究方法，二是经验总结法，三是专家访谈法，四是问卷调查法，五是实验法。

研究方法的确定，取决于预期的研究成果。例如，"利用信息技术提高中学生英语能力的研究"，如果预期成果中有一项为"调查报告"，那么，这项研究就必须包含调查研究的方法。同时，这项研究的预期成果中如果包含一篇"近年来我国关于利用信息技术提高中学生英语能力研究的现状分析"的综述文章，那么，文献研究方法就必不可少。

研究方法的选择，还要根据研究的目的来确定，也就是问题的解决要达到什么程度。若要考察信息化教学研究的发展，选用文献研究方法就可以了；若要验证一个新的信息化教学方法，则必须用实验法进行研究；若要了解当前某一信息化教学研究领域的现实状况，就需要用调查研究的方法等等。一般来说，在研究方案中只要看其研究方法就知道这个课题属于哪一类研究，想要达到什么目的。

不同的研究方法还要求不同的技术路径设计，如采用实验法进行研究的，要制订具体的实验计划；采用调查法进行研究的就要制定具体的调查方案、设计调查表格等。研究方法不是越多越好，应与本研究有密切的关系或直接效果，避免时髦化、随意罗列。

综合实践活动

1. 小组讨论：描述信息化教学研究的主要领域。
2. 确定某一信息化教学研究选题，设计并撰写相应选题的研究目标、研究内容与研究方法。

参考文献

2345软件教程站.2010-01.电驴新手教程[EB/OL]，http://www.duote.com/tech/11283.html
蔡敷斌.1994.课堂讲解技能的探讨[J].北京教育学院学报，(3)：91
陈魁.2009-05.PPT演义：100％幻灯片设计密码[M].北京：电子工业出版社
杜伟宇，季春阳，梁红.2004.概念图在测评中的应用——一种现代认知心理学的测评方法[J].宁波大学学报（教育科学版），(1)：26～30
傅敏，田慧生.2009.课堂教学叙事研究理论与实践[M].北京：教育科学出版社
韩晓玲，李志文，段峰.2002.基于Internet的网络教学环境[J].中国成人教育，(10)：46～47
胡东方.2009.教育研究方法——哲理智慧与研究智慧[M].上海：华东师范大学出版社
蒋成瑀.2002.教学研究论文写作指导[M].杭州：浙江教育出版社
乐军.2008.新课程背景下中小学教师如何选课题与做课题[M].武汉：华中科技大学出版社
黎加厚.2007.信息化课程设计[M].上海：华东师范大学出版社
李芒.2006.信息化学习方式[M].北京：北京师范大学出版社
李美凤，李艺.2008.TPCK：整合技术的教师专业知识新框架[J].黑龙江高教研究，(4)：76
联合国教科文组织.2008-01.UNESCO信息和传播技术教师能力标准
刘良华.2004.论教育"叙事研究"[J].现代教育论丛，(4)：52～55
桑新民.1999.技术-教育-人的发展——现代教育技术学的哲学基础初探（上）[J].电化教育研究，(2)：3～7
桑新民.1999.技术-教育-人的发展——现代教育技术学的哲学基础初探（下）[J].电化教育研究，(4)：30～32
桑新民.2004.学习科学与技术[M].北京：高等教育出版社
王良洪，孙天山.2011.表现性评价在化学教学中的实施[J].教育研究与评论（中学教育教学），(4)：32～35
王银飞.2006.论过程哲学视野中的教学研究范式[D].重庆：西南大学硕士学位论文
杨欢耸.2010.教育博客促进教师专业发展的案例与分析[J].华中师范大学（人文社会科学版），(7)：83～86
叶鹏松.2008.以概念图为支架的整合教学实践研究[D].苏州大学硕士学位论文
余惠.1999.情感交流在思想政治课中的作用及方式[J].温州大学学报，(2)：5
张仙.2006.基于Blog的教育叙事在教师专业发展中的应用研究——以常熟市研究型教师培训为例[D].上海：上海师范大学硕士学位论文
张彦龙.2008-04-23.发展性学生评价案例及分析[EB/OL].http://www.xxjszy.com/Article/2008/8796.htm
赵宗孝.2011.课堂微观研究：一种技术观照的视角[J].中国电化教育，(10)：108～111
仲丽娟.2010.教师专业发展的叙事研究——一位中学教师的亲历亲闻[M].北京：北京大学出版社
祝智庭，顾小清，闫寒冰.2005.现代信息技术——走进信息化教育[M].北京：高等教育出版社